Collection
La vie dans la classe

Cette nouvelle collection désire accueillir des livres d'idées et de débats en éducation. Sans nécessairement mettre en retrait les recherches empiriques, elle privilégie l'étude de thèmes en lisières des prêts-à-penser de toutes sortes. Le plaisir d'enseigner tient bien souvent à des pratiques pédagogiques qui soutiennent la qualité de la vie dans la classe. Des variations sur ces pratiques telles la séduction, le rire et notamment la punition, seront ici orchestrées, sous un mode polémique, mais savant.

Thèmes à venir :

La culture

Les rites scolaires

L'homosexualité

La consommation de drogues

La sexualité

ENSEIGNER
ET PUNIR

ENSEIGNER
ET PUNIR

SOUS LA DIRECTION DE

DENIS JEFFREY

et CLAUDE SIMARD

LES PRESSES DE L'UNIVERSITÉ LAVAL
2000

Les Presses de l'Université Laval reçoivent chaque année de la Société de développement des entreprises culturelles du Québec une aide financière pour l'ensemble de leur programme de publication.

Nous remercions le Conseil des Arts du Canada de l'aide accordée à notre programme de publication

Nous reconnaissons l'aide financière du gouvernement du Canada par l'entremise de son Programme d'aide au développement de l'industrie de l'édition (PADIÉ) pour nos activités d'édition.

VILLE DE MONTREAL

3 2777 0247 9780 0

Maquette de couverture : Chantal Santerre

Distribution de livres Univers
845, rue Marie-Victorin
Saint-Nicolas (Québec)
Canada G7A 3S8
Tél. (418) 831-7474 ou 1 800 859-7474
Téléc. (418) 831-4021
http://www.ulaval.ca/pul

Table des matières

Avant-propos

Punir est un acte immémorial et universel. Même en Occident, où les mœurs se sont beaucoup adoucies depuis la fin du XVIII siècle avec la disparition des supplices publics[1], la punition reste omniprésente. L'autorité des systèmes judiciaires repose encore sur l'application de peines en cas d'infraction à la loi, ces peines variant de la simple contravention à la réclusion ou même, dans certaines régions plus rigoristes, à l'exécution. Dans la plupart des religions, les fidèles expient leurs fautes en exécutant diverses pénitences. Dans le monde du travail, on prévoit des sanctions disciplinaires telles que le blâme, voire le congédiement, à la suite de manquements à l'éthique professionnelle. Dans les sports, les arbitres infligent aux joueurs qui contreviennent aux règlements des pénalités de toutes sortes : retenue, expulsion, coup franc, etc.

Malgré l'emploi généralisé de la punition dans la société, l'école contemporaine éprouve un profond malaise à son égard. Le sujet est devenu embarrassant pour les théoriciens de l'éducation, les autorités scolaires et les enseignants. Le mot même dérange. Pourtant l'histoire de l'institution scolaire montre que la punition y a été longtemps une pratique valorisée et répandue que tout le monde considérait comme indispensable à la discipline dans la classe. L'école évoque traditionnellement une panoplie de punitions : pensum, privation de récréation, mise à l'écart, retenue, exhibition infamante, suspension, châtiments corporels, etc. C'est sous l'influence des courants réformateurs du XVIII siècle et de penseurs comme Rousseau que la punition employée à des fins éducatives a été remise en cause. Les doctrines pédagogiques modernes, en mettant l'accent sur le respect de la personnalité de

---

1. Michel Foucault, *Surveiller et punir. Naissance de la prison*, Paris, Gallimard, 1975.

l'enfant et le développement de l'autodiscipline, contribueront à discréditer la punition dans le monde de l'éducation.

La punition aurait progressivement disparu des salles de classe. Or, plusieurs enquêtes[2] révèlent qu'en réalité les punitions demeurent vivantes dans certains établissements scolaires, particulièrement au primaire. Cette crainte de dire ouvertement ce qui se fait effectivement manifeste une attitude malsaine qui ne peut qu'envenimer les choses. Un tabou, parce qu'il brime la parole et entrave la réflexion, ne peut qu'entretenir l'arbitraire et la confusion. Le présent livre arrive à point, car il aidera à lever le tabou qui pèse sur la question de la punition scolaire en permettant de l'examiner au grand jour.

Ce livre est issu d'un colloque qui s'est tenu à l'Université de Montréal en mai 2000 à l'occasion du congrès annuel de l'ACFAS. Nous remercions vivement les personnes qui ont collaboré à cet ouvrage. La diligence dont elles ont fait preuve nous a permis de le publier dans un délai exemplairement court. Voici la liste des collaborateurs par ordre alphabétique.

* * *

Nathalie Bélanger est professeure adjointe aux départements de sociologie et d'études de l'équité en éducation et de curriculum, enseignement et apprentissage de l'Université de Toronto. Elle est rattachée au Centre de recherches en éducation franco-ontarienne (CREFO) de l'Institut d'études pédagogiques de l'Ontario de l'Université de Toronto (IEPO/UT) où elle mène des recherches sur les processus d'exclusion et d'inclusion dans la salle de classe. Ses intérêts de recherches portent également sur la discipline dans la salle de classe et sur la production des contenus de formation. Elle est diplômée de l'Université René-Descartes (Paris V) et de l'Université de Sheffield (Angleterre). Parmi ses plus récentes publications soulignons : « Educational opportunities and polysemic notions of equality in France », dans *Disability, Human Rights and Education : Cross Cultural*

---

2. Pour la France, notamment, on peut lire Bernard Douet, *Discipline et punitions à l'école*, Paris, Presses universitaires de France, 1987 ; Pierre Prum, *La punition au collège*, rapport de l'Inspection générale de la vie scolaire, publié au CRDP de Poitiers, 1991 ; Guiraud et Longhi, *La République lycéenne*, Paris, Payot 1992 ; François Dubet, *Les Lycéens*, Paris, Seuil, 1991.

Perspectives, (en collaboration avec Nicolas Garant) London, The Open University Press, 1999 ; « Inclusion of pupils-who-need-extra-help : social transactions in the accessibility of resource and mainstream classrooms », dans *International Journal of Inclusive Education* 4(3), 2000 ; « L'émergence de la psychologie scolaire dans la France de l'après Deuxième Guerre mondiale », dans *Handicap. Revue de sciences humaines et sociales,* 86, 19-43, 2000.

Suzanne-G. Chartand est professeure en didactique du français. Elle est spécialiste de l'enseignement de la grammaire, de l'écriture et de l'argumentation. Auteure de nombreux articles, elle a publié récemment en collaboration la *Grammaire pédagogique du français d'aujourd'hui,* Montréal, Graficor, 1999, ainsi que la *Grammaire de base,* Montréal, Erpi 2000.

Adèle Chéné est professeure à la Faculté des sciences de l'éducation de l'Université de Montréal ; elle enseigne l'histoire et la philosophie de l'éducation dans les programmes de B.Ed. orthopédagogie et enseignement préscolaire-primaire, et elle mène avec des collègues une recherche sur la réforme du programme scolaire au primaire et le rehaussement culturel. Ses deux publications les plus récentes sont « Les systèmes publics d'éducation ont-ils encore un avenir ? », *Carrefours de l'éducation,* 8, p. 28-54, juillet-décembre (en collaboration avec A. Brassard et C. Lessard, 1999), et « La formation à l'employabilité », *Revue canadienne pour l'éducation des adultes,* 14(2) (en collaboration avec B. Voyer, 2000, à paraître).

Jean-François Desbiens est professeur régulier à l'Université du Québec en Abitibi-Témiscamingue depuis 1999. Il termine une thèse de doctorat en psychopédagogie à l'Université Laval. Auteur de plusieurs articles, il a notamment collaboré à la réalisation de *Pour une théorie de la pédagogie,* Québec, PUL, 1997 ; et *Mots de passe pour mieux enseigner,* Québec, PUL, 1999.

Renée-Marie Fountain est professeure à la Faculté des sciences de l'éducation de l'Université Laval. Elle s'intéresse aux controverses technoscientifiques et aux systèmes virtuels d'information. Elle a publié récemment « Les technosciences en éducation à l'aube du troisième millénaire ».

Clermont Gauthier est professeur titulaire à la Faculté des sciences de l'éducation de l'Université Laval et directeur du CRIFPE-Laval (Centre de recherche interuniversitaire sur la formation et la profession enseignante). En collaboration avec des collègues, il a publié récemment *Enseigner et séduire,* Québec, PUL, 1999 et *Pour une théorie de la pédagogie,* Québec, PUL, 1997.

René-François Gagnon est étudiant au doctorat en sciences de l'éducation à l'Université Laval. Son travail de recherche, pour lequel il a reçu une bourse du FCAR, porte sur les conceptions de la punition scolaire. Il a publié, en collaboration, *Rompre avec la vengeance : lecture de René Girard,* Québec, PUL, 2000.

Denis Jeffrey est professeur agrégé à la Faculté des sciences de l'éducation de l'Université Laval. Ses recherches portent notamment sur la didactique de la morale, la violence et les nouveaux rites contemporains. Il a entre autres publié *Jouissance du sacré. Ritualité et postmodernité,* Paris, Armand Colin, 1998 ; *La morale dans la classe,* Québec, PUL, 1999 ; en collaboration, *Enseigner et séduire,* Québec, PUL, 1999 ; *Rompre avec la vengeance. Lecture de René Girard,* Québec, PUL, 2000.

Bernard Jobin est étudiant au doctorat en sciences de l'éducation à l'Université Laval. Il termine une thèse de doctorat portant sur les enjeux éthiques de la société technicienne. Il a publié « Séduire et embrasser » dans *Enseigner et séduire,* Québec, PUL, 1999.

Margot Kaszap est professeure de didactique des sciences humaines à la Faculté des sciences de l'éducation de l'Université Laval. Ses travaux et ses publications touchent notamment le développement de la recherche qualitative par l'usage de logiciels, et l'alphabétisation des personnes âgées qui vivent des problèmes de santé.

David Le Breton est professeur de sociologie à l'Université Marc-Bloch de Strasbourg. Il est notamment l'auteur de *Passions du risque* (Métailié), *Anthropologie du corps et modernité* (PUF), *Anthropologie de la douleur* (Métailié), *L'Adieu au corps* (Métailié), *Éloge de la marche* (Métailié).

Rachid Ringa, titulaire d'un doctorat de l'Université des Sciences humaines de Strasbourg (USHS) et d'un diplôme (DEUG) en Sciences juridiques à l'Université Mohamed V, est professeur à l'Institut Royal de la formation des cadres à Rabat au Maroc depuis 1993. Il poursuit présentement des études à l'Université Laval à la Faculté des sciences de l'éducation. Il est l'auteur de *Regards sociologiques sur la délinquance juvénile au Maroc* publié au Maroc. Il s'intéresse plus particulièrement aux problèmes liés à l'adaptation et à la réhabilitation des jeunes contrevenants.

Claude Simard, linguiste et didacticien, est professeur titulaire de didactique du français à l'Université Laval. Ses publications portent sur l'enseignement de la grammaire, du lexique, de l'écriture et de la lecture littéraire. Il vient de faire paraître en collaboration la *Grammaire pédagogique du français d'aujourd'hui* (Graficor, 1999) ainsi que la *Grammaire de base* (Erpi, 2000).

Maurice Tardif est professeur titulaire à l'Université de Montréal où il enseigne l'histoire de la pensée éducative. Il est directeur du Centre de recherche interuniversitaire sur la formation et la profession enseignante, et vice-président de la Canadian Society for Study of Education. Après des études en philosophie de l'éducation (*Les fondements de l'éducation contemporaine et le conflit des rationalités*, Presses de la FSE, 1993), il s'est orienté vers l'histoire sociale de la profession enseignante. Il a entre autres publié en collaboration : Lessard et Tardif, *La profession enseignante au Québec*, Montréal, PUM, 1996 ; Tardif, Lessard, Gauthier, *Formation des maîtres et contextes sociaux*, Paris, PUF, 1998 ; Tardif et Lessard, *Le travail enseignant au quotidien*, PUL/De Boeck, 1999.

1

Lieux communs
sur la punition scolaire

Denis Jeffrey

> *Quelqu'un, quelque part, généralement dans l'université d'où
> provient le technocrate, démontrera la faisabilité du virage et
> de la nouvelle structure. On oubliera, car il s'agit d'une
> question qui révélerait un souci de réalisme, de procéder à une
> étude de « nécessité ». Puisque la chose est possible, on pré-
> sume qu'elle est... nécessaire ! D'où l'insistance sur les études
> de faisabilité ; d'où l'absence de réflexion même minimale sur
> la nécessité de la chose. La seule nécessité dont on veuille bien
> tenir compte est d'une tout autre nature et intervient autre-
> ment : le technocrate éprouve la nécessité de changer les blocs
> de place ; le politicien ressent la nécessité de s'illustrer rapide-
> ment. Que le virage soit possible suffit fréquemment à enclen-
> cher la réforme.*
>
> *[...] Quand le technocrate et le politicien se félicitent du succès
> obtenu, l'essentiel, pourtant, reste à faire. Car secouer les
> structures ne change pas les mentalités.*
>
> Laurent Laplante, *La mémoire à la barre.*

Dans un livre précédent, nous avons abordé le thème de la
séduction pédagogique pour tenter de soulever le tabou qui entou-
rait cette charmante complice de l'enseignement. Nous nous inté-
ressons cette fois-ci à un autre sujet devenu tabou en éducation : la
punition. Dans une revue récente des sciences de l'éducation, nombre de spécialistes de la « gestion de classe » examinent la problématique de la discipline dans la classe et dans l'école sans toutefois
aborder le thème de la punition. Le concept technique de « gestion
de classe » renvoie à une multitude de définitions qui ont en commun de miser sur la prévention du désordre en établissant et en

maintenant « un bon climat de travail et un environnement favorable à l'apprentissage[1]. » Misant sur une meilleure planification et une meilleure organisation des situations d'enseignement-apprentissage, les auteurs ont ainsi tendance à mettre en retrait la logique disciplinaire telle qu'elle est vécue dans le quotidien de la classe. Frédéric Legault notamment rapporte le témoignage d'une future enseignante en stage : « Je vois bien qu'on ne peut pas éternellement donner de simples avertissements. C'est pour cette seule et unique raison, et pratiquement contre mon gré, que j'ai usé de la menace du travail supplémentaire[2] ». Malgré ses excellents cours de « gestion de classe », cette jeune étudiante ne sait pas comment réagir devant l'indiscipline. Or, à la classe comme à la maison, malgré les meilleures volontés, il faut régulièrement rappeler les enfants à l'ordre, et même quelquefois sévir quand l'enfant ne respecte pas les règles. Chaque enseignant comme chaque parent tente de soutenir son autorité en rappelant les enfants à l'ordre, en réprimandant et en punissant. Il arrive régulièrement dans la classe comme à la maison que la personne en position d'autorité se sente complètement débordée et démunie devant des inconduites graves. Il est dommage que des pédagogues dévalorisent la punition en tant que méthodes d'intervention disciplinaire. L'usage de la punition dans la classe a plusieurs finalités. On verra qu'il ne s'agit pas uniquement de réprimander un élève, mais de rétablir un climat d'enseignement harmonieux, et, pour l'enseignant, de conserver son amour du métier.

Beaucoup de parents et d'enseignants seront étonnés et même scandalisés par le seul mot « punition ». De quel droit ose-t-on encore punir les enfants ? Qui doit punir ? Le directeur de l'école, l'enseignant, le père ou la mère ? L'enseignant doit-il aviser les parents avant de punir l'élève malcommode ? Pourquoi punir un enfant ? N'y a-t-il pas d'autres moyens de rappeler l'ordre ?

Dans cet article introductif, nous cherchons à lever l'anathème qui pèse sur la punition scolaire tout en montrant les limites et les impératifs d'une intervention de qualité avec les élèves qui dérogent

---

1. *Revue des sciences de l'éducation*, « La gestion de classe », sous la direction de Thérèse Nault et Jacques Fijalkow, vol. XXV, n° 3, 1999, p. 451.

2. Frédéric Legault, « La gestion de classe durant un stage d'initiation à l'enseignement et l'émergence d'une communauté virtuelle axée sur la résolution de problème », *Revue des sciences de l'éducation*, « La gestion de classe », vol. XXV, n° 3, 1999, p. 607.

répétitivement aux règles de la classe. Nous avons délibérément utilisé un ton franc et direct pour répondre à des questions liminaires. Aussi, il s'agit de mettre en évidence la logique de la punition pour en montrer les balises et la nécessité. Ici, nous ne cherchons pas à innover le discours sur la punition, mais à relever un certain nombre de lieux communs qui doivent être rappelés.

LA PUNITION A DES AMBITIONS MORALES

Ceux de nos contemporains qui démonisent la punition en lui reprochant de substituer le règne de l'autorité à l'inter-compréhension et à l'autocontrôle, angélisent les enfants, victimisent les adultes et fragilisent les liens sociaux. Punir, dans la classe, ne signifie pas battre, rosser, gifler, brutaliser, humilier, en fait infliger des sévices corporels et moraux. La punition pédagogique est un rappel de l'existence des règles, de l'autorité et des autres élèves. Elle est, en fait, la réponse de l'enseignant à une inconduite de l'élève. On souhaite que l'élève puni apprenne à assumer les conséquences morales de ses actes. Cela signifie essentiellement qu'il doit apprendre à consentir aux limites qui balisent les activités scolaires. On ne peut, dans la classe, punir un enfant comme on punit un adulte. L'enseignant tient compte de l'immaturité morale et intellectuelle de l'élève lorsqu'il intervient. La force et la fermeté de son intervention pour rappeler les règles, pour protéger l'ordre de la classe, pour condamner une conduite irrespectueuse, pour rassurer des élèves agressés par un élève indiscipliné, pour sanctionner (faire payer la faute), pour demander réparation et pour rappeler son autorité, vont varier selon la situation et l'âge des élèves.

TROIS PEURS DE LA PUNITION

a) Il y a des punitions qui font peur parce qu'elles sont investies d'un érotisme sadique : enfermer l'enfant, l'humilier, le ridiculiser, l'inférioriser, lui dire qu'il ne peut comprendre, le menacer. La punition est érotisée quand l'autorité profite du rapport amoureux entre l'adulte et l'enfant. À cet égard, la punition qui interfère avec le chantage affectif est à bannir. Il est vrai que, dans le cadre scolaire, la punition est généralement associée à l'imaginaire du sadique bourreau d'enfant ou de l'instituteur d'autrefois qui, parfois trop sévère, frappait impitoyablement les élèves. Il y a du Gilles de Raie, de l'ogre, dans cette image de l'instituteur en train de battre un enfant. « Déshabille-toi, lève bien les fesses, ne bouge pas. » Le maître lève le bras et frappe de sa verge, de toutes ses forces, jusqu'à ce que l'enfant ou l'adolescent demande pardon, le supplie de cesser son supplice. Cette image fantasmatique de l'enfant puni à l'école hante encore l'imaginaire collectif. Mais la punition scolaire n'a rien à voir avec le désir érotique de profiter de son pouvoir sur un enfant. La punition scolaire et la punition familiale, comme acte symbolique, n'ont nul besoin du support érotique.

Le code pénal canadien prévoit des peines très sévères contre les trafiquants de drogues, contre les fraudeurs, les meurtriers et les braqueurs de banque. Les punitions pour un crime grave, et même pour un crime moins grave – vol, escroquerie, usage de faux, violation des règles de la circulation –, sont fortement désérotisées, à l'instar de la punition dans le sport. Dans le hockey comme dans le soccer, on punit un enfant parce qu'il a enfreint les règles du jeu. Quelquefois, l'entraîneur punit un enfant, du niveau atome ou peewee, même s'il est un excellent joueur, parce que son jeu est narcissique – il ne passe pas la rondelle. Il jouera le prochain match sur le banc. La punition dans le système pénal et dans le système sportif n'a aucun caractère érotique parce qu'elle fait l'économie du châtiment corporel. La liaison corps à corps érotise la punition du fait qu'elle l'inscrit dans un rapport amoureux. Dans la punition corporelle, il y a donc violence et libido. Dans l'école moderne québécoise, on ne fait certes pas l'éloge du châtiment corporel. La punition pédagogique qui sera défendue par certains d'entre nous ne doit aucunement être associée au supplice des corps ou à un supplice moral.

b) D'autres ont peur de la punition parce qu'elle implique un lien de subordination pouvant dériver dans l'abus de pouvoir. Ils ont peur de la punition parce qu'ils ont peur de la violence ou de la maltraitance. Or, la punition n'est pas un acte de répression visant une parfaite docilité. Elle implique, au contraire, l'exercice d'un pouvoir, autorisé et limité par l'institution, mis au service du groupe, pour assurer sa cohésion, pour mettre au travail et pour sanctionner une conduite jugée répréhensible. L'exercice du pouvoir est certes une chose délicate dans la classe, mais quand les consignes sont claires et que les élèves connaissent les règles et les punitions pour les fautifs, à l'instar de la punition sportive, il n'y a aucune raison que l'enseignant abuse de sa position d'autorité. L'abus d'autorité, par ailleurs, sera sanctionné au même titre que le fautif sera sanctionné dans la classe. Se faire obéir pour écraser l'élève, pour le contrôler, le dominer, le rendre docile par la menace, le chantage, le châtiment corporel, c'est de l'abus de pouvoir. Il y a la vanité du pouvoir et la crainte de son propre pouvoir. Il est certain que l'enseignant préférerait enseigner sans user de son autorité. C'est pourquoi il hésite, il remet en question la légitimité de son pouvoir ; en fait, il a des scrupules à utiliser une violence de contrainte. Il associe même parfois une manifestation de pouvoir à une conduite d'échec. Or, l'intériorisation de sa position d'autorité dans la classe implique nécessairement un rapport politique dissymétrique à l'égard des élèves.

L'obéissance demandée par l'enseignant prend le sens du respect des règles. L'enfant n'obéit pas à un adulte parce que ce dernier est un adulte, mais plutôt parce qu'il est porteur des lois du groupe dont ils font partie. Chaque parent n'a pas à réinventer les règles d'hygiène, les règles de table, les règles de la langue, les règles du coucher et du lever. Ils agissent selon leurs traditions, en innovant quelquefois, en donnant plus ou moins de permissions en d'autres temps, selon les circonstances, leur personnalité, leur situation professionnelle, leur relation familiale, le caractère de l'enfant, etc. Un certain psychologisme a fortement dévalorisé la notion d'obéissance. On a pensé que l'enfant serait en mesure de comprendre ce qui est bon pour lui et pour autrui. Il fallait laisser libre cours à tous ses désirs pour ne pas entraver l'épanouissement de sa personnalité. On mettait ainsi au monde l'« enfant roi » et tous les problèmes psycho-sociologiques qui l'accompagnent.

Il arrive que des enseignants candides glissent dans l'illusion démocratique en faisant croire qu'ils partagent leur pouvoir avec les élèves. On sait qu'un enfant ne peut partager des responsabilités qui sont du ressort de l'enseignant. Le partage du pouvoir a plutôt le sens de déléguer des tâches et des responsabilités à la hauteur de la capacité de l'élève : soin des plantes, entretien du matériel de la classe, surveillance du corridor, brigadier scolaire, responsable de la radio, d'équipes sportives, culturelles et autres, etc. On ne peut faire croire aux enfants que la classe est une démocratie dans laquelle ils participent, par un droit de vote, aux décisions concernant les finalités de l'école. L'école et l'enseignant devraient par contre organiser des espaces de démocratie pour inciter les élèves à prendre des décisions par votation. Ce sont alors des espaces de démocratie strictement limités et contextualisés.

c) On peut avoir peur d'utiliser la punition, car elle cause de la culpabilité et de la frustration chez l'élève. Dans la mesure où l'élève sait ce qui l'attend, dans la mesure où il connaît les règlements, autant la frustration que la culpabilité deviennent nécessaires aux apprentissages de la vie en société. Il est à considérer que la frustration engendre une énergie de résilience, alors que la culpabilité n'est pas sans rapport avec la capacité de se responsabiliser en assumant la faute commise. Un certain humanisme pédagogique a contribué au relâchement de la discipline tant à l'école qu'à la maison en prônant une liberté qui ne frustre pas les enfants. Des auteurs comme Carl Rogers croyaient à la non-directivité dans l'éducation. Selon lui, l'enfant peut trouver lui-même la direction qui lui est propre s'il se sent accepté de façon inconditionnelle. Benjamen Spock, dont la première édition de *Baby and Child Care* date de 1946, plaidait en faveur de la liberté de choix des enfants, ce qui devait favoriser l'acquisition de l'autonomie. Selon ce dernier, il fallait éviter de culpabiliser l'enfant et s'abstenir de toute répression. Nous plaidons pour une position plus nuancée, plus pragmatique, c'est-à-dire plus près de la réalité. L'enfant n'est ni un monstre ni un ange, mais peut être extrêmement violent à son égard et à l'égard des autres. Cette violence, cause de souffrance, de désordre et de troubles dans la classe, doit être prise en main, maîtrisée, domestiquée, ritualisée, déplacée vers des activités acceptables. C'est la mission civilisatrice de l'éducation de bien contrôler la violence quotidienne dans l'école et hors de l'école.

Ramener à l'ordre un élève ou un groupe d'élèves implique l'existence de règles pour modérer les comportements répréhensibles qui brisent la continuité de l'enseignement. Le fait est que les élèves ne sont pas des anges. Ils sont souvent excessifs, outranciers, démesurés, menteurs, tricheurs, cruels et même impitoyables à l'égard de leurs semblables. Ils ont la vengeance facile, mais pardonnent facilement. Il ne s'agit pas ici de détailler la liste de toutes les inconduites possibles des élèves, mais de rappeler que l'enfant ne naît pas moralement bon.

LA PERMANENCE DU PRINCIPE DE LA LOI

L'enseignant est dans la classe le représentant de la loi de l'institution. Cela signifie qu'il ne fait pas la loi, il l'applique. Il aime suffisamment la loi pour rappeler aux élèves que la loi existait avant lui et avant eux, et continuera d'exister après eux. Leur grand frère et leur père, avant eux, ont connu la réalité de la loi, leur petit frère et leur fils, après eux, connaîtront la même réalité. L'élève n'obéit pas à l'enseignant, il obéit à la loi. L'enseignant, comme le parent, est le médiateur de la loi. De même dans le sport, l'arbitre ne fait pas la règle, il applique la règle. Il y a un travail à faire avec les élèves pour dépersonnaliser la loi, pour qu'ils sachent bien que la punition est la conséquence d'un acte fautif, et non pas la conséquence de l'humeur de l'enseignant. La punition est celle de la règle, non pas celle de l'enseignant.

LES LIMITES DU PUNISSABLE

On ne punit pas un enfant parce qu'il est incontinent ou parce qu'il réussit mal en classe. La réussite scolaire comme l'incontinence n'ont rien à voir avec les devoirs de l'élève concernant les règles de la vie sociale dans la classe. Aussi, on ne punit pas un enfant parce qu'il a un mauvais caractère, mais parce qu'il a violé une règle. C'est pourquoi l'enseignant va orienter vers un spécialiste un élève qui a des problèmes graves de comportement et d'apprentissage. La punition n'est pas une solution à un problème de comportement récurrent de l'élève. On ne peut punir un élève tous les jours parce qu'il commet tous les jours la même faute. L'enseignant n'est ni un policier ni un spécialiste en délinquance. Sa fonction d'enseignant l'habilite à intervenir dans les limites de ses compétences.

PUNITION, LIEN POLITIQUE
ET LIMITATION DE LA VIOLENCE

La punition s'inscrit dans le lien politique qui lie l'élève à la règle. L'enseignant doit opérer un décentrement psychologique pour mieux investir sa fonction politique d'autorité. Au-dessus de son amour des élèves, il est investi d'une autorité politique. Ses devoirs politiques priment, dans la classe, sur le lien amoureux. La fonction politique de l'enseignant est essentielle aux conditions d'enseignement et d'apprentissage. Sans une présence autoritaire dans la classe, il y a risque de chaos. On sait, à cet égard, la difficulté des jeunes suppléants à maintenir la discipline dans la classe, les élèves ne reconnaissant pas leur autorité. Le potentiel de violence de l'enfant est immense. On aimerait bien qu'il en soit autrement, mais l'inconduite survient dès que la barrière est laissée sans surveillance. Il faut accepter le fait que l'éducation familiale et scolaire est impuissante à domestiquer définitivement le potentiel de violence d'un enfant. Les révoltés, les révolutionnaires, les déviants, les délinquants et les maffieux furent peut-être dans la classe des élèves exemplaires.

LA FONCTION CIVIQUE

L'école est le lieu par excellence de l'acquisition de comportements souhaités par la société. On demande à l'élève de respecter les règles de politesse, les règles de la classe, les règles de l'école, en fait, on lui demande d'accepter les contraintes afin de participer harmonieusement à la vie sociale. Certains élèves résistent aux règles comme ils résistent à l'apprentissage de nouvelles connaissances. La classe est aussi le lieu de tensions très fortes pour amener l'enfant à modifier ses attitudes et son comportement. La résolution des tensions est conditionnelle à une autorité forte mais souple. C'est le rôle de l'autorité d'indiquer les limites de l'acceptable dans les comportements, de châtier l'inacceptable et d'encourager les initiatives personnelles. Comme le parent, l'enseignant doit répéter maintes fois les règles sans se décourager.

LA DÉPERSONNALISATION DE LA RÈGLE

Certains pensent qu'on ne doit pas punir un enfant, car il apprend de ses propres expériences. Il saurait apprendre de lui-même ce qui est bon pour lui. Or, l'enfant ne sait pas naturellement ce qui est convenable pour lui ni pour les autres. Pour le dire sous la forme d'une boutade, disons que l'enfant apprend par lui-même sauf lorsqu'il se noie, sauf lorsqu'il se fait frapper par une voiture, sauf lorsqu'il tue son petit frère avec le fusil de son grand-père, sauf lorsqu'il se lance du toit de la maison familiale pour imiter Superman, etc. La punition et son effet dissuasif influencent l'enfant, l'empêchent possiblement d'accomplir un acte dangereux. On sait que plusieurs enfants sont dès le plus jeune âge conditionnés à ne pas décevoir les membres de leur famille : « Qu'est-ce que papa dira ? Maman ne sera pas contente ! Tu vas faire de la peine à grand-maman ! Ta grande sœur ne va sûrement pas aimer ça ! » Ces affirmations qui s'appuient sur le sentiment amoureux ont certes un effet moralisateur sur l'enfant. Elles l'obligent à tenir compte de ses relations amoureuses avec autrui. Ainsi, un ensemble de balises amoureuses norme ses conduites. S'il jouait seul sur le bord de la piscine, c'est qu'il a désobéi à ses parents. Il y a eu des avertissements, des remontrances. Sa mère lui a répété qu'elle ne pourrait supporter une noyade, que ça la rend folle. C'est la troisième fois qu'il vole la clé de la porte qui ferme la piscine. En plus d'ajouter une nouvelle serrure plus sécuritaire, il est privé de baignade pour une semaine. Il jouait avec des allumettes dans la maison, c'est la seconde fois, le père a décidé qu'il n'y aura pas de troisième fois. « As-tu pensé que tu mets en danger la vie de tous les membres de la famille ? » lui a-t-on dit ! On lui avait pourtant fait comprendre les dangers du feu... Le père prive l'enfant de son argent de poche pour deux semaines. Dans la classe, l'enseignant sait que les enfants perçoivent la punition à travers les rapports amoureux. Il sait que la punition est d'abord liée, pour l'enfant, à des enjeux amoureux. Désirant délier la punition de ses enjeux amoureux, l'enseignant situe son intervention sur le plan politique. C'est pourquoi il insiste sur le respect des règles, mais aussi sur le fait que la sanction ne concerne pas son humeur ou son amour des élèves, car elle est inscrite dans le règlement. Par ses actions politiques, l'enseignant apprend à l'élève à dépersonnaliser les règles, à accepter les règles parce qu'elles maintiennent l'ordre et l'harmonie de la classe et de la société, non pas à accepter les règles pour être aimé.

PUNITION ET JUSTICE DANS LA CLASSE

L'élève fautif s'attend à des reproches, et peut-être à une punition. Les autres élèves s'attendent de l'enseignant qu'il rétablisse la justice dans la classe, laquelle est fondée sur le droit d'apprendre dans un espace sécuritaire. Une intervention laxiste, sans fermeté et sans rigueur, est signe d'indifférence, de favoritisme, de permissivité. Les enfants ont besoin de connaître les limites pour se structurer. La fluidité des limites crée de l'angoisse, du désarroi, de la peur, de la violence. La totalité des activités humaines sont balisées par des règles, et tous sont tenus de respecter les règles sous peine de sanctions : remontrance, contravention, privation, mise en retrait, travail communautaire ou supplémentaire, incarcération. La sanction confirme la règle et lui donne sa légitimité. La sanction, à bien des égards, a une influence dissuasive sur l'individu et sur le groupe. Une sanction toujours brandie, mais jamais infligée, n'intimide plus, alors que la sanction infligée aux uns augmente la docilité des autres. Lorsqu'un individu n'est pas puni pour la faute commise, l'arbitre ou l'autorité laisse entendre aux autres que le champ est libre, qu'ils peuvent violer les règles du jeu. Si un acte répréhensible n'est pas puni, cela crée également une situation d'injustice pour ceux qui respectent la loi.

RÉPRIMANDE ET PUNITION

Le but de la réprimande est de sensibiliser au tort commis. La réprimande est verbale. L'expression de la désapprobation utilise aussi le langage des signes : hocher de la tête, remuer l'index de haut en bas, froncer les sourcils, etc. La punition succède aux nombreux avertissements ; elle entraîne habituellement une privation. La charge symbolique du mot *punition* à elle seule a un effet dissuasif.

TROIS FONCTIONS DE LA PUNITION : SANCTIONNER, PRÉVENIR ET MODIFIER UN COMPORTEMENT

Dans le sport, la punition, appelée pénalité, est la conséquence de la faute commise. En sortant du banc des pénalités, on ne sait pas si le joueur va mieux se comporter. La punition sportive ne vise pas à modifier un comportement, mais à sanctionner une faute. Il y a des sanctions prévues pour assurer le déroulement du jeu et le respect des règles. Le temps de pénalité est la « peine à payer » pour lui et son équipe. Dans le sport comme dans la classe, la punition assure la continuité du jeu. Dans la classe, en plus de la fonction sanctionnante, la punition vise à modifier une attitude ou un comportement. On souhaite que l'élève impoli devienne poli, que l'élève brutal se contrôle mieux, que l'élève tricheur et menteur se range du côté de l'honnêteté et de la franchise. La punition doit marquer la mémoire, rappeler la force de la règle et de l'autorité. Il y a une visée orthopédique dans la punition. Autrement dit, elle a pour but d'améliorer le comportement des élèves.

La punition, dans le système carcéral, vise des objectifs différents. La privation est plus ou moins sévère selon la faute commise et la récidive. La prison à vie constitue la peine la plus importante au Québec pour une faute grave. Derrière les barreaux, le fautif n'a pas l'obligation de suivre des cours préventifs ou de participer à des réunions thérapeutiques. La punition carcérale n'a pas prioritairement un but orthopédique. Le juge punit pour rappeler la loi et la justice qui établit la loi, pour protéger la société contre un individu dangereux, et pour faire payer une faute commise. La prison à vie, au Canada, est la peine maximale. Ailleurs dans le monde, dans certains États américains notamment, la punition ultime est la peine de mort. C'est l'ultime privation. Dans un certain sens, la punition sévère vise à intimider le délinquant lui-même et tous les autres membres de la société. On dira, par exemple, que la crainte de la contravention, lors d'un délit routier, encourage le respect de la loi. De ce point de vue, la punition exerce une fonction préventive.

La punition scolaire agit sur la classe et sur l'enfant. La punition d'un élève a un effet dissuasif sur les autres élèves. La punition, en fait, est un acte de langage qui s'adresse à tous les enfants. C'est pourquoi la punition exerce dans la classe une fonction préventive. La peur du châtiment, la peur d'être puni devant le groupe, la peur de la perte d'amour des parents aura sur certains élèves un effet intimidant et contraignant. La punition pourra avoir un effet préventif à court terme ou à long terme sur l'élève, et pourra agir sur l'enfant en prévenant une nouvelle faute. Toutefois, l'enseignant ne peut miser sur la punition pour induire automatiquement le changement d'un comportement. Qui sait comment l'élève va vivre la punition ? Développera-t-il un sentiment de haine, de frustration, de vengeance à l'égard de l'autorité, ou se soumettra-t-il à la punition sans résister ? Ce qui déclenche l'intériorisation de la loi chez un enfant demeure complexe et imprévisible. L'enseignant ne peut espérer une modification de comportement immédiat, mais cette possibilité demeure tout de même présente. L'enseignant ne doit pas se décourager si la punition ne casse pas, comme on dit communément, un mauvais comportement. L'usage des bonnes manières du savoir-vivre en société s'apprend avec le temps. On sait qu'à la maison les parents répètent inlassablement à un enfant de se laver les mains avant le repas, de se brosser les dents avant d'aller au lit, de faire ses devoirs, de laisser une place pour le jeune frère et de remercier et d'embrasser tante Charlotte lorsqu'elle apporte un nouveau livre à la maison ; règles que nombre d'adultes, qui ont pris des mauvais plis, doivent se faire rappeler à l'occasion.

ENFREINDRE ET PUNIR

Le sportif comme le conducteur d'une voiture savent qu'ils peuvent enfreindre une règle et, par conséquent, être punis. Le verbe *enfreindre* n'a pas le sens premier de contester. Enfreindre les règles fait partie du jeu. C'est peut-être bien parce que nous savons que nous pouvons quelquefois enfreindre les règles que nous nous sentons libres de les accepter, et d'accepter la punition qui en est la conséquence. Cela nous permet de croire qu'en certaines situations nous avons la possibilité d'évaluer la règle, de la reconsidérer, de lui accorder une importance relative, de la contester.

L'AUTORITÉ

Savoir éduquer les enfants avec souplesse et sévérité est un art. La sévérité est perçue par l'enfant comme un signe qu'il peut faire confiance à l'adulte. L'enfant demande des preuves d'autorité. Il désire que la personne qui lui demande obéissance lui montre intégrité et continuité. L'autorité inspire le respect de soi, des autres, de l'institution, de la langue, des règles du savoir-vivre. La personne en position d'autorité a un rôle de leader moral. Son leadership inspire aux élèves la sécurité, car ils savent que l'enseignant est en mesure de prendre les meilleures décisions pour faire respecter les règles, pour discipliner, pour mesurer la justice, pour rétablir l'ordre, pour s'occuper d'eux, pour les consoler et les encourager. Un enfant se sent en sécurité quand un adulte peut plaider pour lui, mais aussi lui montrer les limites de sa liberté.

L'autorité ne cherche pas à imposer la discipline par la force, mais par le respect. Ce qui amoindrit l'autorité, ce sont les ordres et les contrordres, les discours hésitants, les promesses non tenues, les mensonges, les menaces, les contradictions, les critiques inutiles, les humiliations, les injustices et les abus de pouvoir. L'autorité doit pratiquer la cohérence. Il ne peut dire à l'un que c'est bien et à l'autre que c'est mal. L'autorité dans la classe est d'autant difficile à assumer que les parents peuvent contester les décisions de l'enseignant.

Il est aussi important de souligner que la punition est conditionnelle à un rapport de subordination entre l'enseignant et l'élève. La nation, l'école et la famille sont des lieux où s'affirme ce rapport de subordination. Celui qui incarne l'autorité est le représentant de la loi. Cette position lui confère le droit d'utiliser la force nécessaire pour ramener à l'ordre un individu ou un groupe d'individus.

RÈGLES ET PUNITION À LA MAISON ET À L'ÉCOLE

Lors de son entrée dans le système scolaire, l'enfant s'approprie la maîtrise des règles de socialisation qui le mettent en décalage avec celles de la famille et de son groupe, et l'amènent à faire face à l'autorité de l'enseignant. Les règles de la maison ne sont pas les mêmes que les règles de l'école. Les règles de conduite scolaires sont plus contraignantes et plus rigides. Un élève ne peut prendre la décision de sortir de la classe sans la permission de l'enseignant. L'autorité de l'enseignant n'est pas discutable au même titre que l'autorité du parent imprégné du lien amoureux. L'enseignant, contrairement au parent, maîtrise mieux la demande du désir amoureux de l'enfant.

Dans la classe, l'enseignant veille au respect de l'ordre et au bien-être des élèves. Il doit accomplir sa tâche dans les meilleures conditions possibles. Il est obligé de composer avec le fait que les enfants peuvent commettre volontairement ou involontairement des fautes graves. Les règles et les punitions doivent être très claires. C'est la répétition de la faute qui en accentue la gravité. La punition donne à un élève la valeur et la mesure de sa faute. Il ne s'agit pas obligatoirement de le culpabiliser, mais de le rappeler à l'ordre.

La punition scolaire doit comporter trois aspects : nommer le comportement non désiré, nommer la règle, nommer le comportement de remplacement. L'enseignant va chercher à aider l'élève fautif à accepter la règle et à reconnaître son inconduite. Le temps qu'il prend pour reconnaître une inconduite est souvent long. Un enfant n'avoue pas facilement qu'il a menti, qu'il a triché, qu'il a volé ou qu'il a bousculé ou insulté autrui. La pression morale de la classe est utile à cet égard pour l'aider à corriger une inconduite. Or, la reconnaissance d'une inconduite ne mène pas nécessairement à une autocorrection. Rien n'empêche un enfant de répéter une même faute. On ne peut prévoir ce qui va la ramener définitivement à l'ordre.

QUEL EST LE SENS DE LA PUNITION SCOLAIRE ?

Il y a plusieurs types de punitions, depuis le châtiment éternel jusqu'à la lapidation pour le crime d'adultère. Dans son sens religieux, la punition renvoie à l'idée de purification et d'expiation. Ce sens s'est progressivement érodé au cours de la modernité. Le plus souvent, le mot *punition* connote la peine issue d'une privation. Les mots *punition* et *vengeance* ont été longtemps jumelés. Or, on ne punit pas par vengeance, mais bien pour rompre avec la vengeance. Aussi, la punition évoque la souffrance infligée à un individu. Dans le sens pédagogique, la punition ne vise pas la souffrance corporelle ou psychologique. La punition scolaire n'a rien de comparable au châtiment corporel et au châtiment éternel. Punir est un moyen de ramener à l'ordre, dans le droit chemin, et de dissuader les inconduites. La punition est une sanction connue de l'élève à un acte jugé répréhensible par rapport une règle. Puisque la punition renvoie à des limites imposées, il ne faut pas se méprendre et penser que la punition n'a aucun effet sur l'enfant orgueilleux du fait qu'il s'en moque ou qu'il en use pour se narcissiser. Simplement parce que l'enseignant agit, il donne une légitimité à ses paroles, il montre aux autres élèves que ce qu'on leur demande n'est pas que du vent. Ainsi, la punition n'a pas pour objet de rendre l'élève malheureux, mais de rappeler aux yeux de tous la crédibilité de la parole de l'enseignant.

QUELLE PUNITION UTILISER ?

Avant de punir un élève, on donne un avertissement, on fait des remontrances, on réprimande sur un ton sévère. Lorsque la conduite inadmissible se répète, il est alors peut-être temps de sévir avec une punition. Je souligne qu'au hockey le joueur a rarement une seconde chance. Une faute vue par l'arbitre est immédiatement sanctionnée. L'arbitre qui ne sévit pas encourage la violence sportive. L'impunité, au hockey, passe rarement inaperçue. Dans la classe, l'enseignant a une plus grande marge de manœuvre. À cet égard, l'espace d'arbitraire est plus grand. La réaction punitive varie selon le niveau de tolérance de l'enseignant.

Comment choisir la punition correspondant à l'inconduite ? Lorsqu'un enseignant met un élève en retrait, lorsqu'il diminue un temps d'utilisation de l'ordinateur, lorsqu'il le prive d'une récréation, de la participation à un jeu, lorsqu'il lui demande d'écrire une lettre d'excuse, lorsqu'il lui donne plus de devoirs, ou lorsqu'il demande son renvoi de la classe et même de l'école, il cherche à le responsabiliser. En général, on punit un enfant en le privant d'un plaisir. En exigeant de lui quelque chose qui lui coûte, et en lui demandant une réparation. L'enseignant mesure la nature de la peine en fonction de sa gravité, de sa répétition, du retour à l'ordre dans la classe, de son utilité pour le présent et pour l'avenir.

CONCLUSION

Pour lever le tabou sur la punition, il fallait éviter au moins deux pièges : celui du pédagogisme et celui du naturalisme. Le pédagogisme consiste à considérer toutes les actions dans la classe sous l'angle de la relation pédagogique. Ce piège a ceci de redoutable qu'il gomme les autres dimensions de la relation entre l'enseignant et les élèves, notamment la relation politique. Quant au naturalisme, on ne peut négliger ce phénomène devenu important au milieu du XXe siècle. Le naturalisme conçoit l'enfant comme un être fondamentalement bon parce qu'il serait plus proche d'une pureté originale. L'usage de la punition dans la classe tient justement au fait que l'enseignant accepte d'assumer pleinement une position politique, et qu'il considère que l'enfant s'exprime quelquefois un peu gauchement, quelquefois un peu violemment, parce que ses désirs, en fait, ne sont pas encore bien éduqués.

2

Portraits de la discipline scolaire au Québec[1]

Nathalie Bélanger,
Clermont Gauthier,
Maurice Tardif

Ce texte est né d'une prise de conscience réalisée à la suite d'une relecture de documents qui ont marqué notre histoire récente. En effet, en 1977, lors de la vaste consultation menée par le ministère de l'Éducation, il était mentionné dans le *Livre vert* que le relâchement général de la discipline était un des problèmes les plus graves du système d'éducation moderne[2]. Cette affirmation dramatique nous a conduits à nous demander comment il se faisait qu'on recommençait à discuter de la discipline en classe alors qu'il n'y a pas si longtemps, durant les années soixante, pendant la réforme, ce sujet était presque entièrement absent des discours pédagogiques ? Et plus encore comment se faisait-il que le discours sur la discipline, omniprésent dans les traités de pédagogie d'avant la réforme scolaire au Québec, fut ensuite oblitéré sous ce nouveau régime ? Les idées concernant la discipline en classe auraient fluctué en intensité et fort probablement aussi en contenu. L'intention du présent article sera donc de cerner les transformations des discours sur la discipline scolaire depuis cent ans au Québec.

Mais, quand on parle de discipline scolaire, qu'entend-on au juste ? Éliminons d'entrée de jeu l'enseignement des matières scolaires, car, même si la discipline en classe l'affecte, ce n'est pas de

---

1. Cet article a été publié dans sa version originale dans la revue *Vie pédagogique*, nº 94, 1995, p. 6-9.

2. Ministère de l'Éducation, *L'enseignement primaire et secondaire au Québec. Livre vert*, Québec, Bibliothèque nationale du Québec, 1977, p. 23.

la didactique dont il s'agit ici. La discipline a plutôt un lien étroit, presque naturel, avec la pédagogie. En effet, quand il s'agit d'éduquer et d'instruire des masses d'enfants, la question de l'ordre dans la classe en vue d'assurer un meilleur enseignement se pose d'emblée. Or ce thème n'est pas nouveau puisqu'il surgit quand l'école commence à enseigner de façon plus continue à des groupes d'enfants plus importants. Aussi on ne sera pas surpris de voir apparaître en Europe, dès le XVIIe siècle, des traités de pédagogie remplis de conseils, de prescriptions au sujet de la discipline scolaire, c'est-à-dire d'un ordre à instaurer pour faire fonctionner adéquatement la classe. Toutes les facettes de la vie en classe y font l'objet de recommandations minutieusement décrites : comment faire prendre les rangs aux élèves, comment les récompenser, comment les punir, quelle posture leur faire prendre, comment leur faire tenir la plume, etc. ? Ces prescriptions nous semblent bien vieillottes, mais il ne faut pas oublier que chaque enseignant, aujourd'hui tout comme hier, doit prendre une décision quant à chacun de ces éléments, il doit statuer d'une façon ou d'une autre sur les règles relatives à la gestion du temps et de l'espace dans la classe, à la durée des exercices, etc. Bref, l'enseignant de naguère comme l'enseignant actuel est pris avec des questions de discipline. Que l'ordre dans la classe soit imposé de façon autoritaire par le maître, qu'il vienne de l'enfant lui-même ou encore qu'il soit le résultat d'une entente entre ce dernier et le maître, il reste que la discipline fait partie intégrante de la chose pédagogique. Qu'on le veuille ou non, dans quelque classe que ce soit, d'orientation ouverte, libre, traditionnelle ou autre, il y a toujours des décisions à prendre au sujet de la discipline parce qu'on a affaire à des groupes, parce qu'on a affaire à des jeunes dont les besoins diffèrent de ceux des adultes, parce qu'on a affaire à des adultes-enseignants qui ont la responsabilité d'accomplir un mandat qui leur est confié par la société, bref parce que, pour arriver à certains apprentissages, il faut un minimum d'ordre dans le fonctionnement et que la mise en place de cet ordre est précisément ce qu'on appelle ici la discipline.

Notre définition de la discipline prend le sens de l'exercice d'un pouvoir par des acteurs en vue de l'apprentissage de certains savoirs. La discipline est donc un dispositif du pouvoir caractérisé par plusieurs contrôles et assuré lors d'activités reliées au domaine scolaire par des acteurs, entre autres le maître et les élèves, institutionnalisés et assujettis à l'atteinte d'une fin, soit l'apprentissage de conduites associées à des savoirs.

Dans ce texte, nous examinons donc la discipline scolaire en tant que mise en place de dispositifs de contrôle, d'ordre, en vue d'assurer des apprentissages en classe. Pour ce faire, nous allons dresser un tableau de l'évolution de la discipline scolaire à partir d'une analyse de contenu de traités de pédagogie et de rapports officiels couvrant une période de plus d'un siècle au Québec. Nous allons mettre en évidence une transformation des discours en trois étapes distinctes. D'abord se présentent les discours d'autrefois (la période d'avant la réforme scolaire des années 1960). C'est une période pendant laquelle la discipline prenait des contours rigides, s'alimentait à une légitimation religieuse et se fondait avant tout sur la punition, voire à la limite sur le châtiment corporel. Ensuite, arrivent les discours appartenant à un passé plus récent ; cela correspond à la réforme de l'enseignement des années 1960 issue du rapport Parent. La discipline sera alors oblitérée, évacuée, rejetée par une argumentation moderniste dénigrant tout ce qui a une connotation traditionnelle. Enfin, surgissent les discours des années plus récentes (soit l'après-réforme, de 1976 jusqu'à maintenant) où l'on verra poindre une nouvelle conception de la discipline relevant d'une sorte de compromis entre la tradition et la modernité ; cette étape débuterait, selon nos analyses, avec les premières prises de position du *Livre vert* qui réagissait, comme on l'a vu plus haut, contre le manque d'esprit de discipline dans les écoles.

Ce tableau de l'évolution de la discipline scolaire sera réalisé à partir de trois « portraits » que nous avons dressés et qui permettront de saisir nettement quelques aspects importants des transformations.

LA DISCIPLINE AVANT LA RÉFORME : LE POIDS DE LA RELIGION

Langevin[3], Rouleau, Magnan, Ahern[4], Ross[5] et Vinette[6], issus pour la plupart de l'élite cléricale, exposent une conception exhaustive et fort détaillée de la discipline. Pour ces pédagogues de

---

3. J. Langevin, *Cours de pédagogie ou principes d'éducation*, Québec, C. Darveau, 1865.

4. Th.-G. Rouleau, C.J. Magnan et J. Ahern, *Pédagogie pratique et théorique*, Québec, Imprimerie Darveau, 1904.

5. Mgr F.-X. Ross, *Manuel de pédagogie théorique et pratique*, Québec, Charrier et Dugal, 1916.

6. R. Vinette, *Pédagogie générale*, Montréal, Centre de psychologie et de pédagogie, 1948.

la fin du XIXᵉ siècle et de la première moitié du XXᵉ siècle, la discipline est considérée comme l'un des meilleurs atouts pour l'atteinte des buts que se donne le maître d'école. Ils attribuent à la discipline un fondement religieux et en font l'auxiliaire par excellence du progrès intellectuel des élèves, la matrice essentielle en éducation. Citons Mgr Ross[7] qui se réfère à Saint-Augustin : « L'harmonie et l'ordre sont le cachet des œuvres de Dieu. Partout où il y a de l'ordre, il y a du bien ; partout où manque l'ordre, on ne trouve rien de bon ». La discipline serait par conséquent ce savoir de l'ordre, cette science du détail qui fait qu'une classe se déroulerait sans anicroche. Elle s'avère même être pour le maître un attribut de grand secours pour éviter de ruiner ses énergies en « faisant de vains efforts afin de dominer de la voix le bruit continuel[8] ». La discipline comporte deux dimensions : externe et interne.

Ces pédagogues d'antan distinguent d'abord un univers disciplinaire extérieur bien délimité, un univers qui règle et « maintient dans l'ordre les activités de l'homme, de manière à leur faire atteindre leur plus grand degré de puissance », dit Ross[9]. À titre d'exemple, Langevin voit dans la discipline l'indicateur même de l'efficacité de l'instituteur, voire de l'école : « Tant vaut la discipline, tant vaut l'école ! » soutiendra-t-il. Cette discipline, véritable indicateur de la pédagogie d'autrefois, s'exerce par des contrôles portant sur le temps, sur l'espace et sur les activités dans la classe. Spatialement, temporellement, structurellement, toute l'organisation de la classe contribue à maintenir la discipline. Ainsi, pour ne pas perdre chaque instant qui doit constamment « être mis à profit », pour maintenir le silence et surtout la bonne renommée de l'école, le maître veillera à organiser minutieusement le temps de la classe. Chaque minute doit servir à occuper les enfants car, comme chacun le sait, l'oisiveté est la mère de tous les vices ! Le temps scolaire, du matin au soir, de la salutation angélique au *sub tuum*, est minutieusement réparti, consigné dans un registre prévu à cet effet et vérifié lors de la visite de l'inspecteur.

De nombreuses prescriptions concernent l'aménagement de la classe et de la cour de récréation et même la construction de l'école. Selon Langevin, les tables et les bancs installés de façon

---

7. Mgr F.-X. Ross, *op. cit.*, p. 331.

8. J. Langevin, *op. cit.*, p. 235.

9. Mgr F.-X. Ross, *op. cit.*, p. 376.

semblable à ceux d'une église devront être tournés vers l'estrade du maître de manière à lui assurer une vue globale et sans faille. Ils doivent aussi être bien fixés au sol afin d'éviter que les enfants ne les renversent. L'espace de récréation devrait être séparé en deux par une clôture élevée pour les enfants des deux sexes. La construction d'une nouvelle école devrait se faire en un site élevé afin d'éviter le bruit et la mauvaise odeur qui troubleraient l'activité dans l'école.

Les activités scolaires font évidemment aussi partie des objets de contrôle pour une maîtresse ou un maître soucieux de faire respecter l'ordre. La bonne conduite des élèves sera renforcée, premièrement, par l'acquisition de places honorables dans la classe ou d'un rang privilégié et, deuxièmement, par le succès aux examens et la réception de bons points[10]. Cependant, nous partageons l'idée de Doyle[11] qu'à cette époque la punition définissait en grande partie la discipline. Ainsi on dira dans la revue *L'enseignement primaire* : « Les punitions ont leur bon côté, mais les récompenses pourraient bien avoir leur mauvais[12] ». Les manquements aux règles seront donc punis mais selon une hiérarchie des fautes auxquelles on associera en proportion les correctifs appropriés. Mais, contrairement à ce qu'on pense habituellement, la punition corporelle n'est pas préconisée, elle n'est pas exclue toutefois. Par exemple, Mgr Langevin[13] dira que l'instituteur doit prodiguer les punitions corporelles avec une extrême modération. Mgr Ross[14] dira que discipline et répression ne sont pas synonymes et qu'il faut éviter la sévérité exagérée. Il dit aussi qu'il faut « mettre en œuvre la crainte et l'amour, mais plutôt l'amour que la crainte[15] ». La punition est vue comme un *remède* à administrer qui vise à détruire ce qui est mauvais et à provoquer ce qui est bon[16]. Il ne faut pas oublier que l'on considère l'écolier comme un être à redresser ayant des inclinaisons vers le bien au voisinage desquelles cependant se

10. J. Langevin, *op. cit.*, p. 247.

11. W. Doyle, « Are students behaving worse than they use to behave ? » in *Journal of research and development in education*, (11), 4, 1978, p. 116-126.

12. Département de l'instruction publique, « De l'ordre », *L'enseignement primaire*, (9), 9, 1889, p. 136.

13. J. Langevin, *op. cit.*, p. 263.

14. Mgr F.-X. Ross, *op. cit.* p. 381.

15. *Ibid*, p. 385.

16. *Ibid*, p. 394.

combinent de lourds penchants vers le mal. Il faut donc occuper constamment les enfants à des activités jugées nobles et éducatives, et offrir des modèles et des bons exemples à suivre. Pour cela, le maître doit se montrer lui-même un modèle à la hauteur de sa « vocation » en étant sobre, digne, exemplaire, prudent, à la fois doux et ferme.

Toute cette mécanique de l'extérieur, ce réglage minutieux des dispositifs disciplinaires jugés indispensables à l'organisation de la classe doit, selon Ross, « atteindre les puissances intérieures pour y établir le principe d'ordre et de régularité qu'on veut voir régner à l'extérieur, et pour créer dans la conscience, dans le cœur et la volonté, cette force qui amène l'enfant à se soumettre volontairement et de son propre mouvement à l'ordre réclamé par les règlements[17] ». La discipline extérieure doit donc aboutir à une discipline intériorisée et durable. Ce double sens, extérieur et intérieur, serait caractéristique de la discipline religieuse : elle règle *a priori* les coutumes, les conduites, les comportements ou les mœurs des individus pour ainsi disposer ensuite d'un pouvoir sur leur conscience, d'un contrôle sur leur vertu afin d'assurer la purification de leur âme.

LA DISCIPLINE PENDANT LA RÉFORME : L'AUTODISCIPLINE

Un deuxième portrait se dégage de nos analyses. Il se dessine durant cette période où la discipline, dans son acception traditionnelle et religieuse, est critiquée pour faire place progressivement à une tendance libertaire qui finira par évacuer le concept. Nous situons approximativement cette deuxième période entre les années 1960 et 1975. Il y a tout lieu de croire cependant que la pratique disciplinaire réelle dans les classes ne correspondait pas nécessairement aux propos théoriques que nous retrouvons dans les documents de l'époque. Toutefois, ces idées n'ont certainement pas manqué d'influencer, à des degrés divers selon les milieux, l'organisation concrète des classes sur le plan de la discipline puisqu'à la fin des années 1970 le laxisme des écoles était dénoncé.

Nous décrirons à grands traits cette période à partir des textes de la commission Parent et du rapport du Conseil supérieur de

17. *Ibid*, p. 376-377.

l'éducation pour l'année 1969-1970. En premier lieu, il faut mentionner que le rapport Parent soutient l'idée qu'une grande latitude doit être accordée à chaque enseignant[18]. Les commissaires s'opposaient à une vision uniforme, janséniste, puritaine de la discipline qui, selon eux, aurait prévalu auparavant et qui consistait à « développer la peur, la culpabilité, et une morale surtout répressive » ; ils proposaient plutôt « de développer la force, la liberté de choix, une morale du don, du dialogue, et de la rencontre[19] ». De tout cela découle l'idée d'une discipline vue comme « l'apprentissage de la liberté[20] » et non comme l'obéissance ou l'embrigadement face à l'autorité. En ce sens, la discipline devait servir l'enfant et non le soumettre : « Guider l'enfant, le retenir parfois, mais éviter d'entraver son initiative, lui laisser prendre des responsabilités[21] ». Les commissaires affirment également que la discipline devrait davantage être pensée selon une logique de l'organisation ; on parlera ainsi d'organisation disciplinaire ou d'organisation démocratique. À ce sujet, ils disent vouloir donner « au maître le loisir d'organiser sa classe en société démocratique miniature avec divers responsables[22] ». Par conséquent, le contrôle de l'activité, de sa durée et de l'espace dans laquelle elle se déroule se voit déplacé vers l'apprenant. La facture des programmes-cadres illustre bien ce principe : ceux-ci définissent des orientations générales qui supposent la constitution d'un programme plus précis par la commission scolaire, par l'enseignant et, enfin, par l'élève lui-même. Il est à noter que ce contrôle déplacé vers l'apprenant est légitimé par la psychologie de l'apprentissage en vigueur à ce moment qui prônait le respect du rythme d'apprentissage de l'élève. Concernant l'espace scolaire, on suggère de faire de la classe un milieu de vie. Au contrôle strict de l'espace d'autrefois se caractérisant par la clôture du dehors et le quadrillage de tous les aspects de la classe, succède désormais avec la réforme scolaire la vision d'un espace ouvert et polyvalent. L'école devient milieu de vie, l'école s'ouvre sur la vie.

---

18. Commission royale d'enquête sur l'enseignement dans la province de Québec, *Rapport Parent*, Québec, tome II, 1964, p. 111.

19. *Ibid*, tome III, p. 215.

20. *Ibid*, tome II, p. 111.

21. *Ibid*.

22. *Ibid*.

Quelques années plus tard, le rapport du Conseil supérieur de l'éducation pour l'année 1969-1970, intitulé *L'activité éducative*[23], et écrit par P. Angers, va dans le même sens que le rapport Parent en y ajoutant toutefois une forte coloration inspirée de la psychologie humaniste de C. Rogers. Dans ce rapport, on estime que le noyau de la nature humaine est positif et s'inscrit dans un dynamisme qui tend naturellement vers la croissance et le développement de la personne[24]. Cette approche organique s'oppose absolument à un type de pédagogie qualifié de mécanique, qui voit l'élève comme un être peu inventif, peu enclin à l'effort, constamment contrôlé et soumis à une discipline[25]. Angers ajoute que la pédagogie organique, en se centrant sur le dynamisme et les ressources intérieures de l'élève, mise sur sa puissance interne d'auto-éducation. L'élève prend en charge ses études, il devient le maître de sa propre éducation. La discipline est renvoyée par conséquent à la responsabilité de l'élève et l'enseignant joue un rôle d'accompagnement, d'écoute, de soutien affectif[26]. Le maître n'aurait donc plus à « faire de la discipline » puisque désormais l'élève s'auto-disciplinerait. En bout de ligne, la discipline est évacuée des discours : on n'a plus besoin d'en parler puisqu'elle devient l'affaire de l'élève. Durant ces années, on ne retrouve plus, ou si peu et alors elles sont très générales, d'indications sur la gestion de la classe, sur les récompenses et sur les punitions, comme si tout se réglait comme par enchantement. Curieuse coïncidence de constater également que durant cette même période on assiste au Québec au développement sans précédent du secteur de l'enfance inadaptée basé sur le placement des enfants présentant des difficultés d'apprentissage ou de comportement dans des classes spéciales, le secteur régulier ne pouvant y faire face adéquatement.

Le rapport Parent annonçait la parution « d'une abondante documentation sur l'organisation disciplinaire[27] » pour les parents et les enseignants, et mentionnait qu'une attention spéciale serait

---

23. Conseil supérieur de l'éducation, 1971. *L'activité éducative. Rapport annuel 1969-70*, Québec.

24. *Ibid*, p. 38.

25. *Ibid*, p. 38.

26. *Ibid*, p. 39.

27. Commission royale d'enquête sur l'enseignement dans la province de Québec, *op. cit.*, tome II, p. 111.

accordée lors de la formation de ces derniers à la conduite d'une classe. D'après nos recherches, cette documentation n'a jamais vu le jour[28] et rien de marquant n'a été fait dans la formation des maîtres à ce sujet. L'idée de faire de la discipline une question centrée sur l'enfant et liée à chaque enseignant semble donc avoir libéré finalement les instances de la nécessité de discourir sur le sujet.

UNE DISCIPLINE DU COMPROMIS APRÈS LA RÉFORME

Après les années de la réforme, c'est-à-dire autour de 1975, on peut dégager, dans les documents ministériels, un troisième portrait de la discipline. Déjà avec le *Livre vert*, mais surtout avec le document intitulé *Les visées et les pratiques de l'école primaire*[29] du Conseil supérieur de l'éducation, les excès de la réforme sont dénoncés et une position intermédiaire se trace entre l'école d'autrefois et celle dite du « relâchement ». « À bien y penser, pourtant, comment pratiquer une pédagogie valable sans retenir de l'école dite « traditionnelle » son approche systématique de l'apprentissage, son sens de l'exigence, son enseignement prioritaire des matières de base, son souci de vérifier les connaissances acquises, peut-être aussi certains aspects de la frugalité et de l'austérité qui la caractérisent ? De l'école dite « nouvelle », comment ne pas retenir son souci des besoins de chaque enfant, son attention aux dimensions affectives et sociales de l'apprentissage, sa promotion des valeurs individuelles et sociales de la spontanéité et de l'autonomie, son ouverture à un vaste ensemble de besoins éducatifs, sans oublier une certaine décrispation et une certaine détente par rapport aux protocoles scolaires[30] ? »

Ainsi pour justifier la « réconciliation » entre ces deux extrêmes, on argumentera que, sans retourner à la sévérité de l'école d'antan, il est souhaitable d'instaurer une école moderne accueillante et créative mais également rigoureuse comme celle d'autrefois. La nouvelle école doit en effet accorder plus d'importance à

---

28. Ou peut-être annonce-t-on ici les quatre documents *L'école, milieu de vie* publiés entre 1971 et 1975 ? Même là, il n'est pas question de discipline dans ces documents.

29. Conseil supérieur de l'éducation, *Les visées et les pratiques de l'école primaire*. Québec, Direction des communications du Conseil supérieur de l'éducation, 1987.

30. *Ibid*, p. 6.

l'apprentissage des connaissances, elle doit mettre en scène un plus grand « esprit de discipline[31] », Néanmoins « il ne s'agit pas de forcer la précocité de certains apprentissages ou de doubler la somme de travail pour les écoliers ; ni d'instaurer un modèle rigide et inconsidéré de contrôles et de sanctions des conduites scolaires[32] ». L'encadrement et la surveillance semblent répondre désormais aux carences dénoncées de l'école réformée. Elles sont examinées dans le document intitulé *Les services d'encadrement et de surveillance à l'école. Guide d'orientation*[33]. Cette brochure fait partie d'une série de documents qui décrivent le champ d'intervention des services complémentaires à l'école[34]. L'encadrement est défini, selon les documents consultés, comme un « soutien global et continu aux élèves sur le plan des apprentissages qui, dans le cadre du projet éducatif de l'école, est fourni par l'ensemble du personnel scolaire[35] ». Des autorités tentent de répondre à la conjoncture sociale dans laquelle baigne l'école d'aujourd'hui où certains changements, notamment l'éclatement de la famille, l'hétérogénéité des populations scolaires, le pluralisme des valeurs et des visions du monde, nécessitent plus que jamais un bon encadrement assurant une certaine stabilité afin de soutenir les élèves dans leur développement. Le but de l'encadrement est donc de fournir un cadre de travail propice à la réalisation des objectifs de l'école québécoise. L'encadrement facilite la naissance d'un sentiment d'appartenance entre les acteurs scolaires. Il permet de retrouver un peu l'école du passé tout en maintenant bien présente la dimension non répressive si chère aux artisans de la réforme des années 1960. Les contrôles précédemment déplacés vers l'initiative de l'apprenant durant les années de la réforme sont désormais considérés autrement, particulièrement dans la perspective du droit de recevoir un enseignement de qualité. L'enfant n'est plus vu comme celui sur lequel l'école doit se centrer exclusivement ou respecter démesurément mais comme « un partenaire actif » et « associé » à l'éducation[36].

---

31. Ministère de l'Éducation, 1977, *op. cit.*, p. 44.

32. Conseil supérieur de l'éducation, 1987, *op. cit.*, p. 31.

33. Ministère de l'Éducation du Québec, *Les services d'encadrement et de surveillance à l'école, Guide d'orientation*, Québec, Bibliothèque nationale du Québec, 1989.

34. Le cadre de référence de ce guide est le document *Vivre à l'école – Cadre général d'organisation des services complémentaires*, Québec, ministère de l'Éducation, 1986.

35. Ministère de l'Éducation du Québec, 1989, *op. cit.*, p. 19.

36. Conseil supérieur de l'éducation, 1987, *op. cit.*, p. 31.

Les formules d'encadrement peuvent se subdiviser en trois grands types qui couvrent la totalité de la vie de l'école : l'encadrement social, l'encadrement pédagogique et l'encadrement individuel. L'encadrement social réfère à l'ensemble des mesures touchant la vie collective des élèves ; cela renvoie à l'accueil en début d'année, à l'établissement de canaux de communication dans une école, à l'établissement de règlements scolaires, aux activités parascolaires, aux associations étudiantes, aux locaux d'activités sociales, etc. On insiste pour dire, au sujet des sanctions concernant les manquements aux règlements, qu'elles doivent avoir un caractère éducatif, être le moins répressives possible et respecter la liberté d'expression des élèves dans le sens défini par la Charte des droits et libertés de la personne[37]. Bref, elles doivent se situer quelque part entre l'usage abusif du pouvoir et l'extrême tolérance. L'encadrement pédagogique réfère aux diverses formules d'enseignement : titulariat, tutorat, *team teaching*, etc. Le maître redevient ici un acteur important dans le processus. On lui redonne le leadership en matière d'encadrement pédagogique[38], mais on attribue néanmoins l'encadrement à l'ensemble du personnel de l'école. Quant à l'encadrement individuel, il a trait au suivi de certains élèves qui présentent des besoins particuliers tant sur le plan des apprentissages scolaires que sur celui du comportement, de l'intégration sociale, de la santé physique. Un encadrement de qualité facilitera la surveillance, deuxième notion importante rapportée plus haut. Toujours dans le même document, on indique que la surveillance consiste en l'ensemble des mesures préventives et correctives prises à l'école pour assurer la sécurité physique et morale des élèves et qu'elle vise à « créer des conditions d'apprentissage qui assurent le respect des droits individuels et collectifs à l'intérieur comme à l'extérieur de l'école[39] ». On ajoute également qu'un des principaux défis de la surveillance est de conjuguer l'exercice de l'autorité et la responsabilisation de l'élève. Il s'agit, entre autres, de faire en sorte que le cadre juridique dans lequel fonctionne l'école (Charte des droits et libertés, Code civil, Loi sur la santé et la sécurité au travail, Loi sur l'instruction publique, Loi sur la protection de la jeunesse, etc.) soit respecté tout en s'assurant de donner aux mesures prises une réelle portée éducative.

---

37. *Ibid.*, p. 32.

38. Ministère de l'Éducation du Québec, 1989, *op. cit.*, p. 21.

39. *Ibid.*, p. 49.

Bref, le document *Les services d'encadrement et de surveillance à l'école. Guide d'orientation*[40] indique que, si l'on exerce un contrôle suivi, il ne faut pas voir là un exercice de pouvoir pour soumettre l'autre mais plutôt une façon d'assurer sa protection et de soutenir sa démarche de manière à ce que tout se déroule sans risque pour lui et le motive à apprendre.

Ce document important cherche à « reddiscipliner » l'école. Comme les vieux traités de pédagogie, il porte sur la totalité de la vie scolaire : il prend en compte le temps, du matin au soir et ce, du début de l'année scolaire à la fin ; il couvre aussi l'ensemble des activités de l'école ; il concerne la totalité des intervenants, il porte également sur l'espace. Il est sans doute surprenant de le voir publié dans le contexte des services complémentaires de l'école car, bien loin de se situer à la périphérie de la chose pédagogique, l'encadrement tel qu'il est défini ici en constitue plutôt le noyau dur. Il s'agit sans doute là d'une étape dans un processus qui est encore loin de son terme mais dont il faudra surveiller l'évolution pour qu'il ne devienne pas uniquement l'affaire des autres personnels associés à l'école (travailleurs sociaux, psychologues, conseillers en orientation, etc.), car, sans le rôle primordial exercé par l'enseignant, on raterait encore une fois l'essentiel.

CONCLUSION

Étouffés par leurs traditions religieuses, les Québécois des années 1960 ont balayé la discipline radicalement du revers de la main avec la Révolution tranquille. Le discours sur la discipline apparaît comme un exemple de plus de ce passé clérical que nous avons tenté de refouler dans l'au-delà de nos consciences. Voulant nous détourner de cette école du passé, que nous jugions religieuse, autoritaire, traditionnelle, nous avons sauté à pieds joints dans la réforme et mis tout le poids de la discipline sur l'élève. Nous avons réalisé avec la Révolution tranquille notre révolution copernicienne en pédagogie tout comme les pédagogues de l'Europe des années 1920 l'avaient fait : la pédagogie nouvelle chez nous aussi a voulu renverser la pédagogie traditionnelle. Mais on a beau vouloir nier son existence, on a beau tenter de colmater toutes les fuites, les questions de discipline en classe reviennent sans cesse, se cachant souvent sous d'autres noms. Chaque enseignant, dans le secret de

---

40. Ministère de l'Éducation du Québec, 1989, *op. cit.*

sa classe, savait bien qu'il était amené à apporter des comportements qui avaient une forte odeur traditionnelle. Chaque enseignant savait bien qu'il exerçait à divers moments un véritable contrôle disciplinaire sur sa classe. Mais tout s'est passé sans que
quiconque en parle, comme si personne n'osait transgresser cette
sorte de conspiration du silence au sujet de la discipline, comme
s'il y avait en chaque enseignant une sorte de gêne et de culpabilité
à ne pas pouvoir réaliser dans sa propre classe le mythe néo-
rousseauiste de l'enfant bon qui s'auto-discipline, comme s'il y avait
en cette époque assujettie à l'idéologie moderniste un refus d'adop-
ter des comportements considérés comme tabous appartenant à
une époque jugée révolue.

Le troisième portrait marque donc, selon nous, une sorte de
« maturité » par rapport à notre passé plus lointain. Nous sommes
désormais plus en mesure de voir que, si l'école d'autrefois mettait
l'accent sur la discipline, elle ne le faisait sûrement pas d'une façon
aussi répressive, du moins dans les textes, que les partisans de la
réforme scolaire l'ont laissé entendre dans leur désir de voir disparaître l'ancien et naître le nouveau. Nous sommes aussi mieux en
mesure maintenant de constater la naïveté et même le dogmatisme
des partisans de la pédagogie nouvelle qui, à vouloir à tout prix
faire porter le poids de la discipline uniquement sur l'enfant, ont
refusé de voir cet échec qui sautait aux yeux et causé ce silence
coupable chez bon nombre d'honnêtes enseignants.

Nous faisons l'hypothèse ici que la discipline entretient un
lien « consubstantiel » avec la pédagogie et en devient un axe déterminant ; elle est, elle aussi, un discours d'ordre. Cet ordre, certains
prétendent qu'il est donné comme dans la conception de la pédagogie traditionnelle au sens où il prend sa légitimation dans un
Dieu qui mandate son représentant, le maître, de l'exercer, ou
encore comme dans la conception de la pédagogie nouvelle issue
de la réforme scolaire qui déifie l'enfant et s'agenouille devant les
vertus magiques et infaillibles de l'autodiscipline. Cet ordre peut
être construit au sens où il émerge du doute, de la négociation et
du compromis. Cette troisième voie tente de mettre en scène une
conception de la discipline qui nous semble plus adaptée au contexte contemporain.

3

Les effets pervers des idéologies pédagogiques non autoritaires

Suzanne-G. Chartrand

Les deux termes qui coiffent les réflexions de cet ouvrage, *Enseigner et punir*, forment, en situation scolaire, un couple irréductible, l'un appelant l'autre et réciproquement ; c'est du moins la thèse que je défendrai. Mon point de vue est celui d'une didacticienne, c'est-à-dire d'une chercheure qui travaille à comprendre et à théoriser les relations entre les trois pôles du triangle didactique, à savoir le pôle de l'élève (l'apprenant), celui de l'enseignant et celui des savoirs et des pratiques sociales de référence dans une discipline donnée[1].

Comme l'enseignement-apprentissage en situation scolaire est, faut-il le rappeler, un acte social, le savoir et l'expérience dont l'enseignant est dépositaire sont des construits sociaux, qui, de plus, sont socialement légitimés. Le maître a pour responsabilité de conduire et de réguler la relation éducative. Son rôle consiste à stimuler, à faciliter, à soutenir et à évaluer l'apprentissage de savoirs didactisés, c'est-à-dire transposés en fonction d'objectifs pédagogiques[2], en choisissant les dispositifs (contextes, moyens, tâches, etc.) les plus appropriés à l'apprentissage de savoirs et savoir-faire propres à sa discipline.

L'enseignant dispose de divers moyens pour réguler l'apprentissage, dont le principal est sa capacité à motiver les élèves, à susciter

---

1. S.-G. Chartrand et Cl. Simard, « La didactique du français : de la doxa à l'épistémé », *Revue de l'ACLA*, vol. 18, n° 2, 1996 ; Claude Simard, « Prolégomènes à la didactique », *Revue de l'ACLA*, vol. 15, n° 1, 1993, p. 59-74.

2. B. Schneuwly, « De l'utilité de la *transposition didactique* », dans *Didactique du français* (Chiss, David, Reuter, éd.), Paris, Nathan, 1995.

et à entretenir chez eux le désir d'apprendre et de savoir. Cette capacité lui vient de sa compétence pédagogique et didactique, et de sa passion pour son métier. D'emblée, on admettra que la relation entre l'enseignant – que je voudrais pouvoir encore appeler le maître – et l'élève est un rapport inégalitaire. Le maître est en position d'autorité, en tant que responsable de l'acte éducatif et agent dans la transmission des finalités de l'école. Sur ce point, ce rapport est assez semblable à celui qui existe entre parents et enfants.

L'enseignant doit, entre autres, fixer les règles et les normes de travail et de comportement dans sa classe ainsi que les limites à ne pas franchir, les interdits. Les règles à suivre doivent être expliquées, argumentées et compréhensibles pour les élèves, mais elles n'ont pas nécessairement à être négociées.

Dans les cas où un ou plusieurs élèves franchissent les limites posées, le maître doit intervenir, car l'équilibre de la classe est rompu et les conditions de l'acte éducatif menacées. Il peut alors décider de punir.

S'il y a punition, elle doit sanctionner un acte et non une personne. C'est le fait de transgresser un interdit, de désobéir à la règle qui est puni, et non pas la personne qui transgresse. Il est fondamental que la punition intervienne sur le terrain institutionnel plutôt que dans le champ des relations interpersonnelles. Qu'un élève envoie promener son enseignant ou qu'il perturbe le climat de la classe parce que ce dernier lui impose une tâche ardue qu'il ne perçoit pas comme directement utile peut être tout à fait compréhensible, mais là n'est pas la question, la transgression mérite une intervention du maître, voire une punition.

La principale préoccupation du maître est d'optimiser l'apprentissage de tous et chacun. Son objectif premier n'est pas de rendre la classe agréable, car les tâches relatives à l'apprentissage ne sont pas toutes plaisantes et le climat de la classe ne peut pas toujours être agréable ; il y a inévitablement des sources de tensions et de conflits entre les objectifs du maître et les désirs et les intérêts des élèves ou d'élèves. Le nier est de l'angélisme, ou pis de la démission quand l'enseignant ne cherche qu'à se conformer aux aspirations de ses élèves ou de certains d'entre eux. Lieu social par excellence, la classe ne peut pas satisfaire tout le monde en même temps. Frustrations, transgressions et répression sont inévitables comme elles le sont dans toutes les sphères de la société. Il ne s'agit pas là d'une position misanthropique, mais d'une réalité sociologique.

L'ensemble des règles et des sanctions qui constituait, ce qu'on appelait, il n'y a pas si longtemps, la discipline est essentiel au bon fonctionnement de la classe, mais aussi au développement de l'enfant et de l'adolescent ; elles sont un facteur de sécurité dont il a besoin. En classe, et à l'école de façon générale, l'élève doit savoir ce qu'il doit faire et ce qu'on attend de lui ; le chemin doit être tracé. Tout n'est pas à inventer, tout n'est pas à risquer, contrairement à ce qu'affirme le pédagogue Philippe Meirieu, ténor des réformes en cours. L'existence de balises libère temps et énergie psychique pour apprendre et pour enseigner. À propos des tâches de la classe, l'élève doit pouvoir partager le sentiment exprimé par Nathalie Sarraute dans *Enfance* : « On peut y arriver, il suffit de s'efforcer [...] un monde aux confins tracés avec une grande précision, un monde solide, partout visible [...] juste à ma mesure[3]. »

Très critique de la pratique de la dictée[4] mais acceptant volontiers le paradoxe, je vous invite à lire ce court passage du livre magnifique de Nathalie Sarraute[5] qui évoque ce nécessaire besoin de sécurité pour apprendre.

> Un peu engoncée dans mon épais tablier noir à longues manches fermé dans le dos, pas commode à boutonner, je me penche sur mon pupitre avec toutes les autres filles de ma classe, à peu près de la même taille et du même âge que moi... nous écrivons sur une copie où chacune a d'abord inscrit en haut et à gauche son prénom et son nom, en haut et à droite la date, et au milieu le mot « Dictée » qu'il a fallu, comme le nom et la date, souligner en faisant habilement glisser sa plume le long d'une règle sans qu'il y ait de bavures. Le trait doit être parfaitement droit et net.
>
> La maîtresse se promène dans les travées entre les pupitres, sa voix sonne clair, elle articule chaque mot très distinctement, parfois même elle triche un peu en accentuant exprès une liaison, pour nous aider, pour nous faire entendre par quelle lettre tel mot se termine. Les mots de la dictée semblent être des mots choisis pour leur beauté, leur pureté

---

3. N. Sarraute, *Enfance*, Paris, Gallimard, 1983.
4. Pour une analyse critique de la dictée comme méthode d'apprentissage et d'évaluation de l'orthographe, voir Cl. Simard, « Examen d'une tradition scolaire : la dictée », dans S.-G. Chartrand (sous la dir. de), *Pour un nouvel enseignement de la grammaire*, Montréal, Éditions Logiques, 1996, p. 359-400, et J.-P. Jaffré, *Didactiques de l'orthographe*, Hachette Éducation, INRP, 1992.
5. N. Sarraute, *op. cit.*, p. 158-160.

parfaite. Chacun se détache avec netteté, sa forme se dessine comme jamais celle d'aucun mot de mes livres... et puis avec aisance, avec une naturelle élégance il se rattache au mot qui le précède et à celui qui le suit... il faut faire attention de ne pas les abîmer... une légère angoisse m'agite tandis que je cherche... ce mot que j'écris est-il bien identique à celui que j'ai déjà vu, que je connais ? Oui je crois...mais fait-il le terminer par « ent » ? Attention, c'est un verbe... souviens-toi de la règle... est-il certain que ce mot là-bas est son sujet ? Regarde bien, ne passe rien... il n'y a plus en moi rien d'autre que ce qui maintenant se tend, parcourt, hésite, revient, trouve, dégage, inspecte... oui, c'est lui, c'est bien lui le sujet, il est au pluriel, un « s » comme il se doit le termine, et cela m'oblige à mettre à la fin de ce verbe « ent »...

Mon contentement, mon apaisement sont vite suivis d'une nouvelle inquiétude, de nouveau toutes mes forces se tendent... quel jeu peut être plus excitant ?

La maîtresse nous prend nos copies. Elle va les examiner, indiquer les fautes à l'encre rouge dans les marges, puis les compter et mettre une note. Rien ne peut égaler la justesse de ce signe qu'elle va inscrire sous mon nom. [...] Je ne suis rien d'autre que ce que j'ai écrit. Rien que je ne connaisse pas, qu'on projette sur moi, qu'on jette en moi à mon insu comme on le fait constamment là-bas, au dehors, dans mon autre vie[6]. Je suis complètement à l'abri des caprices, des fantaisies, des remuements obscurs, inquiétants, soudain provoqués... est-ce par moi ? ou par ce qu'on perçoit derrière moi et que je recouvre ? [...] Pas de trace ici de tout cela. Ici je suis en sécurité.

Des lois que tous doivent respecter me protègent. [...]

L'enfant comme l'adolescent a besoin de sécurité et de discipline pour pouvoir apprendre, se développer, se révolter, s'intégrer dans une communauté, en somme se construire comme sujet individuel et social. Sans encadrement et sans la sécurité qu'il procure, aucune autonomie ne peut se développer ; seuls apparaissent l'assujettissement à la loi du plus fort, le désarroi et les transgressions de toutes sortes. Dans ce dernier cas, l'école comme le reste de la société peut réagir par la forme la plus perverse de violence, l'exclusion.

L'extrait cité ci-dessus, qui est moins une ode à la dictée qu'un plaidoyer pour un encadrement pédagogique, est suivi d'une évocation de ce que Vygotski[7] a conceptualisé et qu'on traduit souvent

---

6. Allusion à sa vie avec sa mère en Russie.
7. B. Schneuwly, « De l'importance de l'enseignement pour le développement, Vygotski et l'école », *Psychologie et éducation*, 21, 1995.

par *zone proximale de développement*. Ce concept renvoie à la nécessité pour l'élève d'être exposé à « cette exigence, cette tension pour empêcher l'esprit de se ramollir, l'obliger à s'étirer le plus possible ». Un des enjeux de l'enseignement est de réussir à proposer des tâches qui, tout en étant accessibles à l'élève, l'obligent à dépasser son niveau.

> C'est « pour mon bien » comme tout ce qu'on fait ici, qu'on s'efforce d'introduire dans mon esprit ce qui est exactement à sa mesure, prévu exprès pour lui...
>
> – Pas tout à fait pourtant... cela parait souvent difficile à saisir, un peu trop contourné ou trop vaste...
>
> – Oui, juste suffisamment pour empêcher mon esprit de se relâcher, de s'amollir, pour l'obliger à s'étirer le plus possible et à faire place à ce qui se présente, à ce qui doit le remplir entièrement...[8]

On est loin ici des courants pédocentristes à la tête des réformes actuelles en éducation qui, au nom de valeurs humanistes, imposent à l'enfant de choisir ce qu'il veut apprendre, comment il veut le faire, bref d'être « responsable de ses apprentissages ». L'obligation dans laquelle on place les enfants d'être constamment à construire leurs apprentisages, à faire des projets, à s'autoévaluer correspond à une fétichisation de l'autonomie de l'enfant, qui est sur le point de devenir la valeur suprême en éducation[9]. C'est par la médiation de l'adulte, porteur d'une autorité intellectuelle et morale que l'enfant comme l'adolescent apprendra progressivement à construire son autonomie.

Loin d'être un constat d'échec de la relation pédagogique, comme l'affirment ceux qui refusent ou occultent les contraintes inhérentes à l'enseignement et à l'apprentissage en situation scolaire, la punition – conséquence prévue et prévisible de la transgression d'un interdit – est constitutive de l'acte éducatif.

Réfléchir sur le rôle de la punition en éducation ne revient pas, on l'aura compris, à avaliser les raisons et les techniques de punition de l'école d'hier ou d'aujourd'hui, mais plutôt à se pencher sur les paramètres de ce qui représente une punition légitime, en précisant, entre autres, les motifs de punition, les rapports entre la transgression et la forme de la punition, les instances habilitées

---

8. N. Sarraute, 1983, *op. cit.*, p., 161.

9. J.-P. Le Goff, *La barbarie douce. La modernisation aveugle des entreprises et de l'école.* Paris, La Découverte, 1999.

à punir, les transgressions relevant de l'école et celles qui ne devraient pas être sanctionnées par l'école mais par d'autres instances, notamment le système judiciaire.

UN CHANGEMENT DE PARADIGME

Comme corollaire à la thèse évoquée, j'ajouterai que nous assistons, depuis une trentaine d'années, à un changement de paradigme dans le milieu scolaire autant en Europe qu'au Québec. Selon B. Vergely, « à la suite de Mai 68, une idéologie libéro-libertaire est née, combinant le culte du marché pour consommer et le culte des valeurs libertaires pour s'émanciper. Cette idéologie triomphe présentement, chacun y trouvant son compte : les libéraux récupérant à des fins économique la morale libertaire et les libertaires récupérant à des fins morales les valeurs libérales[10] ».

Ce changement de paradigme lié au développement des idéologies pédagogiques contemporaines (qui, quelquefois, prennent le nom de théories) demanderait aussi à être scruté. Je me limiterai à préciser qu'il s'est imposé, d'une part, sous la pression sociale qui exige que l'école s'adapte aux changements sociaux et économiques, position discutable mais dominante et, d'autre part, en réaction aux abus de l'école traditionnelle basée sur des savoirs formels encyclopédiques, sur la sélection sociale et la coercition. Je prendrai pour emblème de l'école dite traditionnelle, cet adage espagnol connu de tous les écoliers hispanophones, *La letra con sangre entra*[11], qui, à l'occasion, était littéralement pratiqué.

Les positions non autoritaires de ce nouveau paradigme pédagogique stigmatisent la punition, la refusent et proposent de l'abolir en misant sur l'autocontrôle et l'autodiscipline de l'élève comme solution de rechange, dans la foulée de l'aporie bien connue de Mai 68 : *Interdit d'interdire*. Au cours des trente dernières années, le discours du refus de la punition s'est répandu dans le système scolaire depuis la maternelle jusqu'à l'université et est devenu dominant. Je l'illustrerai par une anecdote.

---

10. B. Vergely, *Pour une école du savoir*, Paris, Milan, 2000, p. 12.
11. Aucune traduction littérale de cet adage ne convient, mais on trouve, en français, l'adage suivant qui évoque moins dramatiquement une idée semblable : *On n'apprend rien sans mal*. La *letra* ne signifie pas la lettre ou l'écrit, mais le savoir, les connaissances.

Dans les années 1980, alors que j'étais enseignante du secondaire dans la région de Montréal, un élève « problème », un garçon de 16 ans, à la suite d'une remontrance mesurée de ma part parce qu'il n'avait pas encore remis son travail plusieurs jours après l'échéance, sort de ses gonds, se lève, crie, bouscule ma table, m'injurie en me lançant d'énormes grossièretés à caractère sexuel, puis sort de la classe en vociférant.

À cet instant précis, je sais que sa crise est tout à fait disproportionnée à la remontrance, que c'est la manifestation d'un ras-le-bol général, d'une incapacité à supporter l'insupportable, et que les injures qu'il m'a adressées ne me sont pas réellement destinées personnellement ; elles visent davantage un membre du corps enseignant et, comme c'est une femme, ce sont des injures à caractère sexuel qui spontanément ont fusé. Il n'en demeure pas moins que cette réaction de la part d'un élève est inacceptable, que je me sens profondément humiliée, bafouée et que je refuse cette violence que l'élève m'a fait subir. J'en réfère au directeur adjoint de l'école ; ce dernier banalise l'affaire et m'exhorte à ne pas me sentir concernée. C'est un élève problème, on le sait, alors il ne faut pas s'alarmer outre mesure... Je refuse cette attitude laxiste et m'adresse au directeur de l'école. Or, ce dernier concevait que certaines limites ne pouvaient être dépassées, dont le respect de l'intégrité morale et sexuelle des enseignantes. L'élève fut obligé de quitter l'école et n'y revint que lorsqu'il fut capable de me faire des excuses devant la classe, lieu de l'inconduite. Ce qu'il fit après deux semaines. L'incident fut clos pour tous.

Quinze ans plus tôt, avant la réforme de l'éducation des années 1965-1968, pareil événement eut été impossible, l'interdit étant trop fort. Quinze ans plus tard, le même incident s'est reproduit. Une enseignante d'une école secondaire de la région de Montréal se fait publiquement injurier de façon ordurière par une élève de 15 ans. L'enseignante bouleversée fait appel à la direction de l'école pour que cette dernière sévisse. Elle se fait répondre que la meilleure réaction serait le dialogue. L'enseignante devrait rencontrer l'élève, discuter avec elle pour comprendre le pourquoi de sa colère et résoudre le problème à l'amiable. Or, accepter de discuter d'une pareille offense constitue l'acceptation de sa possibilité. On ne débat pas d'un interdit. Si l'éthique de la discussion et du dialogue dont parle Habermas est à privilégier, il reste que dans certaines circonstances dialoguer et punir ne sont pas compatibles.

Ainsi, la punition n'est plus à l'ordre du jour chez ces nouveaux administrateurs scolaires, diplômés des facultés de sciences de l'éducation. La notion même d'interdit tend à disparaître, ce qui laisse la porte ouverte à toutes sortes de comportements plus ou moins délinquants qui perturbent la classe et mettent en péril les conditions d'apprentissage du plus grand nombre[12]. Délégitimés par les directions scolaires, les enseignants perdent progressivement l'autorité dont ils devraient être investis. Ces anecdotes troublantes révèlent que même le droit inaliénable au respect élémentaire ne leur est plus garanti.

DE LA DISCIPLINE À LA GESTION DE CLASSE

Le mot *discipline* et les considérations psychopédagogiques et sociales qui rendaient sa réalisation possible sont progressivement disparus de l'école. Le terme a été mis au rancart, car il était considéré comme rétrograde, injure suprême dans une société obnubilée par la nouveauté. Le terme de *gestion de classe* l'a remplacé.

Cette notion au contenu flou s'est peu à peu imposée dans des thèses, des ouvrages savants ou pédagogiques. Récemment la *Revue des sciences de l'éducation*[13] y consacrait un numéro thématique. La notion de gestion de classe, comme d'ailleurs celles de *compétence* et de *mobilisation des ressources*, a été directement importée du « management »[14]. Le vocabulaire de l'entreprise est entré dans l'école où les élèves sont devenus des *clientèles scolaires*. Ces changements de vocabulaire reflètent l'opinion de beaucoup de chefs d'entreprise et de politiciens pour qui l'école est une entreprise qui doit être gérée avec des impératifs de performance, voire de rentabilité. Cette idéologie néo-libérale, après s'être immiscée dans le langage de l'école, s'incruste dans les mentalités et dans les faits, mais, et c'est le plus troublant, comme toute idéologie, elle n'est pas directement perceptible. Le discours qui la légitime la masque sous les mots rassurants et vertueux de *liberté, égalité des chances, autonomie de l'enfant, pédagogie démocratisante*[15].

---

12. B. Vergely, *op. cit.*

13. *Revue des sciences de l'éducation*, 2000. *La gestion de classe*, sous la dir. de T. Nault et J. Fijalkow, vol. XXV, n° 3, 1999.

14. M. Stroobants,. « La qualification ou comment s'en débarrasser », *Raisons éducatives*, De Boeck Université, n°s 1-2, 1999.

15. Ph. Perrenoud, « Construire des compétences, tout un programme ! », *Vie pédagogique*, n° 112, 1999.

Désormais, la formation des maîtres comporte obligatoirement des cours de « gestion de classe ». À l'université, le futur enseignant doit apprendre à « gérer sa classe ». L'ajout de ces cours dans les programmes de formation des maîtres va de pair avec la diminution des cours relatifs aux matières scolaires. Mais l'introduction de ces cours où l'on enseigne comment résoudre les problèmes d'organisation du travail et de discipline est-elle la réponse adéquate à la situation souvent chaotique dans les classes ? On peut avancer l'hypothèse que les problèmes d'ordre dans la classe proviennent en bonne partie des lacunes des enseignants dans les matières qu'ils ont à enseigner et dans la manière dont ils les enseignent. De nombreux étudiants et étudiantes en formation des maîtres avouent en terminant leurs études universitaires qu'ils n'ont pas les connaissances nécessaires pour soutenir l'intérêt de leurs élèves pendant toute la durée d'un cours. Bien des difficultés de « gestion de classe » des nouveaux enseignants proviennent de la fragilité de leurs connaissances didactiques. Les liens entre gestion de classe et compétence didactique dans un domaine du savoir ne sont généralement pas étudiés ensemble. S'il est vrai que le savoir de l'enseignant ne suffit pas à favoriser les apprentissages de ses élèves, sa capacité à « gérer une classe » ne garantit en rien la valeur des apprentissages des élèves.

Les manuels de gestion de classe à l'usage des enseignants (par exemple[16]) professent une idéologie non autoritaire. Ils misent sur la capacité des élèves à s'autocontrôler, à s'autodiscipler dans le contexte scolaire. L'éducateur doit faire en sorte d'obtenir leur adhésion, leur libre consentement aux règlements, souvent appelés malencontreusement « règles de vie ». Lorsque les mécanismes de la persuasion échouent avec les plus récalcitrants, on a recours au contrat, autre emprunt à la culture de l'entreprise. On demande à l'élève qui n'a pas réussi à s'autocontrôler de signer un contrat où il s'engage à respecter les règlements et à se conduire convenablement. Le contrat est contresigné par un parent et le directeur de l'école.

Parmi les diverses formes de contrats possibles, il en existe certaines qui sont moralement inacceptables. Il s'agit de contrats qui simulent égalité et liberté, là où il y a inégalité et coercition, et qui sont en contradiction même avec l'idée de « contrat social ».

---

16. T. Naud, *L'enseignant et la gestion de classe*, Montréal, Éditions Logiques, 1994 ; J.-P. Legault, *La gestion disciplinaire de la classe*, Montréal, Éditions Logiques, 1998.

Dans ces simulacres de contrats, les signataires sont dans une position inégale, l'élève pas plus que son parent n'ayant jamais vraiment le choix de le signer. On prétend que le fait de signer le contrat équivaut à un consentement libre de l'élève. L'institution scolaire n'assume pas de la sorte son autorité et ses responsabilités. Au lieu d'imposer clairement aux élèves ses lois sous peine de sanction, elle fabrique un consentement factice, laissant croire de surcroît qu'il est libre. Cette pratique manipulatrice est un des autres effets pervers des idéologies libertaires néo-libérales.

DE L'ÉVALUATION DES SAVOIRS
À L'ÉVALUATION DE LA PERSONNE

Il en est de même pour les nouvelles pratiques d'évaluation censément objectives et scientifiques. Dans l'institution scolaire, les savoirs sont dévalués puisque leur acquisition n'est plus ce qui est principalement visé par l'école comme en font foi le rapport Delors et celui de la Commission des États généraux du Québec. Selon Ph. Meirieu et M. Guiraud[17], la responsabilité première de l'école est « d'apprendre aux enfants à vivre ensemble, à surseoir à leur violence, à se parler »[18]. Aussi on ne s'étonnera pas si l'évaluation porte désormais sur un ensemble très étendu de « compétences », notion à la mode qui renvoie aux nombreuses actions que l'élève devra pouvoir effectuer au lieu des savoirs qu'il devrait posséder. À titre d'exemple, mentionnons que l'évaluation des enfants du cycle 1 en France (enfants de 3 à 5 ans) comporte pas moins de 89 compétences[19] ! L'école, parce qu'elle se veut « ouverte sur le monde et sur la vie », s'arroge le droit d'évaluer tous les domaines de la vie de l'enfant et de l'adolescent. Désormais, l'élève, dès l'âge de trois ou quatre ans, sera sous observation permanente et globalisante. On évaluera ses moindres faits et gestes comme on épie l'ouvrier sur les chaînes de montage. Cette évaluation porte aussi sur la capacité d'autocontrôle du jeune exigée par l'école ; s'il n'arrive pas à s'autocontrôler, son comportement sera signalé comme déviant. On entend mesurer le degré d'adaptation de tous et chacun aux « défis contemporains », c'est-à-dire en fait aux besoins de

---

17. Ph. Meirieu et M. Guiraud, *L'école ou la guerre civile*, Paris, Plon, 1997.

18. *Ibid*, p. 20.

19. A. Sauvage et O. Sauvage-Després, *Maternelles sous contrôle. Les dangers d'une évaluation précoce*, Paris, Syros, 1998.

l'entreprise et de l'État ainsi que le soutient Le Goff[20]. On peut déjà imaginer la pression que ce type d'évaluation imposera aux enfants, aux enseignants et aux parents.

L'école est de plus en plus conçue comme l'antichambre de l'entreprise, le fer de lance de la modernisation qui va dans le sens de l'adaptation de la main-d'œuvre à la mondialisation des marchés. C'est un *organisme de service* fournissant des *prestations éducatives* aux usagers que sont les enfants et leurs parents (termes souvent employés par l'ex-ministre socialiste français, Claude Allègre). Les réformes actuelles visent entre autres à « instiller cet esprit d'entreprise et d'innovation qui fait défaut [dans l'enseignement] » et à faire des universités « des lieux d'initiatives économiques » (propos du ministre Allègre cités dans Éliard[21]). Ce qu'on y apprend doit être utilisable et transférable, la gratuité de l'apprentissage et du savoir est jugée élitiste et par conséquent bannie. Tout entre dans une logique opérationnelle adaptative : on apprend une comptine pour ses effets moteurs et non pas pour le plaisir des mots, des rimes, du sens ou du non-sens. En définitive, on instaure un rapport utilitariste à la culture.

ET LA PUNITION DANS TOUT CELA ?

Cette nouvelle conception de l'école qui fait de l'autonomie de l'enfant son mot d'ordre, qui l'oblige à être responsable de sa formation et de son développement psychologique et social, qui mise sur son autocontrôle, en niant la relation inégalitaire de départ, instaure un autre mode de régulation : l'acceptation librement consentie par tous de la coercition. La sanction n'est désormais considérée comme légitime que si elle est acceptée par l'élève, s'il reconnaît de lui-même ses erreurs. En somme, comme le dit Le Goff[22] :

> L'important en l'affaire est qu'il le dise explicitement.
>
> Cette sorte d'aveu qu'on veut arracher de la bouche de l'élève est constitutive de la nouvelle relation qu'on institue avec lui : il est le centre et comme le garant de la justesse de la sanction prise à son égard, et de la démarche qu'on a mise en œuvre pour y parvenir.

---

20. J.-P. Le Goff, *op. cit.*
21. M. Éliard, *La fin de l'école.* PUF, Paris, 2000, p. 115.
22. J.-P. Le Goff, *op. cit.*, p. 48-49.

Sous un discours apparemment libérateur, on amène sournoisement l'individu à une soumission pleinement acceptée et intériorisée. Comment alors ne pas parler de perversité ?

4

Punition et crise de l'autorité

Denis Jeffrey

La crise actuelle de l'autorité, issue de la modernité[1], induit des bouleversements considérables dans le monde de l'éducation. Il est d'abord important de souligner que l'effritement des figures d'autorité morale et intellectuelle affecte les bases mêmes de la mission éducative qui est de transmettre les valeurs communes de la société contemporaine. L'examen attentif de la crise d'autorité montre que le délaissement des héritages du passé entraîne une déperdition des projets d'avenir. Jean-Claude Guillebaud[2], dans un livre décapant, soutient un programme de refondation du monde. Quant à nous, plus humblement, nous poursuivons depuis quelques années notre projet de revisiter les formes traditionnelles de régulation des sociétés pour montrer la pertinence et l'enjeu de la transmission des héritages du passé ou de ce que Pierre Legendre nomme la filiation[3]. Bien précisément, cet article vise à examiner cette problématique complexe à l'aune de trois notions : le désir, l'autorité et la loi.

PRÉAMBULE ET EXPLORATION

La question du désir est centrale dans la relation pédagogique. Dans un sens psychanalytique, cette relation est enclose dans les trames de désirs qui se jouent sous la mode de l'imitation, de la

---

1. Cette prise de position est passablement saturée. Parmi tant de livres et d'articles portant sur ce thème, je renvoie à deux auteurs incontournables : Hannah Arendt, *Crise de la culture*, et Alain Touraine, *Critique de la modernité*, Paris, Fayard, 1992.

2. Jean-Claude Guillebaud, *La refondation du monde*, Paris, Seuil, 1999.

3. Pierre Legendre, *L'Inestimable Objet de la transmission. Études sur le principe généalogique en Occident, Leçons IV*, Paris, Fayard, 1985.

séduction et du transfert. Il importe de souligner que, contrairement à la croyance répandue selon laquelle l'enfant choisit ses valeurs, ses croyances, le sens de sa vie, ses intérêts, ses objets de savoir, nous soutenons que l'enfant naît à l'humanité, à la morale, à la vie politique parce qu'il habite un éthos sécurisant, émancipateur, mais contraignant. Les positions autonomistes suggèrent l'idée que le monde de l'éducation présente un étalage de possibilités dans lequel l'enfant opère une sélection judicieuse. Or, cette posture, nommée « autonomisme du sujet », met en retrait le fait que l'enfant existe dans un réseau de relations qui structure, rythme et balise la totalité de ses objets de désir. René Girard[4] a notamment montré que l'homme est fondamentalement un être d'imitation. L'enfant commence à désirer parce qu'il imite. Tous ses désirs sont acquis. À cet égard, l'enfant ne vient pas au monde avec un potentiel de désirs qu'il aurait ultérieurement à exprimer. Sans le contact de personnes lui indiquant des objets désirables, l'enfant ne saurait pas quoi désirer. Par conséquent, l'ensemble des relations dans lequel il niche constitue son habitat anthropologique, son éthos. Pour l'enfant, tout n'est pas possible, tout n'est pas permis, tout n'est pas autorisé. Il croît dans une constellation de désirs qui lui montre sa place et les limites de son pouvoir. En fait, la relation hétéronomique prime sur sa volonté autonomiste. Il devra intérioriser les normes de sa famille, de son école et de sa société avant d'apprendre à douter, avant d'apprendre à lutter pour transformer le monde dans lequel il vit. Les normes ne s'évanouissent pas dans la capacité de choisir.

Le ministère de l'Éducation du Québec utilise d'une manière abusive le mot « besoin » pour nommer l'ensemble de ce qu'un enfant peut désirer. Dans tous les documents officiels et les publireportages, on lit souvent : « La réforme scolaire mise sur un enseignement mieux adapté aux besoins de chacun des élèves[5] ». Ce terme fluide et ambigu porte à confusion. Dans un sens devenu classique, on dira que les besoins sont médiatisés par la culture qui leur donne une forme et une teneur particulières. Le besoin de boire, par exemple, renvoie à une nécessité première qui se concrétise dans les différents objets à boire : lait maternel, lait de vache, eau, café, jus, vin, boissons de toutes sortes, etc. Le mouvement du besoin implique une tension corporelle, alors que le désir précise

---

4. René Girard, *Mensonge romantique et vérité romanesque*, Paris, Grasset, 1973.

5. *Le Soleil*, Québec, 13 août 2000, cahier D, page 8.

l'objet sur lequel porte cette tension afin de trouver sa satisfaction. L'enfant désire boire un jus fraîchement pressé uniquement si on a éduqué son désir en conséquence. Dans la classe, l'élève s'éveille à des désirs dans la mesure où on lui montre des objets à désirer. Le désir de maîtrise d'une règle de grammaire ou de connaissance d'un contenu d'histoire ne naît pas d'un besoin. L'enjeu de la relation pédagogique consiste justement à l'initier à des objets de désir qui lui sont encore inconnus. Objets de désir, faut-il le préciser, arrimés à des satisfactions dans le long terme. Cela signifie que l'effort consenti à apprendre, avec ses résistances, ses douleurs et ses frustrations, implique une gratuité et fonde les assises d'apprentissages futurs. C'est le mandat de l'école d'intéresser les élèves à des objets de savoir au-delà de l'expérience immédiate.

Le thème de l'autorité couvre à la fois celui de la liberté individuelle et celui de la responsabilité. On dit d'une personne qu'elle est en position d'autorité parce qu'elle veille à la sécurité et à la protection de ceux qu'on lui confie. Dans la classe, l'enseignant assume une autorité intellectuelle et morale. Il est responsable devant la loi de la scolarisation et de la socialisation de ses élèves. Son rôle et son titre lui confèrent un pouvoir d'intervention dans la classe, dans les limites, il va sans dire, de ses responsabilités scolaires. En ce sens, l'enseignant est dans une position dissymétrique par rapport à ses élèves, de même que le directeur de l'école est dans une relation dissymétrique par rapport aux enseignants. En tant que représentant de son institution, il a le mandat de transmettre des contenus, d'évaluer et de sanctionner. L'enseignant ne saurait partager son autorité avec les élèves. De plus, la présence de l'autorité dans la classe rappelle à l'élève d'une part qu'il n'est pas le centre du monde, et d'autre part que son existence et ses apprentissages ne dépendent pas que de lui.

Cette notion d'autorité, qu'on semble aujourd'hui vouloir gommer, est d'autant plus importante que nombre d'enfants ignorent le sens politique de l'autorité. Max Weber disait que la politique, c'est le goût de l'avenir. Dans la classe, l'enfant est constamment confronté à une relation d'autorité, c'est-à-dire à une relation nécessaire d'ordre politique et pédagogique, à une relation qui le prépare à l'a-venir. Le pouvoir de limiter un enfant est aussi celui de lui ouvrir un avenir. De plus, l'espoir dans l'avenir tient à l'assomption d'un travail sur soi qui se déroule sur une longue durée. La « panne du futur », selon l'expression de Guillebaud, entraîne des effets pervers, dont le plus important est la déperdition du sens de ce qu'on est et de ce qu'on fait. Le sens de la vie est mémoire et espérance, ancré dans l'héritage du passé et tendu vers les horizons aérés de l'a-venir. Ce n'est pas tout de montrer à un enfant ce qu'il peut faire dans le moment présent, ce n'est pas tout de lui offrir les plaisirs de l'instant ; il doit aussi apprendre à composer politiquement et moralement avec ceux et celles qui sont venus avant lui, et qui lui ouvrent des projets de vie.

La dimension politique de la classe est aussi nécessaire que la relation morale. La morale, dans un sens anthropologique, vise à réguler les conduites qui causent de la violence. Ce sens de la vie morale s'inscrit dans les suites de l'œuvre de Norbert Elias[6] pour qui l'histoire peut se lire comme une tentative de conjurer la violence. Michel Maffesoli[7] et René Girard[8], à leurs manières, soulignent la pertinence de cette proposition heuristique pour saisir la fonction dynamique de la morale. En apprenant à domestiquer ses conduites violentes, un enfant apprend à la fois le rôle de la loi et les possibilités de sa liberté. La domestication de la violence est un objectif sans cesse recommencé, toujours à renouveler, à l'échelle individuelle et sociale. Or, cette morale se mesure à la capacité d'exercer une liberté dans un éthos civilisateur. Dans le livre *La morale dans la classe*[9], nous avons insisté sur l'idée que la liberté s'exerce dans des espaces limités par la loi, que c'est la loi, en fait, qui permet l'exercice de la liberté. Nous reviendrons sur cette idée pour montrer qu'une intervention punitive dans la classe vise essentiellement à mettre au travail un élève qui résiste à la loi, niant ainsi son propre pouvoir de liberté. Avant de combattre la loi, de chercher à la réformer, ne faut-il pas bien connaître son histoire et sa pratique ?

LE DÉSIR

Les attentes actuelles à l'égard de l'apprenant sont nombreuses du fait que repose sur ses épaules la responsabilité de ses apprentissages. La réforme de l'éducation, dans sa version actuelle, implique que l'élève est l'agent de ses propres apprentissages. On doit certes encourager l'autonomie intellectuelle des enfants, c'est

---

6. Norbert Elias, *La civilisation des mœurs*, Paris, France Loisir, 1997.

7. Michel Maffesoli, *La conquête du présent*, Paris, PUF, 1979.

8. René Girard, *La violence et le sacré*, Paris, Grasset, 1972.

9. Denis Jeffrey, *La morale dans la classe*, Québec, PUL, 1999.

un devoir et une obligation pédagogique. Or, il ne faut surtout pas oublier ce qui soutient le désir d'apprendre de l'élève. Dans la classe, la relation éducative entre l'enseignant et l'élève constitue la condition essentielle de ce désir. Cela signifie que le désir d'apprendre doit être formé, soutenu et constamment attisé.

C'est parce que l'enseignant est le détenteur de savoirs, ou du moins parce qu'il est imaginé par l'élève – mais aussi par les parents, la direction scolaire et les membres de la société – comme celui qui est supposé posséder des savoirs, que le désir d'apprendre se met en marche. Le désir d'apprendre origine des objets de savoir que lui propose un enseignant. Il est clair que l'école est le lieu de transmission de savoirs particuliers. On n'y enseigne pas tout et n'importe quoi. L'enseignant, par sa formation universitaire, possède des savoirs institués qu'il a l'obligation de transmettre. Ce sont d'abord ces savoirs que l'élève doit apprendre à désirer. Par conséquent, le désir d'apprendre de l'élève ne peut être dissocié des objets didactiques qui lui sont propres. En fait, le désir d'apprendre dans la classe lui est transmis par un enseignant en position d'autorité intellectuelle qui est lui-même porteur du désir d'apprendre.

Il me semble important de situer la relation pédagogique dans le champ du désir pour baliser la signification de l'expression « l'enfant est agent de ses apprentissages ». Comment définir le mot « agent » ? On dit agent de police parce qu'on lui confère le pouvoir d'agir sur autrui. On dit de l'élève qu'il est agent de ses apprentissages parce qu'il aurait un désir, et même un pouvoir, d'agir sur lui-même pour apprendre. Il faut préciser, encore une fois, que le désir naît dans une relation avec une autre personne qui indique des objets à désirer. Le désir est relation. À cette condition, le désir d'agir sur soi-même pour apprendre n'existe que parce qu'il y a dans la classe, un enseignant qui le soutient. Ce désir sera consolidé et confirmé par un parent à la maison qui stimule ce même désir.

Le premier rôle de l'enseignant, en tant qu'autorité intellectuelle, est d'indiquer à l'enfant ce qu'il doit désirer dans le cadre de ses apprentissages scolaires. Hors de la classe, avec ses amis ou ses parents, d'autres objets de désir lui sont désignés. Par exemple, les amis croisent leurs désirs d'apprendre autour de l'objet « Pokémon ». Tous les enseignants et les parents ont observé que les enfants ont appris par cœur les centaines de noms des Pokémons. Le désir d'apprendre le nom des Pokémons tient aux multiples relations que les enfants entretiennent entre eux. Le désir d'apprendre est véritablement un phénomène relationnel.

Pour être agent de soi-même dans le choix de ses objets d'apprentissage, il faut déjà être parvenu à un haut niveau d'autonomie intellectuelle. Ce qui demande avant tout un grand raffinement du jugement. Un enfant du primaire, comme un adolescent du secondaire, n'a pas la maturité ni les connaissances pour juger par lui-même de ce qu'il veut et de ce qu'il peut. En tant qu'être de relation, l'enfant est soutenu par les désirs de ses parents, des enseignants et de tous les adultes qui interagissent avec lui. Ce soutien qui prend la forme de l'encouragement, de la motivation, de l'appui financier et matériel, est traversé par l'imaginaire amoureux et l'héritage symbolique des parents. L'imaginaire amoureux renvoie au travail que fait l'enfant pour être reconnu par le parent ou une personne en position d'autorité, ou pour être accepté dans un groupe d'appartenance.

Toute relation pédagogique qui vise l'instruction d'objets d'apprentissage scolaire s'institue sur le rapport amoureux, c'est-à-dire sur le désir d'être reconnu comme le fils ou la fille de son père et de sa mère, et à l'école sur le désir d'être reconnu dans sa singularité par l'enseignant. L'épreuve amoureuse de la reconnaissance est un vecteur d'apprentissage. Elle alimente le désir et le garde bien vivant.

L'héritage symbolique des parents renvoie à la fable familiale et sociale qui procure à l'enfant le sens de ce qu'il fait. Par exemple, on dira que le grand-père n'a pu poursuivre ses études. Il a dû arrêter de fréquenter l'école après une sixième année. Mais qu'il aurait tant voulu poursuivre des études pour mieux connaître son histoire du Québec et les mathématiques nouvelles. Ce grand-père souhaitait que tous ses enfants et ses petits-enfants fréquentent l'université. Le désir de ce grand-père, raconté aux enfants, tient lieu de fable familiale. Il attise des objets d'apprentissage et des projets d'avenir. Il est important de transmettre à l'enfant une fable familiale en héritage pour rendre signifiant l'effort qu'il engage dans ses études. Un enfant étudie essentiellement pour plaire à ses parents et à ses enseignants. Dès les premiers jours de la puberté, ce désir de plaire se déplace vers d'autres enjeux. Il doit dorénavant plaire aux amis, à la nouvelle copine, etc. C'est pourquoi le désir d'apprendre doit aussi s'appuyer sur la parole des parents et d'autres adultes qui donnent aux adolescents une motivation supplémentaire de poursuivre des études.

LA LOI

Deux conceptions fortes, héritées du catholicisme populaire québécois, doivent d'abord être déconstruites. La première est renforcée par l'idée rousseauiste selon laquelle le petit de l'homme est à la naissance comme un ange, la société le pervertirait. Pour Rousseau, l'homme authentique est proche de son état originel, c'est-à-dire de l'état de pure nature. Cette fiction de la nature épurée du social favorise des positions anthropologiques anachroniques. L'enfant, à sa naissance, n'est, en fait, ni ange ni bête, selon le mot fameux de Pascal. Il naît avec une somme d'« énergie de vie » extraordinaire devant être investie dans ses multiples apprentissages : apprendre à manger, à marcher, à parler, à attendre son tour, etc. L'enfant sans la loi de son groupe est complètement désorienté. La loi, dans un sens anthropologique, représente le passage obligé par un autre que lui-même. La présence de l'autre garant de la loi ne prive pas une partie de l'enfant de lui-même ; au contraire, c'est par l'autre qu'il advient au monde, qu'il concrétise le sentiment qu'il a de lui-même. Boris Cyrulnik a décrit cette réalité : « Quand un enfant débarque au monde, il sent qu'il est, mais il ne sait pas qui il est. Ce n'est que progressivement, sous l'effet conjugué du sentiment de soi sous le regard de l'autre, qu'il découvre qu'il est homme. [...] L'idée commune qui émerge des travaux sur l'ontogenèse du sentiment de soi, c'est que sa construction dépend du développement du sentiment de l'autre[10] ». Un individu émancipé est celui qui arrime son identité dans les racines d'un « Nous » tout en questionnant sa place et les mouvements de ce « Nous ».

Une seconde conception concerne la morale naturelle. Cette morale suppose que les hommes sont naturellement vertueux. Laissés à eux-mêmes, dans l'état de nature, ils sauraient se conduire sagement. Cette vision de la morale laisse croire erronément que l'enfant sait ce qui est bon pour lui, autrui et sa société. La morale naturelle évoque l'homme de l'innocence paradisiaque, qui a retrouvé en lui son authenticité perdue. Cette fiction naturaliste est bien une utopie, du grec *u-topos*, un non-lieu. Il n'existe aucun moment anthropologique où l'homme pourrait se passer de lois.

Aucun être humain est naturellement vertueux, aucun ne peut se passer de lois, de règles ou de balises claires, aucun ne vit hors d'un éthos civilisateur et contraignant. Les lois dictent le cadre à

---

10. Boris Cyrulnik, *L'ensorcellement du monde*, cité par J.-C. Guillebaud, *op. cit.*, p. 244.

l'intérieur duquel chacun a le loisir d'apprendre à exercer sa liberté. Les lois représentent à la fois un frein à la liberté et sa condition de possibilité. Il y a encore des « grands enfants » qui croient que la liberté consiste à faire ce qu'ils veulent, quand ils le veulent, où ils le veulent et avec qui ils le veulent. L'adoption de cette conception chimérique de la liberté débouche sur un non-sens, c'est-à-dire sur l'abolition de toutes contraintes, de toutes limites, de toutes autorités. Nous sommes libres parce qu'existent des limites. Ce paradoxe est à la base de la liberté. Sans l'existence de limites – qu'on pense aux règles de la circulation, aux règles dans le sport, aux règles de la propriété –, ce serait la violence de la guerre de tous contre tous où les plus forts et les plus rusés auraient raison des plus faibles. Si aucun joueur ne respecte les règles au hockey, en fait, le jeu n'est plus possible. C'est le rôle de l'autorité de rappeler les limites et de les faire respecter. Comme le soutient Diane Drory : « C'est de bonne guerre qu'un enfant teste la règle, essaye de voir si elle résiste à ses essais de transgression. Pour lui, c'est la seule façon de savoir si elle est valable[11] ». Il est rassurant pour l'enfant de savoir qu'il peut compter sur des personnes en place d'autorité qui assurent la continuité non arbitraire des règles.

La conception naturaliste de la liberté n'est pas sans être associée au désir moderne d'authenticité. Nombre de psychopédagogues et d'auteurs du Nouvel Âge ont notamment favorisé cette idée que l'authenticité renvoie à la découverte de sa véritable individualité, à un « moi profond », à sa nature vraie, qui se niche sous les couches civilisatrices. Les tenants de cette conception croient que l'être authentique, après de nombreuses thérapies, des bains de boue purificateurs, des récitations de mantra, des voyages initiatiques avec épreuves existentielles, aurait retrouvé en lui une manière naturelle d'être, une vérité première, et même une morale naturelle. Il serait à l'écoute de ses sentiments, fondant une communication douce et sans entrave puisque l'expression des sentiments profonds élimine frictions et conflits[12]. C'est pourquoi la conduite spontanée, pour la plupart d'entre eux, apparaît comme la bonne conduite. Ils auraient retrouvé au plus profond d'eux-

---

11. Diane Drory, *Cris et châtiment. Du bon usage de l'agressivité*, Bruxelles, De Boeck et Belin, 1998, p. 102.

12. Cf. Christopher Lasch, *La culture du narcissisme*, traduction de l'anglais par Michel L. Landa, Castelnau-le-Lez, Éditions Climats, 2000, p. 212-213.

mêmes quelque chose de fondamentalement bon[13]. Dans cette perspective, l'enfant serait plus proche de cet état naturel puisqu'il n'est pas encore pleinement civilisé.

Or, nous savons qu'il n'y a pas en l'homme un état premier, une pureté première, une spontanéité première qui puise ses élans dans une bonté généreuse et flamboyante. Celui qui fouille au plus profond de lui-même, lors notamment d'une cure psychanalytique, n'y trouve habituellement qu'angoisses, peurs, frustrations, pulsions meurtrières et désirs impossibles à assumer. La spontanéité de l'homme n'est jamais libre de tout ce qu'il a refoulé dans la prime enfance. Il en va de même pour la spontanéité de l'enfant qui est « naturellement » pulsionnelle. L'enfant ne connaît pas ses limites, il ne sait pas quand s'arrêter, il ne connaît pas non plus les limites des autres qui l'entourent. Le terme « pulsion » renvoie à l'énergie de vie très puissante qui anime l'être humain. Je reviendrai sur ce terme un peu plus loin, retenons maintenant que l'énergie de vie pulsionnelle est parfois si puissante qu'elle entraîne des conduites qui débordent les limites qui balisent la vie en société. Le rôle des parents et des enseignants vise justement à orienter l'énergie pulsionnelle de l'enfant, à la limiter, à lui fournir des objets d'investissement.

En somme, une société sans lois et sans règles entraîne l'anarchie, l'anomie, l'imposition du plus fort. Il n'existe pas au cœur de l'homme une loi morale antérieure aux lois que se donnent les hommes pour limiter leur pouvoir et leur agir. On peut aller plus loin en affirmant qu'il n'y a pas de liberté sans lois. La loi rend possible notamment la liberté de parole, la liberté de déplacement et la liberté de penser parce qu'elle entretient un espace sécurisé et protégé contre l'abus de pouvoir individuel et collectif. Sans espace sécurisé et protégé, la liberté ne peut s'exercer.

La morale naturelle comme l'angélisme de l'enfant sont des conceptions métaphysiques, des fables pour redorer le narcissisme des uns et des autres en cette période individualiste. L'individu isolé, égocentré, aliéné de sa dette à l'égard de ceux et celles qui l'ont précédé se complaît dans un narcissisme qui le rend inapte à assumer ses responsabilités. Il n'y a pas d'innocence première en

13. Le mot « intuition » est incorrectement utilisé pour nommer un mouvement de l'esprit qui serait plus authentique parce qu'il est plus proche d'un moi véritable épuré de l'ordre social. L'expression « suivre son intuition » n'a d'autre sens que celui de l'expression d'un désir en quête de reconnaissance.

l'homme, ni un angélisme ni une spontanéité morale vouée au bien. Dans la pratique, ces conceptions ne tiennent pas la route ; l'homme est quelquefois angélique, mais aussi si souvent bête, et il est souvent bien bête celui qui joue à faire l'ange. Pascal Bruckner problématise cette idée d'« innocence » qu'il lie à l'individualisme moderne :

> J'appelle innocence cette maladie de l'individualisme qui consiste à vouloir échapper aux conséquences de ses actes, cette tentative de jouir des bénéfices de la liberté sans souffrir aucun de ses inconvénients. Elle s'épanouit dans deux directions, l'*infantilisme* et la *victimisation*, deux manières de fuir la difficulté d'être, deux stratégies de l'irresponsabilité bienheureuse. Dans la première, innocence doit se comprendre comme parodie de l'insouciance et de l'ignorance des jeunes années ; elle culmine dans la figure de l'*immature perpétuel*. Dans la seconde, elle est synonyme d'angélisme, signifie l'absence de culpabilité, l'incapacité à commettre le mal et s'incarne dans la figure du *martyr autoproclamé*[14].

L'innocence, l'infantilisme et l'irresponsabilité sont avant tout des signes de démission de l'autorité parentale et enseignante. Démission ! Le mot est grave, car il évoque les ratés d'une mission ou d'un devoir. Les parents comme les enseignants sont tenus d'assumer, de leur position d'autorité, leur devoir de transmission des règles de la civilisation. Nous sommes humains parce que nous obéissons à des lois communes qui nous exhortent à nous exposer au risque du savoir. La morale n'est ni un souverain bien ni une conscience claire de ce qui doit être fait, ni une loi donnée par dieu ni une donnée immédiate de la nature humaine. La morale se pratique dans l'événement de la rencontre de l'autre. Par devoir humanitaire, les parents comme les enseignants doivent léguer en héritage les lois, même si elles sont fragiles et imparfaites, car elles balisent les voies de la rencontre avec autrui.

L'AUTORITÉ

Illustrons d'abord ce point par une histoire de cas. Il s'appelle Jean, il a 15 ans, il a abandonné l'école en 3e année du secondaire. Il fugue régulièrement de chez ses parents. Ses derniers sont très inquiets, mais ne savent plus comment ramener Jean à la maison, à la loi. Jean se tient au carré d'Youville de Québec avec ses

---

14. Pascal Bruckner, *La Tentation de l'innocence*, Paris, Le livre de poche, 1995, p. 14, c'est l'auteur qui souligne.

copains néo-punks. Il consomme des drogues. Il lui arrive souvent de coucher dans un squat. Il dit qu'il est plus heureux dans la rue que chez ses parents, qui exigent l'obéissance à un certain nombre de règles. Il dit qu'il se sent plus libre dans sa vie d'errance.

Jean adhère aveuglément à une conception erronée de la liberté. Il croit que la liberté consiste à vivre comme il l'entend, loin de ceux qui sont responsables de lui, loin de ceux qui détiennent sur lui une autorité. Il ne supporte pas les limites. Il croit qu'il est libre alors qu'il est agi par des passions, des désirs et des pulsions qu'il ne maîtrise pas. Ne sachant que faire, ses parents ont démissionné. Lorsque Jean était jeune, il obéissait aux règles de la maison. C'est pourquoi les parents pouvaient se permettre d'être permissifs. Aussi, ils ne voulaient pas entraver la liberté de Jean ; ils pensaient que Jean allait devenir plus créatif, plus imaginatif, disons-le, plus brillant s'il lui laissait le plus de « libertés » possibles.

Jean a bien profité de la souplesse de ses parents. Enfant gâté, enfant qui n'a pas intériorisé les limites entre l'enfance et l'âge adulte, enfant qui n'a pas connu la fermeté d'une position parentale, enfant qui marchandait toutes les décisions, enfant qui n'a pas rencontré la réalité frustrante d'une autorité extérieure à lui-même.

Une personne en position d'autorité est le représentant de la loi de son groupe. Son rôle dans la vie de l'enfant est d'autant plus important qu'elle est celle qui rappelle la loi et le sens de la loi. Des adultes, des parents, des enseignants sont souvent démunis et dominés par des enfants qui résistent à leur autorité. Ils laissent faire, ils permettent la transgression, ils ne rebondissent pas d'une manière ferme et cohérente. Certains pensent même que toutes les transgressions sont créatives. Christopher Lasch relève ces deux dogmes de la pensée éducative : « Deux dogmes, parmi les plus importants, gouvernent l'esprit des éducateurs américains : premièrement, tous les étudiants sont, sans effort, des " créateurs ", et le besoin d'exprimer cette créativité prime sur celui d'acquérir, par exemple, la maîtrise de soi et le pouvoir de rester silencieux[15] ».

Un jeune qui n'est pas confronté à une autorité consistante, c'est-à-dire à des repères et des contraintes claires, n'a aucune raison de mettre de côté ses pulsions, son narcissisme, son petit moi pourtant fragile, mais imbu de sa toute-puissance. L'enfant, souvent maladroitement, demande des limites, désire qu'on lui redise le cadre dans lequel il peut évoluer. Quand il se confronte à un adulte,

15. *Op. cit.*, p. 197.

c'est pour savoir jusqu'où il peut aller. Il éprouve l'autorité des adultes pour savoir si sa violence aura raison de leur position morale, mais aussi pour connaître la solidité et la stabilité de la règle. S'il a l'impression de gagner, non seulement l'adulte est perdant, mais l'enfant est aussi perdant. Il est primordial que l'enfant vive l'expérience du refus. Le manque de balises produit l'errance, l'arbitraire, l'instabilité existentielle et l'agitation nerveuse. L'enfant a besoin de références fixes pour se positionner. Sans balises claires, il devient fragile et violent, car il répond à la demande de l'autorité par sa pulsion et son narcissisme vengeur.

Nous vivons au Québec une crise de l'autorité. Les ordres moraux anciens, qui légitimaient l'autorité du père, de la mère et de l'enseignant, ont été radicalement rasés. Le ministère de l'Éducation du Québec accentue cette crise en noyant l'autorité de l'enseignant dans une eau boueuse psychopédagogique. Il n'y a rien de bien limpide et de bien net dans ce psychologisme centré sur les « besoins » de l'enfant[16]. L'autorité est une fonction essentielle sans la structuration identitaire de l'enfant. Elle répond à un besoin vital de faire face à des limites, à des interdits et à des balises repérables. Donner des balises fermes à un enfant, c'est l'influencer, c'est exercer sur lui un pouvoir qui lui permettra d'être plus libre, de devenir humain, en fait, d'être l'auteur de sa propre vie. L'autorité doit savoir dire non à un enfant, savoir lui résister, l'affronter afin qu'il intériorise les limites de son éthos. L'autorité n'est pas l'autoritarisme. L'autoritariste abuse de son pouvoir en tant qu'il pense qu'il crée la loi alors qu'il est, comme chacun de nous, un héritier de la loi.

Un parent comme un enseignant peut déplaire à un enfant. L'héritage symbolique doit composer avec l'imaginaire amoureux. Le plus beau cadeau que l'on puisse faire à un enfant est celui du « désir de sa liberté ». Or, c'est un désir paradoxal parce qu'il implique des limites. Désirer la liberté nécessite d'aimer la loi qui rend possible la liberté.

L'enfant apprend à exercer sa liberté, par exemple son droit de parole, dans la mesure où il accepte les limites qui balisent sa liberté de parole. Tant qu'il n'a pas accepté, dans une classe, les

---

16. Dans son livre aux propos percutants, Jean-Pierre Le Goff montre les limites de ce psychologisme dans le système d'éducation français. Pierre Le Goff, *La barbarie douce. La modernisation aveugle des entreprises et de l'école*, Paris, La Découverte, 1999, p. 40-42.

limites qui balisent le droit de parole, il n'exerce pas sa liberté, il met sur le devant de la scène ses pulsions et la violence de son narcissisme. Le devenir libre commande un travail difficile et exigeant sur soi. C'est uniquement grâce à ces limites que la vie sociale est possible d'une part, et d'autre part que l'enfant pourra s'émanciper, composer son identité, se connaître lui-même, domestiquer ses pulsions et réfléchir sur sa trajectoire de vie. Les limites sont saturées de contraintes, mais en même temps, sans les limites, point de liberté, mais la barbarie.

LA PUNITION

L'effacement des figures d'autorité affaiblit la transmission des héritages du passé. Depuis la Révolution tranquille, les Québécois ont un sérieux problème de transmission d'héritage. Que doit-on conserver du passé, que doit-on rejeter, quelles sont les valeurs et les contenus de culture à transmettre[17] ? Pour ma part, la réponse est claire : doivent être mis en doute tous les arguments d'autorité, mais doivent être enseignés les contenus de culture qui affinent le jugement, qui préparent à la compréhension de l'expérience humaine à travers son histoire et qui favorisent la participation à la citoyenneté. Soulever le doute sur les arguments d'autorité ne signifie cependant pas attaquer sur tous les fronts toute personne en position d'autorité. Bernard Gagnon, dans un article éclairant, montre que l'effacement des figures d'autorité, à son comble, prend le sens du refus d'accepter une position dissymétrique devant l'autre : « Nul ne peut plus se poser devant un semblable comme " celui qui sait " dans les domaines qui ont trait aux valeurs, à l'identité et au sens. Les sources morales, extérieures aux volontés individuelles et sur lesquelles pouvait reposer le recours à l'autorité, se sont taries. La légitimité se retourne vers soi et l'autorité se replie[18]... » En fait, la crise de l'autorité actuelle en éducation n'est

---

17. Raymond Lemieux et Jean-Paul Montminy se demandent ce que représente la culture catholique dans la société québécoise actuelle. À cet égard, ils se questionnent sur ce qu'il reste de cette culture et entrevoient la possibilité de son enseignement. Raymond Lemieux et Jean-Paul Montminy, *Le catholicisme québécois*, Québec, PUL/IQRC, 2000.

18. Bernard Gagnon, « Le soi et le différent à l'âge de l'indifférence : la problématique de l'éducation », in *À chacun sa quête. Essais sur les nouveaux visages de la transcendance*, sous la direction de Yves Boisvert et Lawrence Olivier, Québec, Presses de l'Université du Québec, 2000.

pas sans lien avec la crise de la société moderne, c'est-à-dire une société qui vit un malaise profond devant les traditions et les projets d'avenir, et qui est entièrement concentrée sur la gestion technobureaucratique du présent.

L'autorité, dans son sens pédagogique, est cette personne qui demande à un enfant de travailler ses pulsions, de les orienter vers des objets d'apprentissage scolaires. L'effritement de l'autorité équivaut à la perte de cette demande[19]. D'une façon lapidaire, on peut affirmer que l'autorité s'éclipse, mais les pulsions demeurent. C'est bien parce que les pulsions demeurent que la punition, en mon sens, tient une fonction importante. La punition, en fait, vise d'abord à civiliser les pulsions. Dans la classe, on attend de l'enseignant qu'il sache intervenir pour civiliser les pulsions. J'utilise le mot « pulsion » pour nommer la répétition de la réponse ou de la réaction violente d'un enfant à l'égard de la demande d'un adulte. La répétition d'une conduite violente est pulsionnelle.

La classe, à l'instar de tous les espaces de vie, comporte des règles, une personne en position d'autorité pour arbitrer les conduites excessives et un ensemble de mesures punitives pour rappeler au fautif les limites de son action. L'intervention punitive, dans ce contexte, vise quatre buts : 1) le respect de la personne en position d'autorité morale, 2) le respect des autres, 3) le respect des règles et de l'ordre et 4) le respect des finalités de l'éducation.

Punir, ce n'est pas faire peur à un enfant, le battre, lui infliger des souffrances physiques ou morales ou l'humilier, c'est plutôt le mettre au travail, ou le remettre au travail. Pour accéder à la vie sociale, il doit travailler fermement sur lui-même, mieux gérer ses énergies, ses désirs, ses projets d'avenir. En fait, il doit travailler ses limites, ce qui le limite, le sens du respect, le sens du vivre-ensemble. Tant qu'il n'a pas résolu le problème de son rapport à la loi, son entrée dans le monde adulte demeure problématique.

CONCLUSION

L'éducation moderne, en effaçant progressivement l'autorité, efface en même temps l'altérité. Éduquer, n'est-ce pas initier à l'altérité, c'est-à-dire à l'inconnu, au nouveau, au secret, au mystère ? Quand l'école vise des objectifs d'autonomie, d'autoconscience, d'autorégulation, d'auto-discipline, d'auto-développement, et se

---

19. Cf. Christopher Lasch, *op. cit.*, p. 223-227, et Diane Drory, *op. cit.*, p. 98 et suiv.

délie de la figure transcendante qu'est l'autorité morale et intellectuelle de l'enseignant, il y a risque de dérive dans un psychologisme malsain qui encourage le narcissisme. C'est le rôle de l'enseignant de transmettre des valeurs, des croyances, des savoirs, en somme, un héritage culturel que l'enfant ne maîtrise pas encore. À cet égard, l'enseignant n'est pas qu'un « accompagnateur » qui assure l'éveil de l'enfant ou un « facilitateur » du développement de soi de l'enfant. Il assume avant tout, en tant qu'il est mandaté par l'institution scolaire, la tâche d'instruire l'enfant, c'est-à-dire de l'initier à ce qu'il ne connaît pas encore. Il est certes son semblable, mais il n'est pas son égal sur les plans intellectuel et moral. Un enfant ne deviendra adulte que si un autre différent de lui-même, déjà adulte, l'affronte et lui résiste, lui montre de nouveaux objets de savoir et le soutient continuellement. L'enfant ne porte pas en lui les sources de son émancipation, de son auto-développement, de son autonomie, de sa conscience morale et de ses identités sexuée et sociale. L'enfant n'est pas encore responsable de l'être qu'il est, il ne peut pas non plus assumer ses actes et ses choix ni se reconnaître dans la parole qu'il produit spontanément. Il ne peut pas encore assumer pleinement son statut de sujet parce qu'il ne peut être seul responsable de sa parole et de ses choix. L'enfant qui ne rencontre pas un autre que lui-même, un autre qui lui résiste, qui le limite, qui lui demande obéissance, parvient difficilement à faire le passage à la vie adulte. Le passage par l'altérité est la condition d'apprentissage et du devenir adulte. Il faut cesser de réduire la relation pédagogique à une relation affective et la réinvestir de l'épaisseur intellectuelle et politique qu'elle implique.

5

Sévir devant l'inconduite des élèves : la punition sous examen

Jean-François Desbiens[1]

Enseigner et punir, voilà un thème polémique ! La punition est une pratique éducative devenue taboue, mais incontournable puisque, tous les jours, des stagiaires et des enseignants de métier doivent y faire face. De plus, la punition a mauvaise image ; personne ne veut lui être associé car personne ne désire être perçu comme un tortionnaire d'enfants. Cependant, un fait demeure : on punit encore à l'école. Le vocabulaire a changé, les pratiques se sont transformées, mais le maître, souvent laissé à lui-même avec un groupe d'élèves hétérogène, obligé de composer avec les rythmes inflexibles de l'institution scolaire, n'a souvent d'autre solution que de punir celui ou celle (plus souvent celui que celle) qui manifeste un manque flagrant d'autocontrôle ou qui refuse obstinément de coopérer.

Lorsque vient le moment de sévir devant l'inconduite de certains élèves, plusieurs approches et plusieurs moyens d'intervention peuvent être employés. Dans ce texte, notre intention n'est pas de défendre la punition, mais plutôt de la mettre sous examen. Pour ce faire, nous procéderons en cinq points. Premièrement, nous abordons les questions relatives au pouvoir et à l'autorité de l'enseignant. Deuxièmement, nous présentons quelques définitions et quelques représentations de la punition. Troisièmement, nous

---

1. L'auteur tient à remercier Samuel-Alexandre Huard, étudiant de deuxième année au BEPEP à l'Université du Québec en Abitibi-Témiscamingue (UQAT), pour sa collaboration à titre de recherchiste.

avançons l'idée que la punition est un moyen d'intervention disciplinaire qu'il faut manier avec prudence et sagesse. Quatrièmement,
nous indiquons quelques balises permettant d'user prudemment de
la punition. Cinquièmement, nous envisageons de concevoir les idées
de prévention et de punition sous l'angle de leur complémentarité.

AUTORITÉ ET POUVOIR
DE L'ENSEIGNANT DANS LA CLASSE

La littérature anglo-saxonne met en évidence le fait que la
punition en contexte scolaire est fréquemment discutée en faisant
abstraction de l'autorité et du pouvoir. Pourtant, la classe est un
environnement d'ordre et de contrôle social par excellence. Qu'est-
ce qui rend légitime le recours à la punition en milieu scolaire ?
Qui accorde au maître l'autorité et le pouvoir de punir l'élève ou
de susciter la crainte d'être puni ? Pourquoi certains enseignants
savent-ils si bien se faire écouter des élèves alors que d'autres se
font ridiculiser ? Il semble qu'une première raison pour mettre la
punition sous examen provient du fait que l'on omet trop souvent
de la traiter en la mettant en relation avec le pouvoir et l'autorité.

Weber[2] définit le pouvoir comme « la probabilité qu'un acteur
impliqué dans une relation sociale sera en mesure d'obtenir ce
qu'il veut en dépit de la résistance rencontrée, quelle que soit la
base sur laquelle se fonde cette probabilité. » Selon Tardif et
Lessard[3], les régularités sociales dépendent de rapports de pouvoir
dans la mesure où elles reposent sur des interactions concrètes
entre des personnes, à travers lesquelles intervient tout un jeu sub-
til de sanctions, c'est-à-dire de contraintes, d'exclusion, d'influences réciproques, de négociation, de séduction, etc. En classe, les
relations de pouvoir sont centrales et se manifestent de plusieurs
façons.

1. La dissymétrie entre les actions des enseignants et celles des
   élèves. Les premiers ont pour fonction d'instituer et de maîtri-
   ser l'ordre dans la classe, alors que les seconds doivent s'y
   conformer ou cherchent à s'y opposer.

2. Cité dans G. Rocher, *Introduction à la sociologie générale.* LaSalle : Hurtubise, 1992,
   p. 473.
3. M. Tardif, et C. Lessard, *Le travail enseignant au quotidien*, Québec, Les Presses de
   l'Université Laval, 1999.

2. L'enseignant a l'initiative de l'action. Toutes les actions sont sous sa responsabilité, même s'il a instauré un mode de gestion participatif.

3. C'est l'enseignant qui interprète les situations limites lorsque les règles sont transgressées. Il assure la discipline du groupe en fonction des critères qu'il impose, les adaptant aux situations changeantes de l'action.

À quoi doit-on attribuer le fait que les enseignants ont, en classe, l'initiative de l'action ? Pourquoi leur interprétation des situations limites et leurs critères prévalent-ils sur ceux des élèves ? Qu'est-ce qui permet à un enseignant de contraindre, d'exclure, de contrôler ou de punir des élèves ? Au-delà des récompenses, des punitions et de la coercition, de l'information ou de la persuasion, que retrouve-t-on ?

Toutes ces questions soulèvent le problème de l'autorité de l'enseignant, de son institution et de ses limites. Weber[4] définit l'autorité comme « la probabilité qu'un ordre ayant un certain contenu spécifique entraînera l'obéissance d'un groupe donné de personnes. » De leur côté, Mucchielli[5] et Rey[6] proposent que la personne investie d'autorité, celle qui est légitimée et qui inspire confiance, peut, contrairement à une autre qui en est dépourvue, arriver à se faire obéir sans recourir systématiquement à une force contraignante. Cela fait ressortir le caractère symbolique qui s'attache au phénomène de l'autorité. Pour sa part, Gordon[7] présente une typologie en quatre points des formes d'autorité.

1. L'*autorité C* (compétence) découle des connaissances spécialisées, de l'expérience, de la formation, des habiletés, de la sagesse et de l'éducation d'une personne.

2. L'*autorité E* (engagement, entente ou contrat) découle des interactions quotidiennes entre les individus et des arrangements, ententes ou contrats qui s'ensuivent. Si les élèves participent activement à l'établissement des règles de conduite en classe, cela les incite fortement à respecter ces dernières.

3. L'*autorité P* (pouvoir) désigne la capacité d'une personne à contrôler les autres. Par exemple, le fait que l'enseignant a le

4. Cité dans Rocher, *op. cit.*, p. 473.

5. R. Mucchielli, *Psychologie de la relation d'autorité*, Pari, ESF, 1982.

6. B. Rey, *Les relations dans la classe*, Paris, ESG, 1999.

7. T. Gordon, *Comment apprendre l'autodiscipline aux enfants*, Montréal, Le Jour, 1990.

pouvoir de donner une mauvaise note à un élève lui permet de contraindre ce dernier à faire certains travaux.

4. L'*autorité F* (fonction), aussi appelée autorité statutaire, est celle d'un poste ou d'une fonction, défini avant la nomination de son titulaire et investissant celui-ci, dès qu'il arrive, de prérogatives et de devoirs, de pouvoirs et de responsabilités, déterminant en principe les conduites des subordonnés.

Les différentes formes d'autorité ne s'excluent pas mutuellement. Un maître très compétent sur le plan disciplinaire, capable d'établir des ententes de bon fonctionnement avec ses élèves, va également profiter de l'autorité attachée à son statut institutionnel. Il en est de même pour un maître manifestement incompétent sur le plan disciplinaire, incapable d'entretenir des relations constructives avec ses élèves et de les contrôler. Il faut donc convenir qu'une assez large part de l'autorité de l'enseignant provient de l'institution scolaire qui, par le jeu des négociations syndicales, définit les cadres de son poste, prescrit son rôle et impose ses normes. Cette autorité conférée au maître par l'école ne garantit toutefois pas qu'il saura se faire obéir par les élèves. Pour cela, il doit d'abord s'imposer à leurs yeux, gagner sa crédibilité en gagnant leur confiance, car ce sentiment est au cœur du phénomène de l'autorité : c'est le véritable pouvoir d'influence du leader.

Chaque enseignant constate à regret qu'il n'y a pas de recette miracle pour imposer son autorité dans toutes les situations. D'autres enseignants se représentent l'autorité comme une faculté mystérieuse dont on ne voit pas comment elle pourrait s'obtenir autrement que par un don naturel. Cette croyance en l'innéité de l'autorité du maître est contestable. La position d'autorité s'acquiert laborieusement en agissant sur les éléments qui fondent la crédibilité de l'enseignant, c'est-à-dire sur ses compétences à créer des conditions d'enseignement et d'apprentissage efficaces, sur ses compétences didactico-pédagogiques de même que sur ses compétences à établir ainsi qu'à entretenir de bonnes relations avec les élèves et les collègues. Cette thèse s'appuie sur la recherche empirique américaine[8]. Certes, il se trouvera toujours des enseignants qui se démarqueront par leur formidable charisme ainsi que par leurs aptitudes exceptionnelles à exercer du leadership, mais il demeure qu'une formation appropriée peut permettre à la majorité des futurs

---

8. E. Farrar et B. Neufeld, *Getting along. Negotiating authority in high schools*, The Huron Institute, Cambridge Mass, 1981.

maîtres d'acquérir une crédibilité professionnelle respectable. La question est de savoir si l'acte de punir peut ou non faire partie des pratiques de l'enseignant moderne.

QU'EST-CE DONC QUE LA PUNITION ?

Walters et Grusec[9] soulignent l'ambiguïté du terme :

> However, there is not always total agreement on the use of terms employed in learning studies of punishment and response elimination. Indeed, at a conference on punishment and aversive control held in 1967 [...], the twenty-one participating experts were unable to decide upon a definition of the very thing they were talking about.

Dans les écoles québécoises, le mot *punition* a été remplacé par le mot *conséquence* apparemment moins chargé de sens. Toutefois, les pratiques de plusieurs enseignants sont quand même de nature punitive. La rectitude politique qui empêche de désigner une punition par son nom ne contribue en rien à clarifier la nature des pratiques éducatives en milieu scolaire. L'idée de punition est ambiguë, imprécise, autant chez les chercheurs que chez les enseignants. Voilà une deuxième raison pour placer la punition sous examen.

Dans *Discipline et punitions à l'école*, Douet[10] explique que le terme punition désigne à la fois l'action de punir, c'est-à-dire le fait d'infliger une privation, une souffrance pour une faute commise, et ce qui est subi par l'auteur de la faute. Pour Douet, le terme punition comprend aussi l'idée d'expiation ou de réparation dans la mesure où la peine permet d'effacer la faute. L'idée de punition semble inséparable de l'idée de faute, c'est-à-dire de l'accomplissement d'un acte irrecevable parce qu'il viole une règle établie. La faute comporte souvent, de surcroît, un jugement moral qui condamne celui qui la pratique, ce qui en retour peut provoquer d'un sentiment de culpabilité chez son auteur.

Dans un sens, la punition est donc la conséquence d'une faute. La psychologie du comportement et la psychologie appliquée à l'éducation montrent que cette conséquence peut être définie de deux manières quant à l'effet escompté. Dans un premier temps, la

---

9. G. C. Walters et J. E. Grusec, *Punishment*, San Francisco, W. H. Freeman, 1977, p. 125.

10. B. Douet, *Discipline et punition à l'école*, Paris, Presses universitaires de France, 1987.

punition est une conséquence qui consiste à réduire la probabilité qu'un comportement non approprié survienne[11]. Dans un second temps, la conséquence est destinée à produire chez le fautif une réaction d'auto-ajustement, d'évitement ou de fuite devant une conséquence déplaisante[12].

Dans son étude, Douet[13] montre que nombre de jeunes enfants semblent incapables de distinguer l'intention éducative de l'acte autoritaire. Sévérité et méchanceté sont apparemment confondues. Pour eux, être puni signifie le plus souvent être agressé. Ce n'est que beaucoup plus tard qu'il devient concevable à leurs yeux que la punition puisse être perçue différemment. Doyle[14] et Slavin[15] illustrent à quel point certains enfants n'apprécient pas du tout l'école. L'obligation de la fréquentation scolaire serait en elle-même perçue comme étant punitive. Pour s'en échapper, ils s'arrangent pour être mis à l'écart ou encore pour être envoyés chez le directeur. Ces situations ne seraient pas des punitions à leurs yeux, mais plutôt des solutions à leur inconfort. Il est également rapporté que des élèves recherchent les avertissements et les blâmes de la part des enseignants afin d'obtenir de l'attention de leur part. En agissant pour se faire remarquer, ils se sentent valorisés par leurs pairs. Hilgard, Atkinson et Atkinson[16] soulignent que même les commentaires et les corrections inscrites par les enseignants dans les cahiers d'exercices peuvent être interprétés par des enfants comme s'ils étaient destinés à les punir. En somme, l'élève puni n'accorde pas nécessairement le même sens à cet acte que l'enseignant. La punition recèle donc des pièges auxquels les enseignants doivent être sensibilisés très tôt.

Définir la punition en s'appuyant seulement sur les effets attendus et sur la perception de son caractère déplaisant est restrictif. Nous proposons cette autre définition plus large : la punition est *la*

11. J. A. Bates, « Reinforcement », tiré de M. J. Dunkin (éd.), *The international encyclopedia of teaching and teachers education*, New York, Pergamon Press, 1988, p. 349-358 ; R. E. Slavin, *Educational psychology : theory and practice* (6e éd), Needham Heights, M.A : Ally and Bacon, 2000.

12. G. C. Walters et J. E. Grusec, *op. cit.*

13. B. Douet, *op. cit.*

14. W. Doyle, « Classroom management techniques », tiré de O. C. Moles (éd.), *Student discipline strategies. Research and practice*, New York : S.U.N.Y. Press, p. 113-127.

15. R. E. Slavin, *op. cit.*

16. E. R. Hilgard, R. L. Atkinson, et R. C. Atkinson, *Introduction à la psychologie*, Montréal, Études vivantes, 1981.

réponse de l'autorité, prévisible et jugée désagréable, à un comportement perturbateur, qui a pour objet de le faire cesser à court terme ou de le modifier afin de le rendre acceptable. Cette définition tient compte des dimensions d'autorité et de pouvoir dans la relation pédagogique, deux concepts que le courant personnaliste a combattu au cours des dernières décennies. Elle inclut les conséquences dites « logiques ou naturelles[17] » qui constituent dans les faits une sous-catégorie de la punition plutôt qu'un mode d'intervention disciplinaire distinct. Notre définition permet aussi de reconnaître le caractère subjectif de ce qui peut être désagréable ou non. Elle précise que la punition n'est pas une réponse spontanée, mais prévisible émise en réaction aux comportements non appropriés. Enfin, elle conduit à reconnaître à la punition une plus grande valeur éducative.

PUNIR ? OUI MAIS POUR QUELS RÉSULTATS ?

Si l'ambiguïté et l'imprécision relatives des définitions de la punition constituent de bonnes raisons pour la placer sous examen, l'étude et l'interprétation de ses effets justifient également que l'on y réfléchisse de plus près.

Il est difficile de dégager un portrait d'ensemble des conclusions des recherches sur la punition. Pour y voir plus clair, nous avons créé cinq catégories provisoires à partir desquelles un premier travail d'analyse des effets de la punition peut être amorcé : 1) les conséquences de la punition sur le fonctionnement du groupe d'élèves ; 2) les conséquences de la punition sur la relation entre le maître et l'élève visé ; 3) les conséquences de la punition sur la

---

17. Archambault et Chouinard opposent les conséquences logiques ou naturelles aux punitions (autres types de conséquences). Pour eux, les premières ont pour but de favoriser l'apprentissage de comportements appropriés alors que les secondes ne consistent qu'à faire « payer » l'élève pour sa faute. Les premières entretiennent une relation de nature plus étroite avec les comportements reprochés alors que la nature des secondes semble souvent très éloignée de celle des comportements non appropriés. Par exemple, si un enfant court dans le couloir alors qu'il est interdit de le faire, la conséquence logique consistera à lui demander de refaire une ou plusieurs fois le trajet en marchant (« pratique positive » et « surcorrection »). La punition, quant à elle, peut consister à faire copier des phrases à l'élève ou à le garder en retenue. Il nous apparaît que les conséquences logiques ou naturelles et les punitions ne semblent pas véritablement s'opposer au point de ne pouvoir figurer dans une même catégorie de moyens d'intervention disciplinaire, J. Archambault et R. Chouinard, *Vers une gestion éducative de la classe*, Montréal, Gaëtan Morin, 1996.

personnalité de l'élève visé ; 4) les conséquences de la punition sur le comportement de l'élève visé ; 5) les conséquences générales de la punition sur l'éducation des élèves. Nous avons également tenu compte des types de punitions. Cela semble nécessaire parce que les conclusions des études sur la punition perdent beaucoup de leur sens lorsqu'elles ne sont pas discutées en relation avec le type de mesure punitive concernée. L'appréciation des conclusions de la recherche sur la punition doit enfin prendre en considération le cadre de référence des auteurs consultés puisque cela peut influer assez fortement sur le regard qu'ils jettent sur les résultats obtenus. Par exemple, les auteurs s'inscrivant dans le contexte du behaviorisme n'analyseront pas les conclusions de la recherche et ne s'attarderont pas sur les mêmes objets que les tenants d'approches personnalistes, cognitives ou sociocognitives.

La documentation consultée suggère que les effets positifs de la punition ne sont que temporaires[18], alors que ses effets négatifs, apparemment plus nombreux, notamment dans le cas des punitions corporelles[19], peuvent se faire sentir à plus long terme. La punition serait un moyen d'intervention dont il faut user avec prudence. Cela nous conduit à mettre en doute trois croyances répandues en enseignement : la punition apprendrait à l'enfant quels sont les comportements et les attitudes acceptables, l'élève, après avoir été puni, coopérerait bien avec l'enseignant, et l'usage régulier de la punition amènerait le groupe d'élèves à mieux fonctionner.

PUNIR ? PEUT-ÊTRE, MAIS QUAND ET COMMENT ?

Dans des circonstances précises, la punition peut aider l'enseignant à atteindre certains buts et c'est pourquoi il ne faut pas l'écarter complètement. Par exemple, la punition peut s'avérer utile quand le nombre de comportements non appropriés est élevé[20]. Elle peut également être employée après les réprimandes et autres mesures correctives dans le but de faire respecter les règles établies.

---

18. J. A. Bates, *op. cit.* ; M. Loovis, « Behavior management procedures », tiré de J. P. Winnick (éd.), *Adapted physical education and sport*, Champaign Il., Human Kinetics Books, p. 81-96, 1990.

19. W. Doyle, *op. cit.* ; E. R. Hilgard, R. L. Atkinson et R. C. Atkinson, *op. cit.*

20. M. Loovis, *op. cit.*

De leur côté, Papalia et Olds[21] sont d'avis que la punition est un moyen indiqué lorsqu'un comportement indésirable est tellement enraciné chez l'enfant que même le fait de récompenser une conduite satisfaisante n'amène aucun résultat. Enfin, s'appuyant sur ses travaux de cognition sociale, Bandura[22] remarque que :

> If a person experiences consequences in a group setting, the observed outcomes can affect the behavior of the group as a whole. Even mild praise or reprimand can lead other group members to adopt praiseworthy acts and to avoid censurable ones [...]. Vicarious influence achieves multiplicative effects because it can touch large numbers of people simultaneously. Moreover, persons who have been vicariously influenced become models for others in their immediate environment[23].

S'il faut punir, quelles sont les balises à respecter ? Quelles sont les erreurs à éviter ? Lorsqu'il recourt à la punition, l'enseignant doit soupeser dans l'urgence de la situation un nombre élevé de facteurs. En ce sens, punir ne consiste pas qu'à appliquer mécaniquement une technique ; punir c'est d'abord faire acte d'intelligence : c'est exercer son jugement pédagogique de la manière la plus éclairée possible. La recherche en éducation met en lumière plusieurs moyens d'intervention susceptibles de guider l'enseignant lorsqu'il fait face à des situations disciplinaires où la punition s'impose. Toutefois, comme dans tout autre métier d'interaction humaine, l'enseignant doit constamment analyser et évaluer ses conceptions de la discipline, son niveau de tolérance à certains écarts de conduite, ses valeurs pédagogiques et les buts éducatifs qu'il s'est fixés.

QUELQUES ÉLÉMENTS POUR BALISER L'UTILISATION DE LA PUNITION EN MILIEU SCOLAIRE

Avant de recourir à la punition, il peut être bon d'envisager quelques solutions de rechange. Tout d'abord, l'enseignant peut se doter d'un plan d'intervention pour l'aider à accroître la cohérence de ses actions ainsi qu'à prévoir une progression des modes d'intervention disciplinaires. Par la suite, il peut employer des

---

21. D. E. Papalia et S. W. Olds, *Le développement de la personne*, Montréal, Études vivantes, 1989.

22. A. Bandura, *Social Foundations of Thought and Action. A Social Cognitive Theory*, Englewood Cliffs, N.J., Prentice-Hall, 1986.

23. *Ibid.*, p. 225.

moyens économiques et simples à gérer comme les signes non verbaux, les réprimandes verbales, l'augmentation de la fréquence des interactions avec les élèves, le modelage et le façonnage. Enfin, il paraît pertinent de tenter de modifier les comportements non appropriés des élèves par l'utilisation de renforcements.

Si, toutefois, l'enseignant conclut qu'il doit punir un élève, la documentation propose des balises que l'on peut résumer en quelques points. Il faut réagir rapidement en respect du principe de contiguïté[24] et expliquer pourquoi une punition est imposée et quelle est l'intention poursuivie. Il convient de débuter par la forme de punition la moins sévère[25] en précisant qu'elle s'adresse à un comportement non approprié de l'élève et non à sa personne. Les formes de punitions dures comme les punitions corporelles[26] ne sont pas recommandées. La colère est mauvaise conseillère. Ainsi, semble-t-il souhaitable d'éviter d'avoir recours à la punition lorsque l'on est en colère ou frustré afin de ne pas imposer une peine disproportionnée[27] ou de donner l'impression que la punition est une vengeance. L'application de la punition se fait sur une brève période de temps afin de ne pas créer chez l'élève trop de ressentiment et une attitude défiante[28]. Lorsqu'il a payé sa dette, l'élève est réintroduit dans les activités courantes sans condition particulière et sur un pied d'égalité avec les autres élèves du groupe. Dernier point, la constance est de mise, car les élèves y sont très sensibles.

PRÉVENIR ET PUNIR

La punition peut prendre place à l'intérieur d'une stratégie de gestion de classe à caractère préventif[29] comportant plusieurs étapes. L'approche préventive est d'ailleurs une condition essentielle

---

24. D. E. Papalia et S. W. Olds, *op. cit.*

25. J. Archambeault et R. Chouinard, *Vers une gestion éducative de la classe*, Montréal, Gaëtan Morin, 1996.

26. K. T. Lundell, *Levels of discipline. A complete system for behavior management in the schools*, Springfiels Il., Charles C. Thomas, 1982.

27. J. Archambeault et R. Chouinard, *op. cit.*

28. R. E. Slavin, *op. cit.*

29. Si l'on se réfère à un modèle bien connu, celui de Stefanich et Bell (1985), la punition n'est envisageable qu'à partir du stade des mesures correctrices quand les mesures préventives et de soutien se sont avérées inefficaces.

d'une saine gestion disciplinaire en milieu scolaire. Il n'est pas possible de croire qu'aucun élève ne se comporte jamais de manière perturbatrice et qu'un enseignant ne sera jamais contraint de punir. Malgré tout, il existe des moyens pour encourager la coopération et la participation active des élèves ainsi que pour prévenir l'indiscipline en classe. À cet égard, l'enseignant doit travailler activement à la création de conditions d'enseignement et d'apprentissage efficaces.

Comme nous l'avons mentionné au tout début de ce texte, la classe est un environnement d'ordre et de contrôle social. Elle ne peut fonctionner sans de multiples contrôles. L'obtention et le maintien de l'ordre demeurent des objectifs primordiaux dans la classe. « La notion d'ordre ne veut pas dire forcément « silence et immobilité », elle veut dire tout simplement que les élèves doivent se plier aux règles de l'organisation, quelles qu'elles soient. En ce sens, même l'enseignement « libertaire » définit un programme d'ordre à respecter[30] ». Si l'on admet que la classe ne peut fonctionner sans mécanismes régulateurs, l'une des premières tâches qu'un enseignant doit effectuer en tout début d'année scolaire consiste à établir un système de régulation des activités et des transactions courantes par l'instauration d'un ensemble de règles de vie. Un tel système peut être imposé aux élèves ou établi avec leur collaboration dans une perspective de gestion de classe participative[31]. Le choix de la formule importe peu et relève d'une décision personnelle. Il doit cependant exister un code disciplinaire signifiant pour les élèves qui aura fait l'objet d'une présentation explicite et qui sera rappelé régulièrement pour en faciliter l'intégration. L'inexistence d'un tel référentiel risque de conférer à n'importe quelle règle un caractère arbitraire qui n'aura pour effet que de mettre les enfants sur la défensive.

L'enseignant doit éviter ce que Siedentop[32] appelle l'apprentissage par défaut des attitudes et des comportements adaptés. L'apprentissage par défaut a cours lorsque l'élève n'a pas d'autre option que de tester les limites des systèmes de tâches et celles du code disciplinaire pour découvrir les véritables attentes de l'enseignant

---

30. M. Tardif, et C. Lessard, *op. cit.*, p. 63.

31. J. Caron, *Quand revient septembre... Guide sur la gestion de classe participative*. Montréal, Éditions de la Chenelière, 1994.

32. D. Siedentop, *Apprendre à enseigner l'éducation physique*, Montréal, Gaëtan Morin, 1994.

de même que pour définir les comportements appropriés. Dans une recherche portant sur la participation des élèves aux tâches proposées par l'enseignant, Tousignant et Siedentop[33] ont montré qu'une présentation explicite des tâches par l'enseignant a pour effet de réduire l'intensité et la fréquence des épisodes de négociation des tâches par les élèves et d'accroître leur collaboration. Il semble donc raisonnable de penser qu'une définition explicite des attitudes et des comportements attendus réduira le phénomène d'apprentissage par défaut et, conséquemment, les occasions où le système de tâches et le code seront mis en cause.

Le fait de disposer d'un code disciplinaire explicite est toutefois insuffisant pour maintenir l'ordre dans la classe. Il faut aussi savoir se montrer courageux pour affirmer les limites des systèmes de tâches de même que les règles du code disciplinaire. L'enseignant désirant maintenir des conditions d'enseignement et d'apprentissage efficaces est en quelque sorte condamné à intervenir. Il doit créer des certitudes dans l'esprit des élèves en leur montrant qu'il est vigilant, qu'il habite sa classe, qu'il en ressent le pouls, qu'il est conscient des événements qui s'y déroulent et qu'il entend les tenir responsables de l'acquisition des concepts, des conseils et des techniques qui leur sont enseignés[34]. Sans des interventions cohérentes, équitables et fréquentes, il y a un fort risque que la classe ne devienne un milieu chaotique où l'apprentissage ne constitue qu'un phénomène marginal plutôt qu'un des principaux buts visés par le processus d'enseignement-apprentissage[35].

Doyle[36] insiste sur le fait que les comportements des enseignants en matière d'évaluation et de responsabilisation constituent des indices fiables permettant aux élèves de mieux connaître les attentes auxquelles ils doivent répondre. Selon lui, ces comportements recevront une grande attention de leur part, car ils

33. M. Tousignant et D. Siedentop, « The analysis of task structures in physical education », *Journal of Teaching in Physical Education*, 3 (1), 1983, 47-57.

34. C. M. Charles, *La discipline en classe* (P. Mayer, trad.), Saint-Laurent, Éditions du Renouveau pédagogique, 1997.

35. W. Doyle, « Classroom tasks and students' abilities. » Tiré de P. Peterson et H. J. Walberg (éd.). *Research on Teaching : Concepts, Findings and Implications*, Berkeley, McCutchan, 1979, p. 183-209 ; W. Doyle, « Academic Work. » *Review of Educational Research*, 53, 2, 1983, p. 156-199 ; W. Doyle, « Classroom organization and management. » Tiré de M. C. Wittrock (éd.), *Handbook of Research on Teaching*, New York, Macmillan, 1986, p. 392-431.

36. W. Doyle, *op. cit.*

recherchent généralement des effets favorables de leur participation aux activités de la classe. Au contraire, il prévoit que les informations sans relation directe avec les tâches, les comportements et les attitudes ciblés seront ignorées. « As tasks are accomplished and feedback is received from the teacher, the character of the task system becomes more apparent. Students can then selectively attend to information that has consequences for tasks accomplishment regardless of wether it is explicitly signaled by the teacher[37] ».

LA GESTION DISCIPLINAIRE :
QUELQUES PRINCIPES D'INTERVENTION ÉPROUVÉS

Comment doit-il s'y prendre ? Quatre principes d'intervention intègrent la plupart des balises vues précédemment. Ces principes ne sont pas neutres. Il faut les analyser à travers les filtres que sont les conceptions ou les croyances, les valeurs personnelles et professionnelles des enseignants.

1. Rester calme devant une situation conflictuelle. Ce premier principe correspond étroitement à la recommandation de ne pas recourir à la punition lorsque l'on est en colère ou frustré. Il est également compatible avec des idées chères aux Anciens, des idées qu'on a peut-être oubliées, mais que l'on a tout avantage à cultiver en formation des maîtres : la tempérance, le courage et la prudence[38]. La tempérance s'oppose à la colère, donc aux excès. C'est la vertu frein modératrice des passions. Le courage, c'est la fermeté du cœur qui permet de conserver la maîtrise de soi, la douceur du propos et, comme l'a si bien dit Auffray[39], biographe de don Bosco[40], de raidir sa volonté pour affronter les difficultés et leur apporter des solutions. La prudence, c'est aussi la vertu de la sagesse ; celle qui prévient l'irréflexion lorsque les émotions sont à fleur de peau ;

37. W. Doyle, *op. cit.*, p. 181.
38. A. Auffray, *Comment un saint punissait les enfants*, Paris, Emmanuel, 1940 ; A. Auffray, *Un grand éducateur. Saint Jean Bosco (1815-1888)*, Paris, Librairie catholique Emmanuel Vitte, 1953.
39. A. Auffray, *op. cit.*
40. Jean Bosco est un prêtre et écrivain italien, né à Castelnoro d'Astie en 1815 et mort à Turin en 1888. Il fonda l'ordre des Salésiens (prêtres de Saint-François-de-Sales) qui a eu pour mission initiale de recueillir des enfants abandonnés ou pauvres et d'en faire des ouvriers agricoles ou industriels. Jean Bosco a été canonisé en 1934.

celle qui évite la négligence ; celle qui écarte l'inconstance ou le manque de cohérence dans la manière de sévir.

Comme le signalent très justement Archambault et Chouinard[41], il est moins facile qu'il n'y paraît de demeurer calme lors d'une intervention disciplinaire auprès d'un élève. Il faut retenir qu'une réaction disproportionnée de la part de l'enseignant peut avoir un effet négatif sur l'ensemble des élèves de la classe, alors qu'au contraire celui qui répond avec calme et sans tarder tout en modelant les comportements appropriés en matière de résolution de conflit interpersonnel exercera une influence positive sur les élèves perturbateurs ainsi que sur les autres élèves du groupe.

2. Privilégier une intervention économique et simple (la moindre intervention). Archambault et Chouinard[42] recommandent de toujours rechercher l'intervention la plus simple et la plus économique pour résoudre un problème de comportement. Selon ce principe, les punitions s'imposeront rarement comme premier choix parce que ce sont généralement des conséquences sévères qui alourdissent considérablement la gestion de classe. Une intervention souple procure une marge de manœuvre pour l'enseignant qui peut accroître progressivement la sévérité des peines qu'il inflige à un élève donné. Stefanich et Bell[43] présentent un modèle de sévérité progressive en quatre étapes. Ce modèle permet à l'enseignant de savoir précisément où il en est rendu avec un élève et d'apprécier si sa démarche auprès de lui a été suffisamment rigoureuse. C'est également un outil intéressant pour engager une démarche de collaboration avec d'autres professionnels dans les cas plus difficiles où l'enseignant n'arrive pas seul à solutionner le problème de manière satisfaisante. Le principe de la moindre intervention, en fait, allège la gestion disciplinaire.

3. Le moindre dérangement. Kounin[44] a déjà souligné la pertinence pédagogique d'éviter qu'une activité ne soit marquée par des changements ou des interruptions brusques du travail des élèves parce que cela nuit à leurs processus de pensée et que cela engendre des retards, du désordre, des transgressions aux règles. Le fait de composer publiquement avec des comportements

41. J. Archambeault et R. Chouinard, *op. cit.*

42. *Ibid.*

43. G. P. Stefanich et L. C. Bell, « A dynamic model for classroom discipline » *NASSP Bulletin*, mars 1985, p. 19-25.

44. Cité dans C. M. Charles, *op. cit.*

perturbateurs pendant le déroulement d'une leçon est un risque qu'il faut bien évaluer, car un élève qui se sent perdre la face devant les autres risque de durcir sa position et de devenir intraitable. De plus, on observe que le temps passé à discipliner les élèves est puisé dans l'ensemble du temps alloué à l'enseignement. On sait que les élèves sont facilement distraits. C'est pourquoi les enseignants expérimentés ont habituellement pour stratégie de faire des réprimandes brèves et discrètes.

4. Faire apprendre les comportements adaptés. Don Bosco[45] disait que la punition devrait être éducative ou ne pas être du tout. Pour lui, l'éducateur doit continuellement naviguer entre l'écueil de l'excessive rigueur et celui de l'extrême liberté. Il lui faut éviter d'être le tyran des volontés ou le témoin passif du jeu des enfants. L'éducateur doit, selon lui, chercher à être le collaborateur indispensable qui doit apprendre à l'enfant à se passer un jour de lui. Archambault et Chouinard[46] croient que toute intervention visant à modifier un comportement doit d'abord être éducative, c'est-à-dire qu'elle doit conduire l'élève vers un meilleur comportement. Le seul fait de faire cesser le comportement indésirable paraît donc insuffisant, même s'il s'agit en soi d'un objectif pertinent. Ils soutiennent que, si l'on doit user de la punition, il faut l'accompagner d'un enseignement du comportement approprié. De même, Doyle[47] signale que de nouvelles approches insistent maintenant sur l'enseignement systématique d'habiletés sociales, d'habiletés d'autosupervision et d'autocontrôle. Auparavant, on recommandait à l'enseignant qu'il établisse et qu'il mette en branle des plans de modification du comportement, alors qu'aujourd'hui on l'incite plutôt à aider les élèves à mieux composer avec les processus qui ont cours dans la classe.

CONCLUSION

Le présent article avait pour objet d'examiner l'usage de la punition pour contrer les problèmes de discipline qui surviennent dans une classe. Nous avons fait valoir que l'usage de la punition implique des rapports d'autorité et de pouvoir entre enseignants et élèves. Puis, nous avons souligné que le concept de punition, encore

---

45. A. Auffray, *op. cit.* ; A. Auffray, *op. cit.*
46. J. Archambeault et R. Chouinard, *op. cit.*
47. W. Doyle, *op. cit.*

aujourd'hui, n'est pas toujours clair et que son usage demande une grande prudence. Pour terminer, nous avons soutenu que la prévention et la punition ne sont pas incompatibles, mais plutôt complémentaires à l'intérieur d'une stratégie de gestion de classe. Nous avons insisté sur le fait qu'une telle stratégie est très exigeante pour l'enseignant, car elle lui commande de se montrer très actif et très engagé auprès de ses élèves afin de leur faire acquérir des comportements et des attitudes convenables en classe.

Il est à souhaiter que ce collectif contribue à démystifier la punition et la place qu'elle peut, à certaines conditions, occuper dans la conduite des activités scolaires. On pourrait élargir le débat sur la punition à la question de l'autorité du maître dans une société où l'on admet que les élèves revendiquent des rapports égalitaires dans une institution chargée notamment de leur transmettre une culture et de les socialiser.

6

Des usages « pédagogiques » de la douleur

David Le Breton[1]

> *J'accuse toute violence en l'éducation d'une ame tendre, qu'on dresse pour l'honneur et la liberté. Il y a je ne scay quoy de servile en la rigueur et en la contraincte ; et tiens que ce qui ne peut se faire par la raison et par prudence et adresse ne se faict jamais par la force.*
>
> Montaigne.

LA DOULEUR ÉDUCATRICE

La douleur infligée à l'individu démuni est un moyen de gouvernement, d'emprise sur son comportement, sinon sur sa conscience. L'association de la douleur et de la faute qui court en filigrane dans la Bible et contre laquelle Job s'insurge est ici caricaturale. Toute transgression du code moral suppose de la part des représentants de la loi la répartie d'une douleur dosée en principe sur l'importance de la faute commise. La douleur prodiguée est punition, elle marque dans la chair le défaut moral ou présumé tel ; elle sanctionne l'écart de conduite. On lui demande de châtier mais aussi d'amender, de rappeler à l'ordre. Dans la société grecque ou la société romaine, par exemple, le père dispose d'un pouvoir illimité sur les siens et sur ses esclaves. La punition corporelle est souvent de rigueur. À Rome, la chose est si courante que des hommes ayant embrassé cette profession se promènent dans les rues avec leur fouet et répondent à la demande des maîtres. Une

---

1. David Le Breton est professeur de sociologie à l'Université Marc-Bloch de Strasbourg. Il est notamment l'auteur de *Passions du risque* (Métailié), *Anthropologie du corps et modernité* (PUF), *Anthropologie de la douleur* (Métailié), *L'Adieu au corps* (Métailié), *Éloge de la marche* (Métailié).

peinture d'Herculanum montre un écolier indocile, maintenu aux épaules et aux pieds par deux esclaves tandis qu'un troisième, un martinet à la main, lui administre une correction. L'éducation est souvent associée au châtiment qu'elle accompagne en cas de résistance de l'élève. Les deux notions sont d'ailleurs « inséparables pour le Grec de l'époque hellénistique comme pour le scribe pharaonique ou pour le Juif. Les traducteurs alexandrins de l'Écriture n'ont pas hésité, pour rendre l'hébreu *mûsar* (éducation, châtiment), à employer le terme *paideia* qui pour eux signifie simplement punition. La tradition latine est semblable[2] ». Les termes hébreux *mûsar* et *tôkahath* ont des racines *yst* et *ykh* qui ont toutes deux « le sens de « corriger par de bonnes exhortations ou conseils moraux ou celui de châtier[3] ». « Discipline » vient du latin *disciplina* « enseignement, science, discipline militaire, etc. » Jusqu'au XIVe siècle, le terme signifie surtout « châtiment », sens issu du latin ecclésiastique du Moyen Âge, puis « massacre » et d'autre part « instrument de flagellation ».

La Bible abonde en exemples de « souffrances éducatrices ». L'expérience de la douleur est un brutal rappel à l'ordre d'origine divine. « Quand il les frappait, ils le cherchaient. Ils revenaient empressés à trouver Dieu (*Psaumes*, LXXXVIII, 34 ; aussi *Néhémie*, IX, 5-37 ; *I Rois*, VIII, 23-53). Israël, écrit J. Coste, « vit entre la prise de conscience de sa faute et celle du pardon de Dieu, ce n'est pas lui qui mène sa vie. Quand il veut résumer son histoire, il la voit comme une dialectique incessante du péché à la grâce, dialectique dont le moment central est le cri, issu de la souffrance, de la misère coupable de l'homme, et pourtant, déjà, expression la plus authentique de la Foi[4] ». Parce que la douleur reçue est correction des défauts affectant l'homme, chance d'une rénovation, les amis de Job lui rappellent la valeur éducatrice de l'épreuve : « Heureux homme que Dieu corrige. Ne méprise pas le châtiment de Shaddaï » (*Job*, V, 17). La douleur subie en sanction d'un égarement amende la conduite et ramène à la fidélité envers Dieu. Ephraïm s'adresse ainsi à lui : « Tu m'as infligé correction, je l'ai subie comme un jeune taureau non dressé. Fais-moi revenir, que je revienne, car tu

---

2. Marie-Louise Lopez Pino, « Pour une prise de conscience du problème actuel de la discipline », dans *Cahiers pédagogiques*, n° 4, 1964, p. 5.

3. J. Coste, « Notion grecque et notion biblique de la " souffrance éducatrice " », dans *Recherche en science religieuse*, vol. XLVIII, n° 16, 1953, p. 498.

4. *Ibidem*, p. 503.

es Yahvé, mon Dieu. Oui, après m'être détourné je me suis repenti quand je compris, je me suis frappé la cuisse » (*Jérémie*, XXXI, 18sq). Ephraïm ajoute même sa propre main pour parfaire le châtiment qu'il estime devoir mériter.

Fondé sur l'exemple de Dieu à l'image d'un père exigeant envers sa progéniture indisciplinée, Salomon affirme dans les *Proverbes* que celui « qui épargne la baguette hait son fils ; s'il l'aime il prodigue la correction » (13-24). La relation inégale à Dieu dessine un paradigme qui s'applique tout autant aux relations des hommes entre eux. Mais, dans ce dernier cas, le principe de la correction et de la distribution intentionnelle de la douleur à l'encontre du coupable ne se justifie plus de la parole divine, mais repose plutôt sur des raisons profanes politiques, sociales, pédagogiques ou personnelles. L'imposition de la douleur comme forme privilégiée de la punition est le règne fréquent de l'arbitraire. L'enfant surtout a pâti de cette perception de la douleur comme aiguillon propice venant sanctionner la faute et ramener dans le droit chemin. Expiation et rédemption accompagnent l'usage de la douleur dans le processus pédagogique.

LE CHÂTIMENT CORPOREL À L'ÉCOLE

Le problème de la douleur comme instance de moralisation des conduites consiste surtout à savoir qui décide des valeurs sur lesquelles repose l'attribution de la peine. L'inégalité des forces est en effet la condition nécessaire à cet usage, elle permet le gouvernement de l'enfance et le recours à une violence physique ou morale au nom des bienfaits de la punition dans l'éducation de l'enfant. Le sentiment de l'enfance, comme catégorie d'âge à part, est récent dans l'histoire occidentale comme l'attestent les travaux de P. Ariès. Longtemps, le passage est insensible de la prime enfance à l'âge d'homme. La violence est diluée dans les relations sociales, elle n'épargne aucune classe d'âge. À la périphérie du monde scolaire, les jeunes écoliers se voient infliger des rossées quand les étudiants qui ont autorité sur eux, dans une sorte de contrat de protection, trouvent qu'ils n'ont pas assez rapporté d'argent de leur quête ou ne se conduisent pas à leur goût. Des liens de parrainage, non dénués de brutalité, structurent ces relations. Des rites de passage où abondent les exactions physiques ou morales sollicitent les béjaunes accédant au statut d'écolier. « La brimade brisait l'ancien homme, et, en l'humiliant, le mettait à la merci de ses vainqueurs, écrit P. Ariès ; il était dompté et appartenait désormais sans esprit de retour à la communauté qui l'avait ainsi maté »[5]. Les autorités religieuses s'efforcent de légiférer et de contenir ces épreuves qui restent essentiellement une affaire propre aux jeunes. À l'école, les brimades physiques sont en revanche longtemps absentes ; les entorses au règlement se payent plutôt à la communauté en termes d'amendes permettant d'améliorer l'ordinaire ou d'offrir des tournées de vin[6]. La discipline n'est pas encore au goût du jour. Les amendes qui sanctionnent l'inconduite réinsèrent en fait l'écolier au sein de la communauté ; elles gomment l'excès d'individualité en le corrigeant par un principe inverse qui renforce le sentiment d'appartenance au groupe.

La vie de l'écolier médiéval se déroule au sein d'une petite communauté qui régit ses conduites bien davantage que ne le fait le maître. Au XVIᵉ siècle s'annoncent de nouvelles modalités de discipline. La liberté dont jouissait les écoliers incommodent les gens d'Église. Un sentiment inédit de l'enfance fait de celle-ci une figure d'humanité inachevée, infirme, exigeant pour son développement le contrôle assidu des aînés. L'enfant devient un être marqué du péché originel, imparfait car non corrigé par la discipline appropriée. De surcroît, sa faiblesse et sa crédulité, sa perméabilité aux influences, appellent aux yeux des religieux une prise en charge méticuleuse de cette période de l'existence. Plus que tout autre elle engage la responsabilité des éducateurs car elle prépare l'enfant au salut ou le perd. Le droit de correction devient le privilège des maîtres. Dans les traditions éducatives occidentales, le recours aux châtiments corporels s'enracine en effet dans l'ombre du péché originel. La discipline et les punitions apparaissent sous l'orbe des religieux enclins à penser que l'enfant est une âme à sauver, à remettre sur le droit chemin avec une rigueur intransigeante. La responsabilité morale du maître accompagne l'idée de l'indignité de l'enfance comme son correctif naturel. Du salut de l'âme au salut social, la voie est la même, et la sanction rappelle cette infériorité qu'il incombait aux aînés de corriger.

L'éducation chemine alors sur le fondement de la douleur comme sanction possible de tout écart de conduite. Celle-ci a pour tâche d'inscrire l'amendement opéré dans la mémoire ; elle répare la faute en incisant le repentir dans la chair et rappelle ainsi à la

5. P. Ariès, *L'enfant et la vie familiale sous l'Ancien Régime*, Paris, Plon, 1960, p. 269.
6. *Ibidem*, p. 270.

conduite appropriée. La transgression de la loi implique la répartie du châtiment, sur la scène de la vie séculière qui reprend à son compte le modèle biblique originel. L'enracinement religieux de nos sociétés dans le fond judéo-chrétien, souvent oublieux de la leçon de Job, établit la punition en conséquence inéluctable du mal commis. L'expiation, la réparation trouvent leur raison d'être dans la douleur infligée par les tenants de l'ordre.

La surveillance, la délation (qui rompt les anciennes solidarités et érige l'autorité des institutions en absolu), les punitions corporelles, dessinent de manière logique des principes de fonctionnement et de gouvernement des jeunes. L'imperfection native doit être jugulée par la rigueur d'une éducation ne laissant rien au hasard. De même les écoliers sont coupés de l'influence, jugée moralement néfaste, des adultes. « Les verges deviennent l'insigne du maître d'école, au moins de l'école de grammaire, la marque de la dépendance où le maître tient désormais ses élèves, et par conséquent de la sujétion où l'enfant est tombé : *infirmus* », constate P. Ariès. Auparavant les allusions aux corrections corporelles sont rares, « elles n'ont pas de caractère humiliant parce qu'elles concernent aussi bien les austérités monastiques représentées dans les Bibles moralisées, ou celles que s'imposent les saints, comme la scène de la vie de saint Louis où le Roi reçoit la discipline[7] ».

Au XVIe siècle donc, le fouet se substitue aux amendes. Il devient la « peine scolastique » par excellence et se trouve d'ailleurs ainsi désigné. Avec les étrivières et la férule, le châtiment corporel se généralise et installe l'enfance dans un régime particulier. Les verges deviennent le symbole de l'autorité pédagogique. Bodin peut écrire alors « L'enfant entre au collège : et voici les régents, portant leurs férules comme des spectres ». Une inégalité demeure pourtant qui contribue à distinguer les jeunes de leurs aînés. « Parmi les adultes, tous n'étaient pas soumis à la correction personnelle : les gens de qualité y échappaient, et le mode d'application de la discipline contribuait à distinguer les conditions. Au contraire, tous les enfants et les jeunes, quelle que fût leur condition, étaient astreints au régime commun, et recevaient les verges[8] ». Ariès note l'allongement de l'âge scolaire du fouet, touchant une population pouvant dépasser parfois vingt ans (p. 289). L'enfance est assimilée au régime des couches sociales les plus humbles. Elle est devenue servile.

---

7. *Ibidem*, p. 285.
8. *Ibidem*, p. 289.

Les sensibilités sont néanmoins partagées puisque des humanistes comme Erasme ou Montaigne, des pédagogues comme Curion dénoncent ces pratiques et évoquent des particularités de caractères, l'ivrognerie, ou les insuffisances de ces maîtres qui compensent leur manque de présence auprès des élèves par la brutalité. On connaît les lignes saisissantes de Montaigne dénonçant « cette police de la pluspart de noz colleges [...]. Arrivez-y sur le point de leur office : vous n'oyez que cris et d'enfans supplicez et de maistres enyvrez en leur cholere. Quelle maniere pour esveiller l'appetit envers leur leçon, à ces tendres ames et craintives, de les y guider d'une troigne effroyable, les mains armées de fouets ? Inique et pernicieuse forme[9] ». Érasme s'insurge contre la brutalité mise en œuvre envers les élèves par des maîtres indignes de leur fonction. « On ne dirait pas que c'est une école, mais une salle de torture : on n'y entend que crépitement de férules, sifflements de verges, cris et sanglots, menaces épouvantables. Qu'y apprendront-ils donc, ces enfants, sinon à haïr les études ? Et quand cette haine s'est fixée une fois dans leurs jeunes esprits, même devenus grands, ils ont les études en horreur[10] ». Sa *Déclamatio* est un étonnant catalogue des cruautés dont sont victimes les enfants de son temps de la part de certains maîtres ou de pères indignes. « Il était besoin que telles manières de gens fussent écorcheurs ou bourreaux, écrit Erasme, non point maîtres de petits enfants » (p. 428). Érasme d'ailleurs n'est pas opposé à la correction, « Si rien n'y fait, ni les avertissements, ni les prières, ni l'émulation, ni le sentiment de honte, ni les

---

9. Montaigne, *Essais*, livre 1, Paris, Garnier-Flammarion, 1969, p. 213. À propos de la violence de certains parents sur leurs enfants, Montaigne écrit également : « Combien de fois m'a-il prins envie, passant par nos ruës, de dresser une farce, pour venger des garçonnetz que je voyoy escorcher, assommer et meurtrir à quelque pere ou mere furieux et forcenez de colere [...]. Et puis les voylà stropiets, estourdis de coups ; et nostre justice qui n'en fait compte, comme si ces esboitemens et esclochemens n'estoient pas des membres de nostre chose publique » (*Essais*, livre II, *op. cit.*, p. 375). La brutalité de l'école n'est que le prolongement de celle des familles.

10. Érasme, *Declamatio de pueris statim ac liberaliter instituendis* (étude critique, traduction et commentaire de J.-C. Margolin), Paris, Droz, 1966, p. 426. Ou encore, en écho à Montaigne : « Mais combien (de maîtres ou de pères indignes) ne voyons-nous pas aujourd'hui qui, par les coups cruels qu'ils infligent, ébranlent la santé des enfants, les éborgnent, les estropient, et bien souvent les tuent. La cruauté de certains ne se contente pas des verges, mais, les tenant à l'envers, ils frappent du manche ou allongent des soufflets ou des coups de poing à de frêles enfants, ou encore ils s'emparent du premier objet qui se trouve à leur portée et le leur brisent sur le dos » (p. 432).

louanges, ni aucun autre moyen, et si la situation exige les verges comme dernier recours, il faut que ce châtiment soit lui-même à la fois libéral et décent [...] Je reconnais que l'affabilité du précepteur doit être modérée, si l'on ne veut pas que le mépris, compagnon de la familiarité, fasse disparaître respect et retenue » (p. 437-438). « Certains, dit-il encore, se feraient tuer plutôt que de se laisser corriger par des coups, alors qu'on pourrait les mener n'importe où avec de la bienveillance et des conseils empreints de douceur » (p. 426). Le texte d'Érasme est un plaidoyer pour la reconnaissance de l'enfant et pour une école fondée sur la dignité et la compréhension, une école rigoureuse mais heureuse de la vie et non un dressage brutal.

De son côté, Curion note en 1555 : « Trop ignorant pour se concilier avec leur admiration, l'attention de ses élèves, et trop morose pour qu'on puisse l'aimer ou pour pouvoir aimer lui-même, cet âne d'Arcadie, vêtu de sa dépouille du lion, terrorise à force de vociférations et de sévices, une jeunesse généreuse. Il ne peut la rendre meilleure, puisqu'il est sot et malhonnête, ni plus instruit à cause de sa crasse ignorance. Alors il déchire à coups de fouet ces pauvres garçons et les harasse de ses clameurs outrageantes. Ils gâchent, les malheureux, les meilleures années de leur vie : et lui se fait payer cher sa cruauté[11] ». Un autre pédagogue de l'époque, Schenkel, en 1576, prêche pour une justice et une mesure empreinte de compassion : « Un professeur n'oubliera jamais qu'il doit proportionner le châtiment à la faute, en tenant compte pour chaque cas de la diversité des caractères et de la qualité du délinquant. Il punira sans méchanceté, dans un ardent esprit de justice, avec une sévérité sereine que viendra tempérer sans doute la compassion[12] ».

Les excès de brutalité étaient tels que dans certaines villes, comme Orthez par exemple, ville protestante, une commission municipale composé du pasteur, du recteur de l'université, d'un professeur de théologie, d'un médecin, d'un chirurgien et d'un des jurés, venait chaque mois inspecter les lieux et entendre les enfants sur les plaintes qu'ils pouvaient émettre. En 1574, l'un des régent du Collège est poursuivi en justice pour avoir fait subir de mauvais traitements à ses élèves. De même les règlements de certains collèges,

---

11. Cité in P. Porteau, *Montaigne et la vie pédagogique de son temps*, Paris, Droz, 1935, p. 73.

12. *Ibidem*, p. 92.

comme celui d'Auch, rédigé vers 1570, témoignent d'une vigilance accrue contre la brutalité à l'égard des élèves : « Les maîtres éviteront de s'échauffer plus que ne l'autorise la dignité de leur fonction. Ils se garderont d'inciter leurs élèves à la colère (art. 14). Ils n'inspireront pas la terreur. Toute brutalité de leur part est condamnable (art. 15). C'est par leur bonté, par leurs avis, leurs exhortations, leurs remontrances, souvent même par leurs prières, plus que par les menaces ou par les coups, qu'ils tiendront leur classe (art.16)[13].

Chez les Jésuites, le fouet est donné en public par un *corrector*, désigné par les pères mais n'appartenant pas à la congrégation afin d'éviter toute animosité particulière d'un professeur envers un enfant. La punition corporelle est soumise à l'autorisation du directeur du collège qui prend l'avis du préfet des études ou des autres professeurs pour éviter l'arbitraire. D'autre part toute sévérité est proscrite. La mise en scène de la punition est elle-même soigneusement réglée pour que la mise à nu de l'élève puni réponde à ce que les pères appellent « une décence pleine de scrupules ».

Dès le XVIIe siècle, la discipline se resserre et devient un principe d'organisation de temps de l'entrée à la sortie de l'école. Prières, exercices, leçons, repas, sorties, se succèdent sans interruption avec une organisation précise du corps dans l'espace, de la parole dans la relation pédagogique. Pour J.-B. de La Salle « les écoliers seront toujours à genoux bien rangés, ayant le corps droit, les bras croisés et les yeux baissés ; le maître aura égard qu'ils ne remuent pas, qu'ils ne changent pas de posture, qu'ils ne s'appuient pas sur les bancs par devant ni par derrière, et qu'ils ne les touchent pas et ne s'assoient pas non plus sur leurs talons ; qu'ils ne tournent pas la tête pour regarder autour d'eux et surtout qu'ils ne se touchent pas les uns les autres[14] ». L'éducation mise sur la capacité de réforme, le sens de la dignité et de la responsabilité qui réside en chaque homme. L'enfant est désormais moins *infirmus* qu'en marche vers l'âge d'homme, et le devoir des maîtres est de le préparer à assumer au mieux sa condition. Un homme éduqué est un homme éclairé. L'avilissement né du châtiment corporel n'est guère propice à l'éveil de la dignité ou au respect des conduites socialement de règle. L'enfance doit être instruite et non soumise. Si la punition

---

13. Cité in P. Porteau, *op. cit.*, p. 81.

14. J.-B. de La Salle, *Conduites des écoles chrétiennes*, cité in R. Chartier, MM. Congère, D. Julia, *L'Éducation en France du XVIe au XVIIe siècle*, Paris, Sedes, 1976, p. 115.

demeure avec mesure pour les irréductibles, elle s'accompagne en contrepoint de récompense pour les élèves méritants. De même le châtiment est désormais proportionné à la gravité de la faute. La correction par les verges est le point ultime de l'échelle de graduation des peines.

L'Escole paroissiale (1654) note que « le maître doit être exact à châtier prudemment en temps et lieu les fautes de ses écoliers et modéré aux châtiments et corrections qu'il leur fera. Il ne les frappera jamais par la tête ni avec les verges, ni avec les mains même ne leur tirera les oreilles ou le nez, ou les joues, pour éviter de grands inconvénients qui en peuvent arriver. Il ne se laissera pas emporter pour quoi que ce soit à la colère de peur que cela puisse causer de l'excès au châtiment et ne se servira jamais contre eux de paroles âpres en les tutoyant ou frappant et injuriant les enfants sans raison et considération[15] ». J.-B. de La Salle évoque métaphoriquement le « père raisonnable » sous la figure du maître. Cependant la dureté ne s'évanouit pas en un instant même si la période de la fin de l'Ancien Régime est favorable à cette pédagogie. Les anciennes habitudes de punitions corporelles existent encore çà et là[16] quand Napoléon rétablit une discipline militaire dans les établissements scolaires.

Le XIXe siècle militarise la discipline des écoles. Le sentiment de l'adolescence voit le jour qui transforme les usages scolaires. La proximité en âge du soldat et de l'adolescent amène à tolérer une certaine rudesse dans les relations entre les jeunes. Les châtiments corporels ne sont plus systématisés, mais les punitions sont en revanche largement présentes, incluant même le crachat. M. Foucault analyse dans la société civile l'abandon des supplices physiques prodigués aux condamnés et l'émergence de la discipline comme méthode de gestion et de contrôle des hommes. L'imposition de la douleur comme instance de rectification des conduites perd ses anciennes prérogatives ; certes, elle demeure dans la vie sociale un

---

15. *L'Escole paroissiale ou la manière de bien instruire les enfans dans les petites escoles par un prestre d'une pâroisse de Paris*, Paris, 1654.

16. « Les écoles anglaises, note P. Ariès, conserveront l'ancienne discipline : punition corporelle et système monitorial, qu'on avait abandonné en France, mais elles parviendront à en transformer complètement l'esprit. Par exemple, si le fouet est maintenu, il n'est plus seulement une punition, il devient surtout un moyen d'éducation, une occasion pour le garçon d'exercer, en le subissant, son contrôle sur lui même, première vertu d'un gentleman », *ibidem*, p. 293. Ce n'est que très tard que les collèges anglais vont supprimer la punition corporelle.

principe élémentaire de résolution des conflits ou d'inculcation d'un ordre : la violence physique entre individus est loin d'avoir disparue, même de nos sociétés occidentales (elle peut même être de règle dans certains États), mais la loi la sanctionne et elle reste marginale. Sur le plan collectif, la discipline l'emporte, c'est-à-dire le contrôle des activités humaines au sein d'un emploi du temps et de l'espace, une ritualisation rigoureuse des usages du corps et de la parole sous l'égide d'un règlement strict. Les positions institutionnelles des individus orientent les comportements et canalisent en principe le débordement des énergies.

FIN DES USAGES « PÉDAGOGIQUES » DE LA DOULEUR

En France, dans les écoles primaires, un arrêté de 1887, reformulé en 1922, stipule que « les seules punitions dont l'instituteur puisse faire usage sont : les mauvais points, la réprimande, la privation partielle de récréation, la retenue après la classe sous la surveillance de l'instituteur et l'exclusion temporaire. Il est absolument interdit d'infliger aucun châtiment corporel aux élèves[17] ». Le *Code Soleil*, ouvrage de législation et de morale professionnelle propose aux instituteurs une philosophie première qu'il leur incombe de mettre à l'œuvre dans leurs classes : « Le maître s'efforcera de suggérer et non d'ordonner, de convaincre chaque enfant qu'en obéissant à la " règle du jeu scolaire ", il joue son rôle dans l'organisation, la bonne tenue, la discipline de la classe. Dès lors cette participation ne lui apparaîtra plus comme une contrainte désagréable, mais comme une tâche qu'il aura librement acceptée et qu'il remplira avec joie parce qu'on lui en a expliqué le sens et démontré l'utilité[18] ».

Cependant les usages, noyés dans la banalité de relations sociales souvent rudes, ne se soucient guère de la générosité de textes imprégnés d'une vision toute positive de l'enfance. Des peines corporelles demeurent longtemps vivaces de manière sporadique jusqu'aux années 1960, surtout dans les classes du primaire. Les oreilles ou les cheveux tirés, les coups de règle sur les doigts, les gifles et les fessées égrènent leur longue litanie à l'encontre de l'enfant. Homéopathie de la douleur qui part du principe que, pour éviter à l'enfant une souffrance plus sérieuse à l'âge d'homme, il importe

---

17. Bernard Douet, *Discipline et punition à l'école*, Paris, PUF, 1987, p. 30.

18. *Code Soleil, le livre de l'instituteur*, Paris, Sudel, édition de 1978, p. 36.

déjà de lui montrer ce qu'il en coûte de s'écarter du droit chemin. Une infusion moindre de douleur vise à prévenir le heurt bien plus redoutable dans ses conséquences de l'adulte qu'il va devenir avec les règles sociales. « C'est pour ton bien », affirme le père ou la mère après la fessée infligée à l'enfant : « Qui aime bien, châtie bien ». On connaît la réflexion amère de Jules Vallès : « Ma mère apparaît souvent pour me prendre par les oreilles et me calotter. C'est pour mon bien ; aussi, plus elle m'arrache de cheveux, plus elle me donne de taloches, et plus je suis persuadé qu'elle est une bonne mère et que je suis un enfant ingrat[19] ». Les enseignants laïques qui punissent par la douleur physique ou la pression morale restent fidèles à leur insu à une vision culturelle de l'enfance associant celle-ci à l'inachèvement, à l'impureté, au mal. De même les élèves moins brillants, témoignant d'une autre conception des valeurs scolaires, qui punissent le bon élève par des brimades répétées à la récréation[20].

Peut-on éduquer en s'appuyant sur la violence ? Si nos sociétés ont parfois cédé à la raison du plus fort, nous avons vu que de grands pédagogues n'ont cessé d'en dénoncer le principe. Aujourd'hui l'enseignant essaie de diluer son pouvoir en autorité, c'est-à-dire en reconnaissance par l'enfant de ses compétences et de la valeur de sa personne. La pédagogie est mieux fondée à s'instaurer sur une confiance réciproque qui prépare l'enfant à l'exercice de la citoyenneté, donc à des rapports de sens et de valeur, à la discussion argumentée plutôt qu'à des rapports de force. L'égale dignité des hommes est bafouée quand un enseignant tire profit de ses moyens physiques pour s'imposer à des enfants. L'enseignement par la terreur n'est qu'une préparation à celle que risque de mettre en œuvre l'enfant en grandissant. L'école privilégie maintenant l'accompagnement de l'enfant sur un chemin d'éducation et elle s'efforce par l'exemple et le débat d'amener les élèves à se situer en partenaires à l'intérieur du lien social[21].

---

19. Jules Vallès, *L'enfant*, Paris, Livre de poche, 1972, p. 12. On se souvient de la terrible dédicace de cet ouvrage paru pour la première fois en 1879 : « À tous ceux qui crevèrent d'ennui au collège ou qu'on fit pleurer dans la famille, qui, pendant leur enfance, furent tyrannisés par leurs maîtres ou rossés par leurs parents, je dédie ce livre ».
20. Sur les usages sociaux de la douleur nous renvoyons à D. Le Breton, *Anthropologie de la douleur*, Paris, Métailié, 1999 (1995).
21. Voir à ce propos Denis Jeffrey, *La morale dans la classe*, Les Presses de l'Université Laval, 1999.

7

Le sens de la punition dans Le Livre de la jungle de Kipling

Claude Simard

La punition est une question centrale en éducation, car elle pose tout le problème de la relation entre l'enfant et l'adulte. Ce n'est pas seulement une technique dont on pourrait se contenter de mesurer l'efficacité à l'aide de recherches empiriques. Les données statistiques s'avéreraient bien insuffisantes pour appréhender un acte aussi chargé de sens.

Pour étudier la punition, on peut l'envisager sous l'éclairage de diverses disciplines instituées telles que l'histoire, la philosophie, l'éthique, la sociologie ou l'anthropologie. Mais il s'offre d'autres moyens d'interprétation tout aussi adéquats, qui relèvent davantage de la pensée symbolique. Il s'agit des récits qui, à travers leurs personnages, leurs situations imaginaires, leurs images, traduisent comment les hommes vivent, pensent, aiment, haïssent, récompensent et punissent. On oublie souvent aujourd'hui en éducation de se référer aux textes littéraires de peur de s'éloigner de la scientificité. Ces récits sont pourtant riches d'enseignement ainsi que je voudrais le montrer en analysant des extraits du *Livre de la jungle*[1], un des grands récits sur l'éducation de l'enfant.

Mais avant d'aborder l'œuvre de Kipling, j'essaierai de faire voir pourquoi en éducation la punition est l'objet d'attitudes extrêmes, d'éloge ou d'hostilité. Je tenterai également de démêler

---

1. Rudyard Kipling, *Œuvres II, Le livre de la jungle*, traduction de Philippe Jaudel, Paris, Gallimard, coll. Bibliothèque de La Pléiade,1992. Voir aussi Charles Carrington, *Rudyard Kipling : His Life and Work*, London, Macmillan, 1955, et Pierre Coutillas, « Introduction, Chronologie et Avertissement », dans R. Kipling, *Œuvres*, Paris, Gallimard, coll. Bibliothèque de La Pléiade, 3 tomes, 1988.

le champ lexical de la punition afin de clarifier les différents mots qui y sont associés.

LES CONCEPTIONS DE L'ENFANT ET DE L'ÉDUCATION SOUS-JACENTE

Ainsi que Douet[2] le souligne, la position que l'on adopte face à la punition en éducation dépend en bonne partie de la conception que l'on se fait de l'enfant et de son développement. Deux courants idéologiques s'opposent au point de paraître irréconciliables.

Le premier courant se rattache à l'« école traditionnelle », celle que Foucault[3] a comparée à la prison. Il peut être qualifié d'autoritaire et d'adultocentrique. L'enfant, naturellement insouciant et peu porté au travail, n'a pas le sens des responsabilités et est ignorant de tout. Il doit se soumettre docilement à l'autorité de l'adulte qui a la mission de le former et de l'instruire, certains diront de le dresser. L'école contrôle et surveille minutieusement le temps et l'espace dans lequel évolue l'élève. Pour assurer le maintien d'un climat d'ordre, l'adulte fait régner une discipline de fer et inflige impitoyablement au jeune délinquant des punitions allant de la copie à la fessée.

Le deuxième courant dérive de la modernité. On peut le caractériser de libéral et de pédocentrique. Développée avec les Lumières, cette conception a été plus ou moins partagée par les éducateurs du XIXe siècle puis a atteint son apogée avec les divers mouvements de la pédagogie ouverte du XXe siècle. Espoir de l'humanité, l'enfant possède en lui tout le potentiel pour devenir un être bon, savant et responsable. L'adulte n'a pas à lui imposer son autorité ni son savoir. Il doit plutôt agir auprès de lui comme un guide lui permettant, dans un climat de compréhension mutuelle, d'actualiser ses ressources personnelles. Sur le plan du comportement, l'éducateur mise sur la discussion avec l'enfant et s'efforce de le convaincre du bien-fondé des règles organisant la vie en commun. L'enfant comprend ainsi la loi, la fait sienne et s'autodiscipline. Dans ce contexte, l'usage de la punition paraît condamnable, car elle ne ferait que brimer et traumatiser l'enfant.

---

2. Bernard Douet, *Discipline et punitions à l'école*, Paris, Presses universitaires de France, 1987.

3. Michel Foucault, *Surveiller et punir. Naissance de la prison*, Paris, Gallimard, 1975.

Très souvent, lorsqu'il est question de punition, les gens pensent en fonction seulement de ces deux positions radicales, comme s'il ne pouvait pas y avoir de solutions intermédiaires. Ainsi le journal *La Presse*, pour annoncer le thème de notre colloque, titrait à la une, dans son édition du lundi 15 mai 2000 : « Entre la *strap* et l'enfant-roi ». Cette forte polarisation conduit à mythifier la punition, à la fétichiser d'un côté ou au contraire à la stigmatiser de l'autre. On la défend ou on la condamne sans nuance et sans appel. Le débat devient ainsi vite stérile, l'argument ayant cédé la place au dogme.

LE CHAMP LEXICAL DU MOT *PUNITION*

Le nom *punition* évoque un réseau de mots très large. Il est lié au nom *sanction* dans un rapport de spécifique à générique. Au sens courant, une sanction est le plus souvent une peine infligée en cas d'infraction, mais le mot *sanction* n'a pas toujours un sens négatif et peut renvoyer aussi à une récompense prévue pour assurer le respect de la loi. La punition, elle, est essentiellement une sanction négative. Le caractère désagréable, voire pénible, de la punition constitue en effet un de ses traits définitoires fondamentaux. Une punition cause du déplaisir. Un autre sème de base renvoie au fait qu'une punition est infligée à quelqu'un qui a commis une faute par quelqu'un d'autre investi d'une certaine autorité. Si la punition s'exerce sur soi-même, le mot se transforme et devient *autopunition*.

Le mot *punition* est aussi associé au mot *peine*, terme polyvalent et général employé dans divers domaines, particulièrement dans le vocabulaire juridique du droit pénal. En droit, une peine peut être plus ou moins sévère et correspondre à une amende, une confiscation, un emprisonnement ou une exécution.

Le terme *pénitence* est un autre nom uni au mot *punition*. Mais il possède un caractère surtout religieux et désigne une peine qu'un confesseur inflige ou qu'un pénitent s'inflige pour expier un péché. Il peut avoir cependant une plus grande extension ; on trouve par exemple des emplois comme *mettre un enfant en pénitence*.

La punition sportive est généralement appelée *pénalité*. Mais ce nom n'est pas toujours utilisé à propos des sports puisqu'il peut s'appliquer à une amende imposée par l'administration. On peut par exemple devoir payer *une pénalité pour retard de paiement de l'impôt*.

Châtiment est un synonyme de *punition* qui a à la fois un sens plus fort et une connotation plus soutenue. Un châtiment est une peine sévère généralement à caractère corporel. On parle en effet souvent de *châtiment corporel*. Le mot *correction* renvoie plus spécifiquement à un châtiment corporel donné à un enfant.

Du mot *châtiment* on passe à celui de *supplice*, qui désigne une peine physique très douloureuse que la justice pouvait infliger jadis à un condamné. Les bourreaux se sont montrés très inventifs dans l'art et le vocabulaire des supplices. La lexique français distingue entre autres le bûcher, le crucifiement, la décollation, l'écartèlement, l'écorchement, l'empalement, la flagellation et la lapidation.

Dans le milieu de l'éducation, particulièrement au Québec, le mot *conséquence* remplace souvent le mot *punition*. Cet euphémisme, qui découle d'une velléité de rendre l'enfant plus responsable de ses actes, masque la réalité en confondant l'effet entraîné par un geste et l'évaluation que peuvent en faire des personnes en autorité. Quand un élève intimide et brutalise un de ses camarades de classe, la conséquence de son acte n'est pas la sanction qu'il risque d'encourir, mais bien l'état de trouble et de peur dans lequel il plonge l'autre enfant ainsi que le climat de violence qu'il instaure au sein de l'école. La sanction qui vient condamner le caractère répréhensible de l'acte commis s'appelle bel et bien une *punition*.

Enfin, le nom *punition* est assimilé à tort au mot *sévices*. Il n'en est nullement le synonyme, car une punition n'est pas en soi immorale, alors que des sévices représentent des mauvais traitements que l'on fait subir injustement à quelqu'un qu'on a sous son autorité ou sous sa garde. Les sévices font partie des abus tout comme les brimades, les vexations et les humiliations. Pour bien poser le problème de la punition, il faut nettement faire cette distinction entre le terme *punition*, qui n'a aucune connotation illicite, et le terme de *sévices*, qui inspire au contraire le mépris.

QUELQUES REPÈRES SUR KIPLING ET SUR *LE LIVRE DE LA JUNGLE*

Rudyard Kipling est un des écrivains britanniques les plus célèbres dont l'œuvre aux thèmes et aux modes d'écriture multiples constitue un cas très particulier et très original dans la littérature. Fils de l'ère victorienne, il est né à Bombay en 1865 et est mort à Londres en 1936. Sa production abondante compte principalement des nouvelles et des poèmes. Kipling est en effet d'abord un nouvelliste-poète (Coustillas, 1988). L'écrivain connut le succès dès la parution de ses premières œuvres vers l'âge de 25 ans, et cette notoriété le suivit jusqu'à la mort aussi bien dans les pays anglo-saxons qu'ailleurs dans le monde. L'Académie de Suède lui décerna le prix Nobel de littérature en 1907.

Kipling est souvent considéré comme un écrivain conservateur prônant le devoir et la discipline, et chantant la grandeur de l'impérialisme britannique. Cette réputation de droite lui a valu des attaques acerbes de nombreux détracteurs. En fait, comme l'ont montré son biographe Ricketts[4] et le critique Léaud[5] (1958), la personnalité et la pensée de Kipling sont beaucoup plus riches et plus ambiguës. Une foule de Kipling coexistent : l'individualiste d'élite et le conformiste, l'anglo-indien fasciné par l'Inde et l'impérialiste tory, l'artiste novateur et le chauvin entêté. L'art de Kipling est ainsi hybride. C'est également, selon Tadié[6], « un art de la surface » c'est-à-dire un art s'intéressant moins à l'analyse psychologique ou philosophique qu'à la fable, qu'aux descriptions précises et qu'à l'action. En effet, c'est avant tout à travers la narration que Kipling communique son message.

Le Livre de la jungle a été publié en 1894 et il a été suivi, dès 1895, du *Second Livre de la jungle*. L'ouvrage reçut un accueil très favorable qui n'a jamais fléchi depuis. Tout le monde connaît le personnage du jeune Mowgli vivant dans la jungle indienne. La réputation de l'œuvre a été entretenue par les nombreuses adaptions cinématographiques auxquelles elle a donné naissance, particulièrement par les versions de Walt Disney (le dessin animé de 1967 et le film de 1998), qui accusent cependant des différences formelles et idéologiques assez marquées par rapport à l'original. Le scoutisme a contribué également à la diffusion du *Livre de la jungle*, car son fondateur, Baden-Powell, s'est inspiré largement des personnages, des valeurs et des rituels de l'histoire de Mowgli.

Les deux *Livres de la jungle* comportent quinze nouvelles dont huit seulement forment le cycle de Mowgli, trois dans le premier livre et cinq dans le second. Les autres nouvelles se passent dans des lieux divers (du Grand Nord en Inde) et mettent en scène toutes sortes de personnages (un phoque blanc, une mangouste, un

---

4. Harry Ricketts, The Unforgiging Minute : A Life of Rudyard Kipling, London, Pimlico, 2000.

5. Francis Léaud, *La poétique de Rudyard Kipling. Essai d'interprétation générale de son œuvre*, Paris, Didier, 1958.

6. Alexis Tadié, « Introduction, notes, bibliographie et chronologie », dans R. Kipling, *Le livre de la jungle*, Paris, GF-Flammarion, 1994.

éléphant, etc.). Le cycle de Mowgli fait donc partie d'un ouvrage composite dont l'hétérogénéité est accentuée par le fait que même la série de Mowgli ne respecte pas l'ordre chronologique. En effet, l'action de la deuxième nouvelle, « La Chasse de Kaa », a lieu avant certains événements de la première. Cette structure hétérogène est typique de l'art de Kipling, qui était davantage un nouvelliste soucieux de se concentrer sur un moment fort qu'un romancier épris d'amplitude et de continuité.

Le Livre de la jungle commence par trois histoires sur l'enfant-loup. Dans la première, Mowgli est recueilli par les loups puis renvoyé chez les hommes ; dans la seconde, l'enfant est enlevé par les singes ; le troisième récit narre le retour de Mowgli parmi les hommes et sa victoire sur son ennemi juré, le tigre Shere Khan. Mon analyse portera sur deux extraits tirés de la deuxième nouvelle. La traduction choisie[7] est celle de Philippe Jaudel dans la collection La Pléiade.

ANALYSE DES EXTRAITS CHOISIS

Le cycle de Mowgli se prête à diverses interprétations tant ses thèmes et ses symboles sont polysémiques. La quête de Mowgli peut d'abord être vue comme ontologique. Le petit enfant-loup cherche son identité, déchiré entre l'animalité et l'humanité : il veut appartenir à la jungle, mais il est différent de ses compagnons d'adoption ; il possède les traits des hommes, mais il ignore tout d'eux et s'en méfie. L'histoire de Mowgli se lit aussi comme une fable pédagogique : elle raconte comment l'enfant perdu apprend à vivre dans la jungle à l'aide des leçons de ses maîtres tutélaires, mais surtout à travers les expériences et les aventures qui se succèdent au cours de sa croissance. L'œuvre a également une portée politique : elle montre le rôle pacificateur et structurant de la loi face à la violence de la nature ; sans la loi, la société se désagrège et l'exercice de la liberté devient impossible faute de règles poliçant les relations entre les individus. Enfin, le récit de Mowgli charme par son caractère épique : le jeune Mowgli, comme ses amis Baloo, Bagheera, Akela, prend la stature d'un héros doté d'une force et d'un courage exceptionnels ; il incarne l'énergie inépuisable de la vie.

7. Cette version présente certaines différences par rapport à la première traduction française (1899) de Louis Fabulet et Robert d'Humières, qui a été reprise dans l'édition de la maison GF-Flammarion en 1994.

Les extraits ci-annexés correspondent respectivement au début et à la fin de « La Chasse de Kaa ». Ils présentent tous les deux des scènes de punition, mais dans des circonstances et avec une signification fort différentes.

Le récit s'ouvre sur un dialogue entre l'ours Baloo et la panthère Bagheera au cours duquel Baloo décrit à la panthère l'éducation qu'il donne au petit homme. Il lui dit qu'en cas d'indiscipline de l'enfant il n'hésite pas à le corriger. Bagheera, « qui aurait gâté Mowgli si elle avait pu agir à sa guise », invite son ami à plus de douceur. L'ours appelle Mowgli pour faire voir à Bagheera les progrès de son élève. L'enfant, qui vient de recevoir une « taloche » de son maître, arrive, maugréant contre Baloo. Mais il accepte volontiers de réciter les maîtres mots de la jungle, « ravi de faire montre de son savoir ». Il avoue ensuite avoir parlé aux bandar-log et les avoir trouvés sympathiques, car les singes lui auraient promis qu'il deviendrait leur chef. Furieux devant l'étourderie de leur protégé, Baloo et Bagheera mettent en garde Mowgli contre le peuple stupide et irresponsable des bandar-log. Sur ces entrefaites, le petit homme se fait enlever pas les singes, qui l'amènent dans une ville abandonnée au fond de la forêt. Au prix de combats intenses et au péril de leur vie, Baloo et Bagheera, aidés par le serpent Kaa, parviennent à libérer leur « petit frère ». À cause de l'imprudence de Mowgli, Bagheera lui inflige un châtiment corporel comme le stipule la loi puis le reconduit paisiblement dans la tanière familiale.

Dans le premier extrait, la punition soutient l'enseignement-apprentissage. Baloo, le « docteur de la loi », donne une correction à Mowgli quand celui-ci n'apprend pas bien ses leçons. L'ours se justifie en soutenant que l'apprentissage de la loi de la jungle est vital pour le petit homme : sans cette connaissance, il se heurterait à toutes sortes de malheurs et risquerait constamment de se faire tuer par l'un ou l'autre des animaux de la forêt :

> Un petit d'homme est un petit d'homme et il doit apprendre toute, je dis bien toute, la loi de la jungle. [...] Y a-t-il dans la jungle un seul être trop petit pour se faire tuer ? Non. C'est pourquoi je lui apprends tout cela et c'est pourquoi je le frappe, très doucement, lorsqu'il oublie.

Si Baloo croit aux vertus pédagogiques de la punition pour forcer son élève à bien étudier, Mowgli ne l'entend pas du tout de cette façon. Les corrections que lui inflige le gros ours paraissent à ses yeux imméritées, ce qui déclenche chez lui mauvaise humeur et insolence vis-à-vis de son maître :

J'ai la tête qui bourdonne comme un arbre à abeilles », dit une petite voix maussade au-dessus de leurs têtes, et Mowgli se laissa glisser le long d'un tronc d'arbre, indigné, hors de lui, et ajouta, quand il eut touché le sol : « C'est pour Bagheera que je viens, pas pour toi, vieux Baloo bedonnant. »

La punition utilisée de cette façon pour inciter l'élève à l'étude est vue par certains pédagogues comme illicite, car « un élève qui ne fait pas les travaux demandés ou qui commet des erreurs parce qu'il ne travaille pas suffisamment ou qu'il est simplement étourdi ne porte tort à personne d'autre qu'à lui-même, Or, dans le droit [...], nul ne peut être poursuivi et sanctionné pour des actes qui ne portent tort qu'à lui-même[8] ». La punition ne se défendrait donc que dans le cas seulement d'un acte portant préjudice à quelqu'un d'autre. À l'école, ne doit-on recourir à la punition pour sanctionner que les comportements sociaux déviants des élèves (copiage, impolitesse, agressivité, brutalité, etc.) et non leurs habitudes de travail ? Voilà une question qui mérite débat. Il s'agit ici bien sûr des élèves négligents qui ne s'appliquent pas, qui bâclent ou remettent en retard leurs devoirs ou qui n'étudient pas suffisamment, et non de ceux qui, malgré des efforts continus, réussissent mal à l'école à cause de difficultés d'apprentissage irrépréhensibles en soi. À l'encontre des tenants de la position de Defrance, on pourrait objecter que l'élève exerce une forme de métier et que de ce point de vue il est tenu à respecter certains normes de travail comme dans tous les domaines professionnels. Un ouvrier, un avocat, un médecin, qui fait mal son travail sera sanctionné. Pourquoi l'élève qui n'assume pas bien ses tâches d'apprentissage ne pourrait-il pas être sanctionné, lui aussi ?

Le deuxième partie du premier extrait porte sur les bandar-log, le peuple singe. Ce passage est très important pour bien comprendre l'idée que se fait Kipling de la loi et de l'organisation sociale, et pour saisir la gravité de la faute commise par Mowgli en frayant avec les singes. Les bandar-log symbolisent le chaos, l'anarchie et l'inanité. Contrairement à la majorité des habitants de la jungle qui vivent selon sa loi et qui ainsi s'acceptent mutuellement, les bandar-log sont un « peuple sans loi ». Ils ne se soumettent à aucune règle gouvernant les rapports entre les êtres. Ils n'ont pas de mémoire qui fixe et transmet les valeurs d'une génération à

8.	Bernard Defrance, *Sanctions et discipline à l'école*, Paris, Syros, 1993, p. 94.

l'autre. Ils ne se donnent aucun projet et n'éprouvent même aucun « désir précis ». Ils se suffisent du plaisir de l'instant un peu comme les jeunes désœuvrés de la rue et les punks d'aujourd'hui[9]. Les bandar-log sont des « parias » rejetés par les autres animaux.

> « Écoute, petit d'homme », dit l'ours, et sa voix gronda comme le tonnerre par une nuit de grande chaleur. « Je t'ai enseigné toute la loi de la jungle pour tous les peuples de la jungle, sauf la gent simienne qui vit dans les arbres. Les singes n'ont pas de loi. Ce sont des parias. Ils n'ont pas de langue à eux, mais se servent des mots dérobés qu'ils entendent par hasard lorsqu'ils nous écoutent et nous épient, là-haut, aux aguets dans les branches. Ils ne font pas comme nous. Ils n'ont pas de chefs. Ils ne se souviennent de rien. Ce sont des hâbleurs, des bavards, qui se donnent pour un grand peuple sur le point d'accomplir de grandes choses dans la jungle, mais la chute d'une noix suffit à les distraire en les faisant rire, et tout est oublié. Nous autres de la jungle n'avons jamais affaire à eux. Nous ne buvons pas où boivent les singes ; nous n'allons pas où vont les singes ; nous ne chassons pas où ils chassent ; nous ne mourons pas où ils meurent ».

Pour Kipling, la loi qu'ignorent les bandar-log garantit à l'individu la liberté et le respect des autres, et surtout endigue l'arbitraire et la violence.

Dans le second extrait, la punition s'applique au comportement de Mowgli. En se laissant enlever par les bandar-log, le petit d'homme a mis la vie de ses deux protecteurs en danger. Ceux-ci ont dû livrer de durs combats pour délivrer leur ami et ont reçu plusieurs blessures. En outre, ces deux chasseurs renommés à travers la jungle, particulièrement la panthère Bagheera, ont dû souffrir le déshonneur de demander l'aide du serpent Kaa.

> [...] il nous a coûté cher : en temps que nous aurions pu consacrer à chasser profitablement, en blessures reçues, en poils arrachés (j'ai l'échine à moitié pelée) et, enfin, en honneur perdu. Car rappelle-toi, Mowgli, que moi, la panthère noire, j'ai dû appeler Kaa à l'aide [...]. Et tout cela, petit d'homme, parce que tu as joué avec les *bandar-log*.

Une fois le danger passé, malgré leur joie d'avoir retrouvé sain et sauf leur jeune compagnon et malgré les regrets bien sincères de Mowgli, Baloo et Bagheera rappellent qu'aux termes de la loi une punition doit être administrée parce que le mal a été fait. Kipling insiste pour dire que l'affectivité ne doit jamais affaiblir la sanction ni en altérer la portée. Baloo et Bagheera aiment beaucoup Mowgli,

---

9. Denis Jeffrey « Émeute, violence postmoderne et culture punk », manuscrit.

mais leur amour ne les empêche pas de sévir devant la gravité de l'inconduite de Mowgli. L'enfant, contrit, avoue qu'il « a mal agi » et, contrairement à l'attitude rebelle qu'il affichait dans le premier extrait, il accepte sans discuter la punition, car il la sait « juste ». De part et d'autre, chez le punisseur comme chez le puni, la loi est comprise et respectée :

> « C'est vrai ; c'est vrai, dit Mowgli, affligé. Je suis un méchant petit d'homme et je me sens plein de tristesse au ventre.
>
> – Hum ! Que dit la loi de la jungle, Baloo ? »
>
> Baloo ne souhaitait pas attirer à Mowgli de nouveaux ennuis, mais il ne pouvait pas détourner la loi ; aussi marmonna-t-il : « L'affliction ne peut en aucun cas faire surseoir au châtiment. Mais rappelle-toi, Bagheera, il est tout petit.
>
> – Je me le rappellerai ; mais il a fait le mal, et le moment est venu de lui administrer des coups. Mowgli, as-tu quelque chose à dire ?
>
> – Non. J'ai mal agi. Baloo et toi, vous êtes blessés. La punition est juste ».

Bagheera, qui au début critiquait pourtant Baloo de punir Mowgli, administre elle-même le châtiment à Mowli, son protégé adoré, qui le reçoit bravement « sans dire mot ». Même si Bagheera tape Mowgli, il ne faut pas en déduire que j'approuve les châtiments corporels. Au contraire, tout comme les autres personnes qui ont collaboré à ce collectif, je n'en vois pas la nécessité. Le texte de Kipling ne doit pas être lu littéralement, mais symboliquement. C'est la signification de la punition qui importe ici pour l'analyse et non sa forme concrète.

La fin de la scène illustre bien les deux fonctions essentielles de la punition. D'abord, par la punition, Mowgli efface son erreur et se réhabilite aux yeux de ses compagnons. À cette fonction réparatoire s'ajoute une fonction de ratification : la punition permet de confirmer le pouvoir de la loi et de la consacrer en tant que gardienne de l'ordre et de la paix. La peine lève la faute et rétablit la loi en faisant disparaître tout remords et toute rancune : « Une des beautés de la loi de la jungle, c'est qu'un châtiment y règle tous les comptes. Il éteint toute querelle ».

ANNEXE

LA CHASSE DE KAA

(R. Kipling, *Œuvres, II*, traduction de Philippe Jaudel, Gallimard, 1992, coll. Bibliothèque de La Pléiade)

Ier *EXTRAIT (p. 320 à 325)*

Partie A

Tout ce que nous relatons ici arriva quelque temps avant que Mowgli ne fût exclu de la bande des loups de Seeonee et ne se fût vengé de Shere Khan, le tigre. C'était à l'époque où Baloo lui enseignait la loi de la jungle. Le vieil ours brun, gros et grave, était ravi d'avoir un élève si vif, car les jeunes loups n'apprennent jamais de la loi de la jungle que ce qui s'applique à leur bande et tribu, et se sauvent sitôt qu'ils peuvent répéter « Le Verset du chasseur » : « Pieds qui ne font bruit ; yeux qui voient dans le noir ; oreilles qui entendent les vents du fond de leurs tanières et dents blanches acérées : qui porte tous ces signes est de nos frères, sauf Tabaqui le chacal et l'hyène que nous haïssons ». Mais Mowgli, en tant que petit d'homme, avait beaucoup plus à apprendre. Parfois Bagheera, la panthère noire, venait de son pas nonchalant à travers la jungle pour voir les progrès de son petit favori et, la tête contre un arbre, ronronnait tandis que Mowgli récitait à Baloo la leçon du jour. L'enfant savait grimper presque aussi bien qu'il savait nager, et nager presque aussi bien qu'il savait courir ; aussi Baloo, le docteur de la loi, lui apprenait-il les lois des bois et des eaux : à distinguer une branche pourrie d'une branche saine ; à s'adresser poliment aux abeilles sauvages quand il tombait sur un de leurs essaims à cinquante pieds au-dessus du sol ; ce qu'il fallait dire à Mang la chauve-souris lorsqu'il la dérangeait dans les branchages à midi ; et la façon d'avertir les serpents d'eau dans les mares avant de plonger bruyamment parmi eux. Personne, dans la jungle, n'aime à être dérangé et chacun est tout prêt à se jeter sur l'intrus. Donc Mowgli apprit aussi le cri de chasse de l'étranger, qu'un citoyen de la jungle répète à voix haute jusqu'à ce qu'il reçoive une réponse, chaque fois qu'il chasse en dehors de son territoire. Traduit, il signifie : « Donnez-moi la permission de chasser ici car j'ai faim », et la réponse est : « Chasse donc pour manger, mais non point par plaisir. »

Cela vous donnera une idée de tout ce que Mowgli devait apprendre par cœur ; et il se lassait beaucoup de répéter cent fois la même chose. Mais comme le dit Baloo à Bagheera, un jour que Mowgli avait reçu une taloche et s'était enfui furieux : « Un petit d'homme est un petit d'homme et il doit apprendre toute, je dis bien toute, la loi de la jungle.

– Mais vois comme il est menu », dit la panthère noire, qui aurait gâté Mowgli si elle avait pu agir à sa guise. « Comment peut-il se mettre dans sa petite tête tous tes longs discours ?

– Y a-t-il dans la jungle un seul être trop petit pour se faire tuer ? Non. C'est pourquoi je lui apprends tout cela et c'est pourquoi je le frappe, très doucement, lorsqu'il oublie.

– Doucement ? Sais-tu seulement ce qu'est la douceur, vieux Pied-de-Fer ? grommela Bagheera. Tu lui as couvert tout le visage de bleus aujourd'hui, avec ta... douceur. Beuh !

– Mieux vaut pour lui d'être couvert de bleus de la tête aux pieds par moi qui l'aime que de s'attirer un malheur par son ignorance », répondit Baloo d'un ton très convaincu. « Je suis en train de lui apprendre les maîtres mots de la jungle qui doivent le protéger auprès des oiseaux, du peuple serpent et de tout ce qui chasse à quatre pattes, à l'exception de sa propre bande. Il peut maintenant, pourvu qu'il veuille bien se souvenir des mots, réclamer la protection de tous les habitants de la jungle. Cela ne vaut-il pas une petite correction ?

– Peut-être, mais prends garde à ne pas tuer le petit d'homme. Ce n'est pas un tronc d'arbre où te faire tes griffes émoussées. Mais quels sont ces maîtres mots ? Je suis plus susceptible de donner de l'aide que d'en demander » (et Bagheera étira une patte de devant en admirant les griffes bleu acier, tranchantes comme un ciseau, à son extrémité). « Pourtant, j'aimerais savoir.

– Je vais appeler Mowgli pour qu'il les récite... s'il en a envie. Viens, petit frère !

– J'ai la tête qui bourdonne comme un arbre à abeilles », dit une petite voix maussade au-dessus de leurs têtes, et Mowgli se laissa glisser le long d'un tronc d'arbre, indigné, hors de lui, et ajouta, quand il eut touché le sol : « C'est pour Bagheera que je viens, pas pour toi, vieux Baloo bedonnant !

– Cela m'est bien égal », fit Baloo, quoiqu'il fût vexé et peiné. « Alors, récite à Bagheera ceux des maîtres mots de la jungle que je t'ai appris aujourd'hui.

– Les maîtres mots de quel peuple ? » dit Mowgli, ravi de faire montre de son savoir. « La jungle a beaucoup de langues, et moi je les connais toutes.

– Tu en sais un peu, mais pas beaucoup. Tu vois, ô Bagheera, ils ne remercient jamais leur maître. Pas un seul petit louveteau n'est jamais venu remercier le vieux Baloo pour ses leçons. Donne-nous donc la formule du peuple chasseur, grand savant.

– Nous sommes du même sang, vous et moi », dit Mowgli, prononçant ces mots avec l'accent ours, que prend tout le peuple chasseur.

« Bien. Celle des oiseaux à présent. »

Mowgli la récita, sans omettre le sifflet du milan à la fin de la phrase.

« Celle du peuple serpent à présent », dit Bagheera.

La réponse fut un sifflement tout à fait indescriptible, après quoi Mowgli décocha une ruade et battit des mains pour s'applaudir lui-même, puis sauta sur l'échine de Bagheera où il s'assit en amazone, tout en tambourinant des talons sur le pelage luisant et en faisant à Baloo les pires grimaces qu'il pût imaginer.

« À la bonne heure ! Cela valait bien quelques bleus », dit l'ours brun avec tendresse. « Un jour tu te souviendras de moi. » Puis il se détourna pour expliquer à Bagheera qu'il avait prié Hathi, l'éléphant sauvage, qui sait tout de ces choses-là, de lui communiquer les maîtres mots, que Hathi avait conduit Mowgli au bord d'une mare pour apprendre d'un serpent d'eau la formule des serpents parce que Baloo ne savait pas la prononcer, et que Mowgli était maintenant assez bien prémuni contre tous les accidents qui peuvent survenir dans la jungle, car ni serpent, ni oiseau, ni aucune bête à quatre pieds ne lui ferait de mal.

« Il n'a donc plus personne à craindre », conclut Baloo en caressant avec fierté la fourrure de son gros ventre.

« Sauf sa propre tribu », fit Bagheera entre ses dents ; puis, à voix haute, à l'adresse de Mowgli : « Attention à mes côtes, petit frère ! Qu'as-tu à gigoter comme cela ? »

Partie B

Mowgli essayait de se faire entendre en tirant sur la fourrure des épaules de la panthère et en la bourrant de coups de pied. Lorsque Bagheera et Baloo lui prêtèrent l'oreille, ils entendirent crier à tue-tête : « Alors j'aurai une tribu à moi et je la guiderai toute la journée à travers les branches.

– Quelle est cette nouvelle sottise, petit faiseur de rêves ? dit Bagheera.

– Oui, et nous lancerons des branches et de la crotte sur le vieux Baloo, poursuivit Mowgli. Ils me l'ont promis. Ah !

– Et vlan ! » D'un coup de sa grosse patte, Baloo jeta Mowgli à bas du dos de Bagheera et l'enfant, étendu entre les deux grosses pattes de devant, vit que l'ours était en colère.

« Mowgli, dit Baloo, tu as parlé aux *bandar-log*, le peuple singe. »

Mowgli regarda Bagheera pour voir si la panthère aussi était en colère : les yeux de Bagheera étaient durs comme des jades.

« Tu as frayé avec le peuple singe... les singes gris... le peuple sans loi, mangeur de tout. C'est une grande honte.

– Lorsque Baloo m'a meurtri la tête », dit Mowgli (il était toujours sur le dos), « je me suis sauvé et les singes gris sont descendus des arbres et m'ont pris en pitié. Personne d'autre ne s'est soucié de moi. » Il renifla quelques larmes.

« La pitié du peuple singe ! » grogna Baloo d'un air de mépris. « C'est le calme d'un torrent de montagne ! La fraîcheur du soleil d'été ! Et alors, petit d'homme ?

– Et alors... et alors ils m'ont donné des noix et de bonnes choses à manger et... et ils m'ont emporté dans leurs bras jusqu'au sommet des arbres et m'ont dit que j'étais leur frère par le sang, sauf que je n'ai pas de queue, et qu'un jour je serais leur chef.

– Mais ils n'ont pas de chef, dit Bagheera. Ils mentent. Ils ont toujours menti.

– Ils ont été très gentils et m'ont invité à revenir. Pourquoi ne m'a-t-on jamais conduit chez le peuple singe ? Ils se tiennent sur leurs pieds comme moi. Ils ne m'assènent pas de coups de patte. Ils passent toute la journée à jouer. Laisse-moi me lever ! Méchant Baloo, laisse-moi ! je veux retourner jouer avec eux !

– Écoute, petit d'homme », dit l'ours, et sa voix gronda comme le tonnerre par une nuit de grande chaleur. « Je t'ai enseigné toute la loi de la jungle pour tous les peuples de la jungle, sauf la gent simienne qui vit dans les arbres. Les singes n'ont pas de loi. Ce sont des parias. Ils n'ont pas de langue à eux, mais se servent des mots dérobés qu'ils entendent par hasard lorsqu'ils nous écoutent et nous épient, là-haut, aux aguets dans les branches. Ils ne font pas comme nous. Ils n'ont pas de chefs. Ils ne se souviennent de rien. Ce sont des hâbleurs, des bavards, qui se donnent pour un grand peuple sur le point d'accomplir de grandes choses dans la jungle, mais la chute d'une noix suffit à les distraire en les faisant rire, et tout est oublié. Nous autres de la jungle n'avons jamais affaire à eux. Nous ne buvons pas où boivent les singes ; nous n'allons pas où vont les singes ; nous ne chassons pas où ils chassent ; nous ne mourons pas où ils meurent. M'as-tu jamais encore entendu parler des *bandar-log* ?

– Non », dit Mowgli dans un murmure, car la forêt était très silencieuse, maintenant que Baloo s'était tu.

« Le peuple de la jungle les a bannis de sa bouche et de sa pensée. Ils sont très nombreux, mauvais, malpropres, impudents, et ce qu'ils désirent, si tant est qu'ils aient un désir précis, c'est se faire remarquer du peuple de la jungle. Mais nous refusons de leur prêter attention, même lorsqu'ils nous jettent des noix et des immondices sur la tête. »

À peine avait-il fini de parler qu'une grêle de noix et de brindilles crépita à travers les branches ; et des toussotements, des hurlements, des bonds rageurs se firent entendre très haut dans les airs, parmi les branches ténues.

« Le peuple singe est un peuple interdit, dit Baloo, interdit au peuple de la jungle. Souviens-t'en.

– Interdit, répéta Bagheera ; mais je pense tout de même que Baloo aurait dû te mettre en garde contre lui.

– Quoi ? je... Comment pouvais-je deviner qu'il jouerait avec pareille ordure. Le peuple singe ! Pouah ! » [...]

2ᵉ EXTRAIT (p. 343 à 345)

La lune déclinait derrière les collines et les rangs de singes tremblants, serrés les uns contre les autres sur les murs et dans les créneaux, évoquaient de vagues franges, en loques et prêtes à se détacher. Baloo descendit boire au bassin et Bagheera se mit à arranger sa fourrure, tandis que Kaa, glissant au centre de la terrasse, fermait les mâchoires avec un claquement sonore qui attira sur lui le regard de tous les singes.

« La lune se couche, dit-il. Y a-t-il encore assez de lumière pour voir ? »

Des murs parvint un gémissement pareil au vent dans la cime des arbres : « Nous y voyons, ô Kaa.

– Bien. Et maintenant, la danse va commencer, la danse de la faim de Kaa. Ne bougez pas et regardez. »

Il décrivit, à deux ou trois reprises, un grand cercle en balançant la tête de droite à gauche. Puis il se mit à faire des boucles et des huit avec son corps, des triangles mous et visqueux qui se fondaient en carrés, en pentagones, en tertres lovés, sans jamais s'arrêter, sans jamais se hâter, sans jamais interrompre le sourd fredonnement de son chant. Il faisait de plus en plus sombre et les lourds anneaux aux formes changeantes finirent par disparaître ; mais on entendait toujours le bruissement des écailles.

Baloo et Bagheera restaient figés comme des pierres, grondant du fond de la gorge, les poils de la nuque hérissés, et Mowgli regardait, frappé de stupeur.

« *Bandar-log* », lança enfin la voix de Kaa, « pouvez-vous remuer pied ou main sans mon ordre ? Dites !

– Sans ton ordre nous ne pouvons remuer ni pied ni main, ô Kaa !

– Bien ! Faites tous un pas vers moi. »

Les rangs des singes se mirent en branle, incapables de résister, et Baloo et Bagheera firent, comme eux, un pas rigide en avant.

« Plus près ! » siffla Kaa, et ils se remirent tous en mouvement.

Mowgli posa les mains sur Baloo et sur Bagheera pour les entraîner à l'écart, et les deux grands quadrupèdes tressaillirent comme s'ils avaient été tirés d'un rêve.

« Laisse ta main sur mon épaule, murmura Bagheera. Laisse-l'y, ou je serai forcé de retourner... forcé de retourner vers Kaa. Oh !

– Mais ce n'est que le vieux Kaa en train de faire des ronds dans la poussière, dit Mowgli. Allons-nous-en. » Et tous trois se faufilèrent par une brèche dans les remparts et regagnèrent la jungle.

« Wouf ! » fit Baloo, lorsqu'il se retrouva sous le calme des arbres. « Jamais plus je ne ferai alliance avec Kaa. » Et il se secoua des pieds à la tête.

« Il en sait plus que nous, dit Bagheera en tremblant. Je n'aurais pas tardé, si j'étais resté, à m'engouffrer dans son gosier.

– Beaucoup auront pris ce chemin avant le prochain lever de lune, dit Baloo. Il va faire bonne chasse... à sa façon.

– Mais qu'est-ce que tout cela signifiait ? » dit Mowgli, qui ignorait totalement le pouvoir de fascination du python. « Je n'ai rien vu de plus qu'un gros serpent occupé à faire des ronds grotesques, jusqu'à ce que l'obscurité fût tombée. Et il avait le nez tout écorché. Ah ! Ah !

– Mowgli », dit Bagheera d'un ton courroucé, « s'il avait le nez écorché, c'est à cause de toi ; de même, si mes oreilles, mes flancs, mes pattes, ainsi que le cou et les épaules de Baloo, portent des morsures, c'est à cause de toi. Bien des jours passeront avant que Baloo et Bagheera n'aient de plaisir à chasser.

– Ce n'est rien, dit Baloo ; nous avons retrouvé le petit d'homme.

– C'est vrai, mais il nous a coûté cher : en temps que nous aurions pu consacrer à chasser profitablement, en blessures reçues, en poils arrachés (j'ai l'échine à moitié pelée) et, enfin, en honneur perdu. Car rappelle-toi, Mowgli, que moi, la panthère noire, j'ai dû appeler Kaa à l'aide et que la danse de la faim nous a rendus tous deux, Baloo et moi, aussi stupides que de petits oiseaux. Et tout cela, petit d'homme, parce que tu as joué avec les *bandar-log*.

– « C'est vrai ; c'est vrai, dit Mowgli, affligé. Je suis un méchant petit d'homme et je me sens plein de tristesse au ventre.

– Hum ! Que dit la loi de la jungle, Baloo ? »

Baloo ne souhaitait pas attirer à Mowgli de nouveaux ennuis, mais il ne pouvait pas détourner la loi ; aussi marmonna-t-il : « L'affliction ne peut en aucun cas faire surseoir au châtiment. Mais rappelle-toi, Bagheera, il est tout petit.

– Je me le rappellerai ; mais il a fait le mal, et le moment est venu de lui administrer des coups. Mowgli, as-tu quelque chose à dire ?

– Non. J'ai mal agi. Baloo et toi, vous êtes blessés. La punition est juste. »

Bagheera lui appliqua une demi-douzaine de tapes affectueuses. Aux yeux d'une panthère, elles avaient à peine assez de force pour éveiller l'un de ses petits, mais pour un garçon de sept ans, c'était une correction telle que vous souhaiteriez en éviter de pareilles. Quand tout fut fini, Mowgli éternua et se releva sans dire mot.

« À présent, dit Bagheera, saute sur mon dos, petit frère, et rentrons chez nous. »

Une des beautés de la loi de la jungle, c'est qu'un châtiment y règle tous les comptes. Il éteint toute querelle.

Mowgli laissa reposer sa tête sur le dos de Bagheera et s'endormit d'un sommeil si profond qu'il ne s'éveilla même pas lorsqu'on le déposa aux côtés de mère louve, dans la caverne familiale.

8

Les visages de la punition à l'école

Adèle Chené

L'idée de réaliser une étude sur la punition à l'école nous est venue à l'occasion d'un échange sur le sujet avec deux groupes d'étudiants et étudiantes en formation des maîtres, l'un en enseignement préscolaire-primaire et l'autre en orthopédagogie. Le témoignage bouleversé de quelques étudiantes qui avaient eu l'occasion d'observer des châtiments corporels lors d'un stage en enseignement à l'étranger et la controverse qu'il a suscitée dans les deux groupes nous ont étonnés. Sachant que la violence des enseignants à l'endroit des élèves existe encore sous différentes formes, nous avons cherché à savoir pourquoi il est devenu si problématique pour des futurs enseignants d'aborder le sujet de la punition, particulièrement de la punition corporelle.

Nous limitant à l'école primaire, nous avons choisi d'aborder différents aspects de la punition à l'école, en les présentant sous forme de tableaux pour en préserver le caractère problématique. Notre souci était double : ancrer le propos dans l'expérience des futurs enseignants et voir s'il est possible aujourd'hui de conjuguer éduquer et punir. L'étude se divise en quatre parties. Dans la première partie, nous exposons l'ambiguïté entourant la punition à l'école en décrivant, à l'aide d'une douzaine d'entrevues, les réactions de futurs enseignants face aux corrections que subissent les enfants. Dans la seconde partie, nous tentons de montrer qu'au cours de l'histoire des voix se sont élevées contre la punition et ont fait valoir l'importance de la douceur, alors que d'autres ont souligné le rôle humanisant de la discipline et de la sanction. Nous consacrons la troisième partie à deux extraits littéraires mettant en scène des enfants punis à l'école afin d'exposer le pouvoir du maître sur l'élève. Enfin, la quatrième partie nous amène à réexaminer la punition scolaire à la lumière de phénomènes actuels qui ont une incidence sur l'école.

LE POINT DE VUE DE FUTURS MAÎTRES SUR LA PUNITION

La sensibilité des futurs maîtres au sujet des punitions infligées aux élèves est en partie liée à leur expérience d'élèves et de stagiaires, et elle peut être renforcée à la fois par la culture pédagogique, les pratiques sociales en cours et les valeurs dominantes. Populaire il y a cent ans, le thème « Machine à enseigner : machine à persécuter, machine à détruire[1] » n'a plus de résonance aujourd'hui et l'expérience scolaire des jeunes sur le point de terminer leur formation n'est pas celle qu'ont connue leurs parents. La punition paraît aujourd'hui perturber l'idéal de la relation pédagogique harmonieuse qu'entretiennent les futurs maîtres. Elle déclenche l'émotion, sans doute associée au rappel d'une expérience désagréable ou à un interdit ; il est difficile d'en parler et les positions sont partagées à son sujet. Si elle a déjà existé, elle n'a plus sa place en éducation, pense-t-on, du moins pas dans la culture d'ici.

Nous avons voulu savoir si la punition se rencontre toujours à l'école et si des jeunes, proches de leur expérience d'élève et sur le point d'enseigner aux enfants de l'école primaire, pensent qu'il faut punir les élèves. Pour la collecte de données, nous nous sommes adressés aux finissants en formation des maîtres et deux rencontres d'une heure ont eu lieu respectivement avec sept volontaires provenant du programme d'orthopédagogie et cinq volontaires provenant du programme en enseignement préscolaire-primaire[2]. À partir d'un questionnaire, les participants devaient d'abord décrire leur expérience d'élève puni et de témoin d'une punition infligée à un autre élève, puis exprimer leur jugement sur ces punitions. Ils de-

---

1. Ce thème a été abordé par Jules Vallès dans *L'Enfant*, d'abord paru en feuilleton (1878), puis en 1981. Voir C. Pujade-Renaud, *L'école dans la littérature*, Paris, Éditions ESF, 1986, p. 145.

2. Nous remercions de leur participation Véronique Beauvais, Geneviève Bellerose, Chantal Lanthier, Anik Rose, Christophe Snickers, Stéphanie Stever et Sophie Vincent, ainsi que Ginette Bisson, Karine Boivin, Mireille Causse, Christiane Guyonneau et Sylvie Olaechea. Tous ces étudiants ont consenti à être nommés. Nous remercions aussi Élisabeth Williams de son assistance pour les entrevues et de sa participation au dépouillement des sources bibliographiques.

vaient ensuite décrire une punition observée lors d'un stage, préciser leur réaction au moment de la punition et juger de la punition imposée par le maître. Enfin, ils devaient dire s'ils sont d'accord que les élèves soient punis et pourquoi. Par la suite, dans un échange semi-dirigé, ils devaient dire si la punition est justifiée à l'école et établir son lien avec l'autorité du maître. Tous les participants se sont interrogés sur la possibilité d'éduquer sans punir. Les échanges avec les participants ont bien sûr été enregistrés. Comme il n'y a pas de différence notable entre les données provenant des deux groupes, elles ont été traitées comme un tout. Voici les résultats.

Les participants proviennent en majorité de Montréal et des environs, quatre ont grandi en province et un en Europe. Pour la plupart, leur expérience d'élève remonte à moins de vingt ans, neuf d'entre eux ayant commencé l'école entre 1980 et 1984, un en 1971, et deux en 1969. Neuf des douze participants se souviennent avoir été punis, dont les deux qui fréquentaient une école privée. Le plus souvent les élèves ont été punis pour leur bavardage, et avec des corrections aussi différentes que le port d'un papier collant sur la bouche, la mise au piquet pendant la récréation, la retenue, la copie, l'exclusion de la classe. Les autres inconduites qui ont attiré une punition sont mâcher de la gomme, remettre un travail en retard, copier le dessin d'une autre élève, oublier ses cahiers à la maison, exprimer son désaccord au sujet d'une réprimande. Les élèves se sont soumis, mais ils se sont sentis tristes, contrariés, humiliés, furieux. Seules deux punitions sont jugées efficaces : dans le premier cas, l'élève prise en défaut de copier le croquis de sa voisine a été empêchée de continuer son dessin et, dans l'autre, celle qui avait oublié ses cahiers à la maison a dû retourner les chercher.

Dix participants sur les douze se rappellent avoir été témoins d'une punition infligée à un autre élève, principalement pour indiscipline. Celle-ci va du bavardage et de la dissipation à des comportements plus agressifs à l'endroit des autres élèves ; un seul cas n'était pas à caractère social : l'élève avait fait une erreur dans un examen, ce qui a été puni par une copie. Quatre des dix punitions étaient corporelles : faire porter une sucette à l'élève, le mettre au piquet dans la classe ou dans le corridor, le tirer par les oreilles hors de la classe et le mettre à genoux dans le coin. Un élève qui s'était battu avec un autre a été suspendu de l'école. Un autre, inattentif et dissipé, a été réprimandé et retenu en classe pour réaliser des travaux supplémentaires. Cette dernière punition est jugée aujourd'hui tout à fait acceptable par la future enseignante, car elle permettait à l'enfant de reprendre son retard. La suspension l'est aussi parce qu'elle mettait un terme à un comportement agressif excessif et réaffirmait l'obligation de respecter les règles. Dans un seul cas rapporté, le maître a rétabli la communication avec un élève puni pour avoir renversé un pupitre, lui donnant ainsi une occasion de comprendre son inconduite et d'accepter le blâme.

Tous les participants ont rapporté un cas de punition au cours de leurs trois années d'expérience comme stagiaires dans les classes. Leurs observations fournissent des indications sur les pratiques punitives actuelles[3]. À part une expérience vécue en Afrique, toutes les observations proviennent de milieux de l'école québécoise publique, surtout dans la ville et la banlieue de Montréal. Quelques inconduites ont à voir avec les exercices scolaires ; par exemple, l'élève ne travaille pas bien en équipe ou, ce qui est plus fréquent, il n'a pas fait son devoir. Mais la plupart des comportements entraînant une sanction sont à caractère socio-affectif : insolence à l'endroit du maître, défi des règles, agitation ou violence à l'endroit des camarades. Les punitions sont avant tout expiatoires et, dans l'ensemble, ne sont pas approuvées par les futurs maîtres qui n'ont cependant qu'exceptionnellement manifesté leur désaccord dans le contexte du stage. Le retrait du groupe est la punition la plus fréquemment utilisée, après quoi vient la retenue. En général les punitions ont peu de rapport avec la faute ; le maître envoie l'élève chez le directeur, il lui impose une copie, lui retire de l'argent scolaire, le met au piquet les bras en l'air, lui fait même laver les vitres pour avoir dérangé les autres. Ont été jugées appropriées les deux punitions suivantes : retirer temporairement du groupe celui qui ne travaille pas bien en équipe, réprimander l'enfant qui a déchiré une page du *Livre des records Guinness* à la bibliothèque, le retenir pendant les récréations pour rédiger une composition sur le sujet et lui faire payer les dommages, en plus d'avertir les parents. Lorsque la punition ne permet pas à l'enfant de comprendre ses gestes ou ne lui apprend pas à changer son comportement, elle est jugée par les futurs maîtres sans valeur éducative.

---

3. Au terme d'une enquête menée en France en 1988, à laquelle ont participé près de 250 enseignants de maternelle et de primaire, et un peu plus de 300 enfants, B. Douet arrive à cette conclusion : « D'une part, les textes officiels interdisent à peu près toutes les pratiques punitives, et de l'autre la réalité du terrain montre au contraire la persistance d'un usage très répandu de la punition à l'école », B. Douet, 1989. « Les punitions à l'école. », *Quand et comment punir les enfants ?* dirigé par J. Bergeret, J.-C. Chanseau, C. Chiland *et al.*, Paris, ESF, 1989, p. 130.

Les participants ne sont pas tout à fait au clair sur ce qu'on entend par punir un élève. La punition est souvent associée au châtiment corporel, mais elle consiste aussi à « retirer des privilèges » à un élève ou à lui imposer « quelque chose de désagréable pour arrêter un comportement ». Les punitions dont ils se souviennent, telles que frapper l'enfant sur les mains, le prendre par les cheveux ou par les oreilles, le gifler, ne se rencontrent généralement plus, mais, même si l'exclusion du groupe ou la mise au piquet dans le corridor sont moins spectaculaires, elles ont aussi leur part de contrariété, voire de contrainte physique. Certes, les remontrances demeurent, mais l'humiliation de l'élève en classe est plus rare. On entend encore cependant des commentaires dénigrants ou blessants comme « t'es ben pas bon » ou « t'as pas encore compris ».

Les participants pensent que la classe est un milieu normé comme tout milieu social ; l'enfant doit apprendre à respecter les règles établies et tout écart doit être signalé. Si l'avertissement ne suffit pas à ramener l'élève à l'ordre, le maître peut recourir à la punition, à la condition toutefois qu'elle soit en lien avec la faute. Il peut retenir un enfant après la classe pour lui faire terminer les devoirs qu'il n'a pas remis à temps, mais il ne peut corriger un élève insolent en lui faisant laver les pupitres ; la copie est considérée inefficace, ce qui ne serait pas le cas d'une rédaction sur le comportement fautif qui forcerait l'élève à réfléchir sur les conséquences de son acte, par exemple. Le maître, appuyé en cela par la direction de l'école, peut en toute légitimité imposer une punition quand les règles ont été précisées au départ, car il a la responsabilité de sa classe et il lui revient de faire respecter ces règles. En plus d'être en lien logique avec la faute, la punition doit aussi être calibrée en fonction de l'élève. Les futures enseignantes préfèrent parler de conséquence et de sanction plutôt que de punition, terme qui, selon elles, a une résonance trop sévère. Quoique la punition, comme la récompense d'ailleurs, soit un pis-aller, punir et éduquer ne sont pas incompatibles. En revanche, un participant a exprimé que la punition ne se justifie guère à l'école, qu'elle est toujours négative et qu'elle est plutôt le signe de la faiblesse de l'enseignant et de l'organisation scolaire. Selon ce futur enseignant, la maîtrise de soi-même est essentielle à la construction de la personne, le rôle de l'éducateur est de faire prendre conscience à l'enfant de ses actions et de lui donner les moyens de se former. Cette intention éducative ne peut s'appuyer sur des privations ou des sentiments désagréables, bref, éduquer et punir sont incompatibles.

Se rappelant leurs premières années d'école primaire, les futurs maîtres sont d'opinion que les élèves sont aujourd'hui plus portés à défier le maître, qu'ils sont « moins bien élevés » et qu'il y a un laisser-aller dans les conduites. Le maître ne jouit plus d'un pouvoir exclusif que lui auraient délégué les parents ; il est l'acteur d'un système complexe de prise en charge de l'enfant hors de la famille. Les monitrices de garderie, les enseignants, les surveillants et les gardiennes imposent aux jeunes enfants des règles très variables, sans que soit assurée une cohérence entre les interventions. En conséquence, les enfants s'adaptent aux personnes plus qu'ils n'intériorisent une norme qui fait consensus. L'absence de consensus autour de la norme laisse entière aux enseignants la responsabilité d'établir les règles dans leur classe et de trouver les moyens de les faire respecter.

De cette modeste recherche exploratoire, il ressort que la punition existe toujours à l'école. Si on ne frappe plus les enfants, les punitions corporelles comme la mise au piquet les bras en l'air n'ont pas été complètement éliminées, mais elles ont généralement été remplacées par le retrait surtout. Interdite à l'école dans ses formes corporelles, la punition tend aussi à être évacuée du discours pédagogique pour être remplacée par l'euphémisme à connotation cognitive de « conséquence logique ». Le contrôle des écarts se donne de la sorte une justification rationnelle ; à l'abri de l'arbitraire, la sanction s'impose comme étant dans l'ordre des choses.

La plupart des futurs maîtres entretiennent un rapport inquiet et ambigu à la punition ; ils pensent qu'il faudrait s'en passer, qu'elle est parfois nécessaire, et ils ne sont jamais sûrs qu'elle soit juste et efficace. Avant tout, ils misent sur la qualité de leur relation avec les enfants pour assurer le respect des règles établies dans la classe. Quoique la relation avec les enfants soit centrale à l'enseignement, cette attitude montre à quel point l'investissement affectif de la relation pédagogique est devenu important pour la régulation des comportements. Cela n'est pas sans risque évidemment, surtout que l'incertitude au sujet des normes prévaut. S'il s'avérait que leur conduite était interprétée sous le mode amour-désamour, les enfants seraient en quelque sorte prisonniers de la demande affective du maître et de leur propre besoin d'amour.

QUELQUES ÉLÉMENTS DE DÉFINITION ET D'HISTOIRE

On convient en sciences sociales qu'il y a punition quand une personne impose délibérément une privation ou une expérience désagréable à une autre personne, à la suite d'une action jugée mauvaise, posée en connaissance de cause et intentionnellement. Cette mauvaise action peut résulter de la violation d'une règle ou d'un ordre, ou encore d'une inaction. Il est présumé que les deux parties considèrent que la punition est désagréable et que l'acte qui l'a provoquée est punissable[4]. La punition sert à exprimer un blâme lorsque la règle précisant l'ordre établi par une instance légitime n'a pas été respectée. Le contexte est nécessaire à la compréhension des pratiques punitives car, si celles-ci visent à réguler les comportements, les valeurs qui justifient les règles de conduite autant que les formes acceptables et tolérables de punition changent avec les époques et les mentalités.

L'histoire de la punition à l'école témoigne de l'évolution des représentations sociales de l'enfance. Tant que l'on a pensé que « la folie est ancrée au cœur de l'enfant, [et que] le fouet bien appliqué l'en délivre » (*Proverbes*, 22, 15), les châtiments corporels paraissaient justifiés contre l'indocilité des écoliers. Au Moyen Âge entre autres, les éloges du caractère de l'enfant ont été rarissimes et l'on sait que le fouet servait au maître autant que les livres ! Les formes de punitions pratiquées à l'école et leur degré de violence sont également liés aux pratiques punitives auxquelles on a eu recours aux différentes époques pour maintenir l'ordre social.

Aujourd'hui on a peine à discuter ouvertement de la punition scolaire, du fait qu'on a tendance à l'associer aux châtiments corporels alors que ce type de punition a plus ou moins disparu. Cependant, les stratégies déployées par les maîtres pour imposer l'autorité dans la classe et l'obéissance font resurgir les débats. À l'école, la privation de récréation, la retenue après la classe, la mise au piquet, les réprimandes diverses, la mise à l'écart ou l'exclusion temporaire, l'envoi chez le directeur, la copie ou le travail supplémentaire font toujours partie du répertoire des punitions, comme nous avons pu le voir. Une enquête menée il y a une dizaine d'années en France[5] montre que les punitions humiliantes, par exemple placer un élève dans une posture inhabituelle et ridicule en l'immobilisant ou en le mettant à genoux, ou les impositions caricaturales, par exemple clore la bouche du bavard avec un ruban adhésif, étaient à peu près disparues au dire des maîtres, mais pas d'après les élèves. Par contre, les

---

4. D. L. Sills, *International encyclopedia of the Social Sciences,* New York, The Macmillan Company & Free Press, Vol. 13, article « Punishment », 1968, p. 217 (traduction).

5. B. Douet, *op. cit.,* p. 127-138.

pratiques punitives des maîtres les plus répandues se voulaient en lien avec l'action ou l'omission fautives, par exemple faire refaire son devoir à l'élève ou lui faire nettoyer ses dégâts[6].

De telles pratiques portent l'intention de développer un comportement responsable chez l'élève et elles sont par certains considérées comme des mesures éducatives et non comme des punitions, même si elles sont désagréables. Selon la position de Chiland, « la punition comport[e] nécessairement une connotation de lutte de pouvoir, d'humiliation, de non-reconnaissance d'un sujet ou d'une personne en l'enfant[7] ». Ce trait vient en quelque sorte s'ajouter à l'expression d'un blâme qui définit la punition, comme on l'a vu plus haut. Dans le passé, la pensée pédagogique a été sensible à ce trait particulier et a dénoncé les pratiques punitives abusives exercées par le maître d'école sur les enfants. Il s'est trouvé des personnes qui ont fait valoir l'importance de la douceur dans l'éducation des enfants ; il s'en est trouvé aussi qui, tout en exposant le rôle humanisant de la discipline, voire de la punition, ont montré que ce n'est pas sur elle qu'on peut fonder la conduite des enfants. Érasme et Kant nous serviront à illustrer ces deux positions.

Pour Érasme, éduquer et punir sont tout à fait incompatibles. Ce grand humaniste reconnaissait l'individualité de l'enfant et réprouvait sans nuances les pratiques punitives de son époque. Il condamnait les maîtres « adonnés au bâton », « ces bourreaux ignares mais gonflés de l'orgueil d'une science imaginaire, ces êtres à l'humeur chagrine, ces ivrognes, ces brutes qui frappent pour le seul plaisir et dont la nature est évidemment si bestiale qu'ils tirent une volupté des tourments d'autrui[8] ». Il a rapporté qu'enfant il avait été touché par les doux conseils de son maître et que l'expérience d'une punition gratuite l'avait presque fait mourir de douleur. Au cœur de sa pensée pédagogique, il y a l'idée que l'homme est par nature disposé au bien et que cette disposition, implantée à la naissance, se développe sans heurt avec des maîtres efficaces. Les éducateurs peuvent compter sur l'aptitude de l'enfant à apprendre ce qui est ensei-

---

6. Les résultats de cette recherche peuvent valoir pour notre milieu, si l'on se fie aux participants de la présente recherche.

7. J.-C. Bergeret, C. Chanseau *et al.*, *Quand et comment punir les enfants ?*, Paris, ESF, 1989, p. 139.

8. Érasme, *De l'éducation des enfants* [1529], dans Margolin, J.-C., *Érasme, Declamatio de pueris statim ac liberaliter instituendis*. Étude critique, traduction et commentaire, Genève, Droz, 1966, p. 428.

gné et, dès son plus jeune âge, ils doivent s'engager à exercer les capacités qu'il possède en lui. Les maîtres d'école qui se livrent à des châtiments corporels sur de jeunes enfants ne sont pas pour Érasme des éducateurs : « La première tâche du maître, c'est de se faire aimer ; puis un sentiment apparaît progressivement, non de terreur mais de respect spontané, qui a plus d'efficacité que la crainte[9] ». Si le maître donne très tôt à l'enfant de bons exemples à imiter et si sa méthode est bonne, cet enfant, quels que soient ses penchants, acquerra de la discipline et n'aura pas à être corrigé pour sa mauvaise conduite. L'éducateur amène donc l'enfant à choisir le bien de son propre mouvement plutôt que par crainte du châtiment ; bref, il pratique avec lui la liberté.

Kant pour sa part n'a pas écarté la punition de l'éducation, tout en ayant des réserves à son égard. Dans son *Traité de pédagogie*[10], il soutient que l'homme est en soi bon par nature. Il est promis à la perfection à sa naissance parce que sa raison le rend digne d'humanité, mais il a aussi un attrait pour ce qui satisfait ses instincts égoïstes et intéressés. L'éducation fait œuvre d'humanisation dans la mesure où elle permet à chacun de tirer de lui-même « toutes les qualités naturelles qui appartiennent à l'humanité[11] ». Commencée dès le plus jeune âge, cette éducation comporte les soins prodigués aux nourrissons, la discipline imposée à l'élève et l'instruction de l'écolier. La discipline qui protège l'enfant de sa rudesse et lui fait sentir la contrainte de la loi doit s'apprendre de bonne heure : « Ainsi, par exemple, on envoie d'abord les enfants à l'école, non pour qu'ils y apprennent quelque chose, mais pour qu'ils s'y accoutument à rester tranquillement assis et à observer ponctuellement ce qu'on leur ordonne, afin que dans la suite ils sachent tirer à l'instant bon parti de toutes les idées qui leur viendront[12] ». Cette discipline est négative dans la mesure où elle empêche l'enfant de revenir à un état animal ; par contre, l'instruction est le versant positif de l'éducation, car elle rend l'élève capable d'agir d'après les maximes du bien et non seulement par habitude ou pour éviter les menaces et les punitions. Par ailleurs, la punition peut être utile dans l'éducation à l'obéissance, nécessaire selon Kant. Avec ses petits devoirs, l'enfant se prépare aux tâches de la vie adulte, celles-ci

---

9. *Ibid.*, p. 424.

10. Kant., I., *Traité de pédagogie*, Paris, Hachette, 1981.

11. *Ibid.*, p. 35-36.

12. *Ibid.*, p. 36.

requérant pour la plupart plus que l'inclination. Il doit donc apprendre à obéir, et « toute transgression d'un ordre chez un enfant est un manque d'obéissance, qui entraîne une punition[13] ». La meilleure punition est morale, par exemple « lorsqu'on humilie l'enfant, qu'on l'accueille avec une froideur glaciale[14] » ; par contre, la punition physique consiste à refuser à un enfant ce qu'il désire ou à lui infliger une peine et il faut en user avec grande précaution. De plus, « il faut renoncer à former jamais par ce moyen un bon caractère. Mais au commencement la contrainte physique peut tout au plus amener le jeune enfant à réfléchir[15] ». Une éducation à la liberté par la contrainte est problématique, cela va de soi ; pour Kant, si la punition peut servir à empêcher les abus et à garder l'enfant de ses penchants égoïstes, la responsabilité de l'éducateur est avant tout de former l'esprit de l'enfant aux maximes pour faire advenir ce qu'il a de meilleur en lui.

On peut s'étonner que les pratiques punitives aient toujours existé dans les écoles même si elles ont été décriées et si la réflexion des éducateurs s'est systématiquement élevée contre elles. Celles qu'ont connues les écoles primaires du Québec jusqu'à la réforme des années 1960 s'inspiraient en bonne partie de la tradition des petites écoles françaises du XVIIᵉ siècle. Depuis l'éclosion au XVIᵉ siècle du protestantisme qui valorisait la lecture des Écritures, les pays touchés avaient été peu à peu acquis à l'idée d'une école pour les enfants du peuple, mais les ressources matérielles pour assurer l'engagement des maîtres compétents ont longtemps fait cruellement défaut. Dans le mouvement de la réforme catholique qui a suivi, des petites écoles pour le peuple ont été mises sur pied, en France entre autres, le plus souvent par des communautés religieuses enseignantes auxquelles s'associaient parfois des congréganistes. Le renouveau religieux et social était central à la mission de ces écoles pour garçons ou pour filles et il s'accompagnait d'une volonté d'encadrement social, comme en témoigne en 1664 Marie Guyart, venue en Nouvelle-France pour y instruire les filles : « Il n'y en a pas une qui ne passe par nos mains et cela réforme toute la colonie et fait régner la religion et la piété dans tous les foyers[16] ».

---

13. *Ibid.*, p. 70.

14. *Ibid.*

15. *Ibid.*, p. 71.

16. Cité par D. Deslandres, « Le rayonnement des Ursulines en Nouvelle-France. » *In Les religieuses dans le cloître et dans le monde des origines à nos jours.* Actes du Deuxième

L'enseignement de la religion et des premiers éléments de lecture et d'écriture n'allait pas sans discipline et celle-ci pouvait être plus stricte pour les filles, que l'on voulait former à la piété, à la douceur et à une certaine « affabilité et politesse toujours inséparables de la vraie charité[17] ».

On comprend que la docilité des élèves ait été recherchée par les éducateurs, et qu'elle soit devenue plus impérative quand la fréquentation des petites écoles s'est généralisée et que les maîtres ont eu la charge de groupes de plus d'une centaine d'enfants. En effet, s'ils instruisaient les élèves individuellement, comment pouvaient-ils garder leur autorité sur le groupe et, s'ils s'adressaient au groupe, comment pouvaient-ils capter l'attention de tous et assurer leur coopération ? La pédagogie des Jésuites a été exemplaire en matière de discipline et a largement influencé la pédagogie du XVIIe siècle, mais elle a aussi eu ses détracteurs : « Le correcteur [...] ne s'en prend aux fesses, que parce qu'il les regarde comme le canal, ou le véhicule le plus propre à transmettre promptement et fidèlement à l'esprit tout le bien qu'on a en vue de lui faire passer[18] ». Les traités pédagogiques du XVIIe siècle s'appliquent à organiser les punitions, à les mesurer aux fautes et à préciser la manière de les administrer. On recherchait avant tout la soumission de l'élève, condition *sine qua non* de l'éducation. Les peines corporelles telles que les coups de baguette sur les doigts pour faire étudier sur-le-champ, les coups de verges sur les mains, l'isolement, l'humiliation publique étaient des moyens redoutables mis à la disposition des maîtres, encore qu'ils devaient en user avec modération et précaution, ainsi que le recommandait Jean-Baptiste de La Salle[19]. Les maîtres étaient incités au discernement et prévenus des excès possibles, les traitements devant être infligés avec un sentiment chrétien. C'était la position de Marguerite Bourgeoys, venue à Ville-Marie en 1650 pour y instruire les filles : « Quand il faut user

Colloque international du Centre européen de recherches sur les congrégations et ordres religieux (CERCOR), Saint-Étienne, Publications de l'Université de Saint-Étienne Poitiers, France, 1994, p. 885-899..

17. S. Poissant, *Marguerite Bourgeoys*, Montréal, Bellarmin, 1982, p. 35.

18. Cité par P. Giolitto, *Abécédaire et férule. Maîtres et écoliers de Charlemagne à Jules Ferry*, Paris, Imago, 1986, p. 291, tiré du *Mémoire historique sur l'orbilianisme et les correcteurs des jésuites*, Genève, 1763. Dès 1762, Rousseau avait stigmatisé l'éducation jésuite.

19. B. Grosperrin, *Les petites écoles sous l'Ancien Régime*. Rennes, Ouest-France, 1984, p. 110.

de correction, dit-elle, l'on doit beaucoup se modérer et avoir Dieu présent[20] ». Cependant, selon les témoignages, les pratiques punitives dans les petites écoles ont parfois manqué de retenue, elles ont continué d'avoir cours même si on les condamnait et après qu'on les eut interdites[21].

L'extériorité des punitions corporelles infligées aux enfants détourne l'attention des punitions morales, telle l'humiliation apportée par l'échec à maintenir sa place au banc d'honneur, jugées en général beaucoup plus efficaces par les pédagogues que le *genouiller* ou la férule. Au XVIIe siècle, on définissait la punition comme « tout ce qui est capable de faire sentir aux enfants la faute qu'ils ont faite, tout ce qui est capable de les humilier, de leur donner de la confusion et de servir par là de remède pour l'expiation de ce qu'ils ont fait de mal, ou de préservatif pour l'avenir[22] » Cet accent mis sur la fonction expiatoire a été largement critiqué dans la tradition humaniste, dont la pédagogie consistait à faire tendre l'enfant vers un idéal, un modèle meilleur et plus fort que lui, et supposait malgré tout une obéissance stricte. Tous ces éléments du passé imprègnent encore la culture pédagogique ; on continue de penser qu'il faut rappeler l'élève à l'ordre si nécessaire et disposer de moyens pour ce faire, mais on a abandonné les certitudes qui autorisaient le maître à le contraindre pour qu'il devienne meilleur. Néanmoins, l'évolution des mentalités a fait que, considérant que l'on parviendrait à convenir d'un sens à donner à la « valeur spirituelle », la consigne formulée au début du siècle par Foerster[23] ferait aujourd'hui largement consensus, bien que, comme nous l'avons vu plus haut, certaines pratiques y font exception :

> [...] on prendra soin de donner au châtiment une valeur spirituelle en faisant intervenir les idées de repentir et de réparation de façon à bannir complètement la notion brutale d'expiation. On choisira par conséquent la nature de la punition de telle sorte qu'elle constitue pour l'écolier un exercice dans le domaine même où il a été trouvé en défaut.

---

20. M. Bourgeoys, *Les écrits de Mère Bourgeoys : Autobiographie et testament spirituel,* Montréal, Congrégation de Notre-Dame, 1964, p. 284.

21. Par exemple, en 1787, les châtiments physiques sont interdits par le IXe chapitre général des Frères des écoles chrétiennes « vus les inconvénients de cette espèce de correction ». Voir Grosperrin, *op. cit.*, p. 113.

22. Cité par P. Giolitto, *op. cit.*, p. 292, tiré de Martel-Guffroy, *Conduite de l'instituteur primaire.*

23. F.-W. Foerster, *L'école et le caractère,* Tr. P. Bovet, Paris, Delachaux et Niestlé S.A., 1945, 1909, p. 162.

DES HISTOIRES D'ENFANTS PUNIS À L'ÉCOLE

Ceux dont l'expérience scolaire remonte à plus de quarante ans se rappellent certainement de scènes plus ou moins dramatiques de punitions à l'école. N'étaient pas rares au Québec les coups de règle sur les doigts pour les pâtés ou les jambages maladroits, le martinet pour guérir du bavardage, ou, encore, la volée derrière la tête pour une quelconque offense. Généralement, les punitions ont laissé des souvenirs plus vifs que les fautes qui les ont provoquées. Elles étaient aussi plus douces pour les filles que pour les garçons. L'élève n'avait pas le choix de se soumettre ou de se soustraire au traitement du maître, qu'il lui paraisse juste ou non. Les parents ou même un autre maître pouvaient aussi différer d'avis sur le traitement.

Dépositaire des contenus culturels, la littérature a le pouvoir de ramener notre passé à la mémoire et de placer notre présent en perspective. Comme premier exemple de scènes d'enfants punis à l'école, nous présentons un extrait du roman naturaliste d'Albert Laberge intitulé *La Scouine*[24], paru en feuilleton à partir de 1903, et qui raconte l'histoire d'une famille vivant à Beauharnois entre 1853 et 1900. Cet extrait nous reporte à la fin du siècle dernier et nous renseigne sur le comportement qui pouvait mériter une punition à l'enfant, le type de punition en vigueur ainsi que la réaction qu'elle pouvait provoquer :

> Corinne, la petite Galarneau, la plus dissipée de la classe, avait été encore plus agitée que d'habitude, et la maîtresse, à bout de patience, après lui avoir fait baiser la terre, l'avoir fait mettre à genoux, puis debout sur le banc, lui avait administré cinq coups de martinet sur chaque main.
>
> Corinne avait pleuré pendant une heure, puis le midi étant allée dîner à la maison, à un demi-arpent de l'école, s'était plainte à sa mère. Celle-ci, d'un caractère violent, était devenue furieuse et avait apostrophé l'institutrice surveillant les élèves dans la cour. Elle lui avait lancé une bordée d'injures et de menaces. Pour terminer, elle avait troussé sa jupe par derrière et, d'un large geste de mépris, avait montré à la jeune fille un panorama qui avait scandalisé les enfants. Pâle de rage, la maîtresse était demeurée muette sous l'insulte infamante[25].

---

24. A. Laberge, *La Scouine*, Montréal, Presses de l'Université de Montréal, 1986, 1918.

25. *Ibid.*, p. 91-92.

Les raisons ont ici allure de déraison et s'expriment sans ambages. Excédée par la turbulence de son élève, la maîtresse recourt aux coups, son autorité étant d'abord signifiée par l'imposition d'un geste et d'une posture d'humiliation. En revanche, le blâme et l'indignation de la mère atteignent l'autorité de la maîtresse par son geste de mépris. La punition corporelle infligée à la fillette est réprouvée par la mère et délégitimée par son irrespect, également exprimé de manière corporelle. Déplacée hors de la classe et en dépit de son caractère fruste, l'affrontement est ici résolu à l'avantage de la mère. L'aventure de Corinne fournit une occasion d'affirmer la réprobation de la punition corporelle et la préséance de l'autorité familiale sur celle de la maîtresse d'école.

Dans le même roman d'Albert Laberge, un autre incident de punition corporelle valut le renvoi après une semaine de Mlle Léveillé, la petite demoiselle « si gentille dans sa robe bleue ». Les punitions répugnaient à Mlle Léveillé mais, devant l'obstination de la Scouine à ne pas étudier sa leçon, elle finit par se fâcher et retint l'élève après la classe. Puis :

> Le lendemain, ce fut bien autre chose. Lorsque vint le moment de réciter, trois élèves prétendirent avoir perdu leur catéchisme. Les choses se gâtaient. Mlle Léveillé crut qu'il fallait sévir. Elle envoya les trois coupables étudier à genoux. Une fois de plus, elle appela la Scouine devant elle et l'interrogea sur la grammaire.
>
> – C'est pas dans mon livre.
>
> – Tant pis alors. C'est fini de badiner. Tendez la main.
>
> Et la petite demoiselle blonde saisit son martinet.
>
> À cet ordre, la Scouine se mit à crier et à gémir comme si on l'eût martyrisée.
>
> – Tendez la main, commanda la maîtresse.
>
> La Scouine, une expression d'épouvante sur la figure, présenta le bout des doigts, le poignet collé contre la cuisse. Ses genoux tremblaient. Lorsqu'elle vit venir le coup, elle retira le bras et la lanière de cuir ne rencontra que le vide.
>
> – Tendez la main, clama la maîtresse.
>
> La Scouine se tordit, redoublant ses cris de détresse. C'était une plainte aiguë qui s'envolait par les fenêtres.
>
> [...]
>
> Au troisième coup, la Scouine s'élança hors de la maison, jetant des cris encore plus perçants. Elle s'enfuit en faisant entendre des lamentations terrifiantes. Elle hurlait comme si on eût cherché à l'assassiner.
>
> [...]

À sa mère alarmée, elle raconta que la maîtresse lui avait donné douze coups de martinet sur chaque main. Mâço partit immédiatement. Elle arriva comme une furie et, devant tous les élèves, fit une scène terrible à l'institutrice, l'accablant de mille injures. Elle lui déclara que si elle avait dorénavant le malheur de battre ses enfants, elle aurait affaire à elle[26].

La Scouine refusait systématiquement d'étudier la grammaire et l'histoire, et de lire le *Devoir du Chrétien*. Ni le rappel de Mlle Léveillé ni la retenue n'avaient gagné sa coopération. Dans l'ordre des moyens, il restait le martinet. Cependant il aurait fallu compter sur l'appui de la famille et de la communauté, ce qui n'était pas assuré à une époque où l'école n'était pas obligatoire et pouvait venir en second après les impératifs de la vie à la campagne. D'ailleurs, la retenue de la Scouine après la classe, par exemple, avait été contestée par la mère qui avait besoin de sa fille pour aller chercher les vaches au champ.

Signes de son impuissance devant le châtiment annoncé, mais aussi devant le sérieux des exercices scolaires, les cris de la Scouine font pourtant renverser la situation à son avantage. La punition est évaluée en fonction du témoignage exagéré de l'enfant plutôt que des coups de l'institutrice, le martinet fait l'objet de réprobation générale et l'action de frapper une élève est sanctionnée par la décision irrévocable des commissaires :

> Le samedi, l'un des commissaires alla voir Mlle Léveillé et lui dit que pareille chose ne pouvait être tolérée. Il comprenait qu'il était bon d'instruire les enfants, qu'on pouvait les réprimander, les punir même, mais non les tuer de coups. Il ajouta que tous les parents révoltés demandaient sa démission[27].

Les pratiques punitives exposées dans le roman d'Albert Laberge sont fidèles à la tradition séculaire des petites écoles. La mise en scène de la punition corporelle de Corinne et de la Scouine fait bien ressortir deux espaces de tension : entre la volonté de l'élève et celle l'institutrice, entre l'autorité de l'institutrice et celle de la mère et de la communauté. Autant l'institutrice est impuissante à obtenir la soumission de l'enfant, autant elle est réduite à l'impuissance par les parents. Paradoxalement, tous se défendent de la punition et personne n'écarte la possibilité d'y recourir. Au

---

26. *Ibid.*, p. 110-111.
27. *Ibid.*

bout du compte, la pratique répressive a fait perdre à l'institutrice ses appuis dans la communauté[28] et s'est retournée contre elle.

L'intransigeance et la dureté d'un maître de discipline ou d'une directrice d'école ont pu à l'occasion pousser très loin la punition des élèves, comme on le voit dans le roman de Michel Tremblay intitulé *Thérèse et Pierrette à l'école des Saints-Anges*[29]. L'histoire se passe à l'école des Saints-Anges du Plateau Mont-Royal dans les années 1950. Il faut garder le silence dans les escaliers et le bavardage de Pierrette lui a attiré une punition avec une pointe de condescendance de la part de la directrice : « Vous ferez votre prière à genoux, ce matin, et comptez-vous chanceuse que je ne sévisse pas plus sévèrement ! »[30], lui a-t-elle dit.

Mère Benoîte des Anges était redoutée :

> [...] on avait souvent vu des fillettes sortir de chez la directrice complètement défaites, en larmes, tremblantes et parfois même les mains meurtries. Les coups de règle de la directrice étaient tristement célèbres dans toute la paroisse mais personne n'avait jamais osé intervenir tant l'autorité de la directrice était définitive[31].

Or, un jour, la petite Simone Côté, devenue plus jolie suite à l'opération sans doute coûteuse de son bec-de-lièvre, est interpellée par la mère Benoîte des Anges en colère, parce qu'elle n'a pas payé un renouvellement d'abonnement. L'insinuation culpabilisante ne donnant pas l'effet recherché, les invectives et les menaces parviennent enfin à terroriser l'enfant :

> Sortez de cette pièce immédiatement, petite effrontée ! Disparaissez de ma vue avant que je vous étouffe ! Insolente ! Je vais appeler votre mère et nous verrons bien si des pauvres ignorants de la rue Fabre réussiront ainsi à rire d'une directrice d'école ! Si vous n'apportez pas cet après-midi les deux dollars que vous nous devez, vous n'entrerez pas à l'école ! Vous avez compris ? Et vous passerez vos examens de fin d'année une autre année[32] !

Détruite, Simone s'évanouit et son effondrement retire à la directrice son pouvoir sur elle.

---

28. Le curé ne s'est pas davantage rangé de son côté.
29. M. Tremblay, *Thérèse et Pierrette à l'école des Saints-Anges*, Montréal, Leméac, 1980.
30. *Ibid.*, p. 28.
31. *Ibid.*, p. 29.
32. *Ibid.*, p. 38.

Michel Tremblay met dos à dos la simplicité fragile de la petite Simone (que vont transporter les anges dans son délire) et la répression orchestrée de mère Benoîte des Anges (surnommée mère Dragon du Yable), et ceci, dans une école difficilement perméable à la contestation, parce qu'elle est tenue par des religieuses enseignantes, elles-mêmes liées par l'obéissance. Non seulement le mal infligé est excessif, mais il atteint la fillette dans sa personne. D'ailleurs, mère Benoîte des Anges est méprisée autant que redoutée des élèves, et évitée autant que critiquée des autres religieuses enseignantes.

Il n'y a pas de commune mesure entre les punitions infligées aux écolières fictives ; Corinne et la Scouine ont été frappées selon le régime de punition de l'école et après avoir été prévenues, Simone a été terrorisée, mais surtout humiliée dans sa personne, et en conséquence d'une faute fantasmée plutôt que réelle. Corporelles et administrées publiquement, les punitions de Corinne et de la Scouine ont pu être dénoncées sur-le-champ. Mais comment Simone pouvait-elle se déprendre d'une interprétation accusatrice et se défendre de paroles menaçantes adressées en privé ? Ces scènes font douter que les punitions puissent avoir un quelconque effet positif, par exemple que l'enfant consente à être tranquille ou à étudier. Le traitement infligé à Simone expose la perversité dont un adulte peut faire preuve à l'égard d'un enfant. La punition des enfants fournit aussi une occasion d'établir, à cinquante ans d'intervalle, les rapports de force entre la famille et l'école. Dans le premier cas, la norme doit être endossée par la famille qui protège l'enfant, c'est la communauté qui a autorité sur l'école. Dans le second cas, le pouvoir de l'école paraît absolu, avec une directrice d'école qui menace de faire appel à la mère contre l'enfant ; sa violence dépasse infiniment celle du martinet.

Ces histoires de punitions scolaires sont fictives, mais elles sont vraisemblables pour leur époque. Elles suscitent des questions sur lesquelles la réflexion pédagogique s'est toujours penchée. Elles montrent que les pratiques punitives sont difficiles à éradiquer, comme l'a soutenu Ormezzano[33] : « Nos intellectualisations éducatives bien pensantes autour d'une éducation sans peur ni sanctions résistent mal à nos pulsions inconscientes. Restent alors parfois

---

33. J. Ormezzano, « Histoire de martinets ». *Quand et comment punir les enfants ?*, sous la direction de J. Bergeret, J.-C. Chanseau, C. Chiland *et al.* Paris, ESF, 1986, p. 65-81.

l'absence de communication, la parole de non-amour, la privation de plaisir ou même l'explosion de violence non contrôlée, les cris chargés d'injures culpabilisées. Peut-on occulter sa violence fondamentale[34] ? »

RÉEXAMEN DE LA PUNITION SCOLAIRE DANS LE CONTEXTE ACTUEL

Pourquoi les maîtres entretiennent-ils une mauvaise conscience à l'endroit des punitions scolaires, même si les pratiques punitives existent toujours ? La punition a-t-elle un rôle à jouer à l'école ? Les mesures coercitives ont toujours semblé nécessaires à la transmission des valeurs d'une société et les institutions y ont veillé dans leurs domaines respectifs. Des sanctions supposent en effet un ordre à respecter avec des valeurs qui le fondent et une vigilance à exercer. Certes, l'institution scolaire a son espace propre, mais elle est aussi traversée par les changements qui affectent la société et les valeurs qui y circulent. Nous nous proposons dans cette dernière partie de réexaminer la punition scolaire en considérant trois phénomènes qui ont des incidences sur l'école : les transformations de la famille, la violence scolaire et l'élargissement de l'espace pédagogique.

Les transformations de la famille. Pour des raisons multiples et complexes, le régime familial s'est transformé depuis une génération et, selon l'analyse de Roussel[35], il s'est centré sur la réalisation du bonheur des conjoints. Deux modèles familiaux sont apparus selon deux types d'alliance du couple : la famille fusionnelle qui vise à maintenir la qualité des relations affectives et la famille de type contractuel qui vise à maximiser les gratifications. Dans les deux modèles, l'enfant est devenu le pourvoyeur de bonheur. Pour la famille fusionnelle, cet enfant est le miroir dans lequel le couple trouve l'expression de son amour ; pour la famille contractuelle, il est le partenaire qui apporte à ses parents la certitude d'être aimés par lui. Dans le premier modèle, les parents auront tendance à maintenir l'enfant en situation de dépendance affective et auront du mal à s'opposer à ses désirs ; dans le second, l'enfant aura son

---

34. *Ibid.*, p. 79.

35. L. Roussel, « L'enfant dans la famille incertaine », *Les droits de l'enfant : quelle protection demain*, sous la direction de A. Jacob, A., Paris, Lierre et Coudrier, 1990, p. 233-249.

propre territoire et les parents auront tendance à faire des concessions ou à manipuler l'enfant pour se le concilier. Quel que soit le modèle de famille, il s'ensuit que l'enfant est rarement placé devant une autorité ferme de la part de ses parents.

La transformation de la famille est aussi liée à la condition postmoderne : « L'idéologie répressive en éducation a été abandonnée. Ce qui prime [...], c'est le repli des obligations sur le réseau restreint, là où les relations sont principalement affectives[36] ». En conséquence de cette situation, on peut faire l'hypothèse que la recherche de l'harmonie relationnelle se retrouvera à l'école et sera très importante pour les enseignants de l'école primaire. N'est-ce pas en effet par le truchement de la relation avec leurs élèves que les futurs maîtres nous ont dit compter faire respecter l'ordre dans la classe ? Citant Payet, Debarbieux va jusqu'à dire : « On préfère aimer, et punir n'est plus " naturel " en éducation, c'est une pratique honteuse, cachée, un travail " sale " que les éducateurs laisseraient volontiers à d'autres[37] ». Le bien-être de la classe commande donc la plus grande douceur. Cette préséance de l'affectif qui fait du maître un parent pour l'élève, sinon peut-être un autre enfant qui partage avec lui le plaisir du jeu[38], entraîne une difficulté à composer avec les transgressions ou avec les sanctions, surtout qu'il n'y a plus de représentations claires de ce qui est bon pour l'enfant, et de ce qui n'est pas négociable.

La violence scolaire. La montée de la violence en milieu scolaire est devenue depuis quelques années un phénomène des plus préoccupants. L'incivilité, c'est-à-dire ces « petites atteintes à la sécurité[39] » qui viennent désorganiser l'école et se répercutent sur la

---

36. É. Debarbieux, « Le professeur et le sauvageon. Violence à l'école, incivilité et postmodernité », *Revue française de pédagogie*, 123, avril-mai-juin 1998, p. 14.

37. *Ibid.*

38. Non seulement l'enseignant serait comme un parent pour l'élève, mais il arrive aussi qu'il cherche à revivre son enfance avec les élèves. Selon une étude projective menée par Caglar auprès de futurs orthopédagogues, il « s'identifie non pas à l'élève en situation d'apprentissage ou à l'élève en butte à des difficultés scolaires, mais à l'élève heureux de se livrer à des activités uniquement récréatives se déroulant hors classe, à l'*élève ludique* », H. Caglar, « Motivations et choix vocationnel de l'enseignant en enfance inadaptée. Étude à travers le dessin de l'école réelle et de l'école imaginaire. » *Être un enseignant. Un métier impossible ?*, Paris, Harmattan, 1999, p. 375.

39. Debarbieux, 1998, *op. cit.*, p. 15, précise que le concept d'incivilité est technique et provient de la criminologie américaine. Ce concept permet d'attirer l'attention sur les petites atteintes à la sécurité qui mènent à la délinquance et les

communauté plus large, est sans doute liée à une multitude de facteurs, mais on peut se demander s'il n'y a pas un rapport entre l'adoucissement de la discipline à l'école et l'accroissement des atteintes contre l'ordre de la classe. Alors que les maîtres souhaitent l'instruction réussie et la socialisation harmonieuse de leurs élèves, le bien-être tant recherché dans la classe est contrecarré par l'agressivité des élèves à leur endroit, quand ce n'est par la violence des enfants entre eux. L'indiscipline contrevient fondamentalement à l'instauration de l'ordre à l'école et remet en question le sens même des pratiques pédagogiques. L'école se voit aujourd'hui forcée de repenser son ordre, les règles à établir et les manières de les faire respecter. Elle doit avant tout s'appliquer à favoriser chez les jeunes l'intériorisation des normes et l'exercice de la responsabilité. À cet égard, il lui incombe de se reconnaître et de s'imposer comme un espace public, transitionnel pour l'enfant, entre la famille et la société des adultes, où, conséquemment, la relation pédagogique est ordonnée à ce qu'il y a de meilleur en elle pour l'éducation de l'enfant, c'est-à-dire le respect de chacun et la confiance en l'avenir.

L'élargissement de l'espace pédagogique. On peut dire que le XXᵉ siècle a été celui de la pédagogie. Depuis les expérimentations du mouvement de l'École nouvelle jusqu'à celles, plus récentes, du cognitivisme ou du socio-constructivisme, les mécanismes du comportement et les interactions sociales, autant que l'apprentissage et le développement de l'enfant, ont été l'objet d'une grande attention. La pédagogie traditionnelle, basée sur l'obéissance, l'effort et le travail a été détrônée en faveur d'une approche centrée sur les intérêts de l'enfant. Cette nouvelle approche paraissait plus prometteuse pour l'instruction des classes populaires et le maintien de la démocratie ; elle mettait à contribution les nouvelles connaissances psychologiques pour exercer un contrôle sur l'élève sans brimer sa liberté. Petit à petit, l'idéologie dominante en éducation s'est dissociée du modèle pédagogique traditionnel. Désormais, « le professeur ne doit plus se limiter à la transmission mais doit gérer le développement social, cognitif et affectif de l'élève[40] ».

petites victimisations qui peuvent conduire un quartier, voire une école à la violence. Il peut servir à des stratégies de prévention, mais il faut se garder des dérives possibles d'une généralisation de la notion.

40. J.-P. Petinarakis, F. Gentili et D. Sénore, *La discipline est-elle à l'ordre du jour ?*, Lyon, CRDP, 1997, p. 43.

Chez nous le rôle de l'enseignant est généralement demeuré traditionnel jusqu'aux années 1960, c'est-à-dire au moment où la réforme scolaire a fait éclore sous des formes variées les idéologies progressistes et humanistes qui s'étaient développées en Europe et en Amérique. Les approches non directives ont été dominantes avec le renouveau en éducation ; le maître a souhaité l'actualisation de l'enfant et il a porté une oreille inconditionnelle à l'expression de son vécu, puis il a proposé un idéal d'autogestion et d'entraide, et est devenu le guide du fonctionnement du collectif de la classe. La discipline ne paraissait donc plus nécessaire et la sanction devenait non avenue. L'école s'est montrée plus douce et compréhensive, mais ne peut-on pas interpréter ce changement comme un resserrement progressif de la contrainte ? La non-directivité s'est accompagnée en effet d'une connaissance plus fine des fonctionnements et elle a renforcé le pouvoir du maître sur l'élève, ainsi que l'a très bien vu Rauch[41] : « Alors, le regard du maître ne se perd plus à déterminer des contours, il tente de pénétrer l'intimité de l'élève. En d'autres termes, la libéralisation des modèles de la pédagogie ne peut se dispenser de raffiner les principes de vigilance. La prise de conscience apparaît toujours perfectible, les attentions à soi pouvant sans cesse renouveler leurs objectifs. »

Des analystes de la pédagogie postmoderne conviennent que « la classe deviendra un lieu d'intimité accrue, un espace d'intégration du psychologique, du social, du culturel et de l'économique[42] ». À bien y penser, un tel élargissement de l'espace pédagogique présente pour l'enfant un danger de totalitarisme, puisqu'il prend en compte l'ensemble des domaines de vie. Certes, les multiples missions confiées à l'école rendent sa tâche colossale ; en même temps elles cautionnent son enveloppement de la vie de l'enfant. Du comportement à la métacognition, rien n'échappe plus aux enseignants. La rationalité instrumentale a systématisé la poursuite intégrée des résultats d'instruction et de socialisation dans les programmes mêmes, elle occupe désormais l'espace où l'enfant pourrait faire l'apprentissage des limites, et la conséquence logique s'impose à la place du sentiment de l'honneur ou du devoir, du respect de soi. Bref, la discipline est devenue diffuse dans la vie de l'école, l'auto-

---

41. A. Rauch, « Deux étapes de la discipline à l'école : 1830-1960 », *Quand et comment punir les enfants*, Paris, ESF, 1989, p. 59.

42. J.-P. Pourtois, et H. Desmet, *L'éducation postmoderne*, Paris, PUF, 1997, p. 44.

rité des adultes est neutralisée par un repli sur la relation affective ; paradoxalement, la contrainte sur l'enfant en sort agrandie.

CONCLUSION

La punition à l'école n'a de sens que dans le contexte de l'éducation qui doit, à terme, mener les enfants à être des sujets qui comprennent le monde dans lequel ils vivent, et sont responsables vis-à-vis d'eux-mêmes et des autres. La réforme scolaire des années 1960 a écarté la discipline traditionnelle pour faire de l'école un milieu de vie épanouissant[43]. En 1970, on mettait l'accent sur l'auto-responsabilisation de l'élève et le maître était épargné de la discipline[44]. Après 1975, le ministère de l'Éducation a cherché à réconcilier rigueur et convivialité à l'école, en reconnaissant l'importance des sanctions raisonnables pour l'encadrement de la vie collective et l'encadrement des élèves dans l'enseignement ; dans cet esprit, les élèves ont été dans certaines écoles mis à contribution avec les adultes, enseignants et parents, par l'intermédiaire des comités de la vie scolaire par exemple, pour trouver des solutions aux problèmes de violence ou d'indiscipline à l'école.

Plus récemment, le souci explicite de la réforme des programmes d'intégrer dans les pratiques éducatives les valeurs incontournables de la société démocratique, tels l'égalité, l'ouverture à l'autre, la coopération et l'engagement, cherche à répondre aux inquiétudes partagées par de nombreuses sociétés au sujet de leur avenir[45]. En plus d'instruire et de qualifier les jeunes, on a confié à l'école la mission de les socialiser. Elle a pour tâche, entre autres, d'assurer les bases d'un ordre personnel et social en amenant l'enfant à s'ouvrir aux références morales, spirituelles et culturelles de son milieu. Dès les premières années, l'enfant apprend à interagir de façon harmonieuse avec les autres :

---

43. Voir Pétinarakis, Gentili, et Sénore, *op. cit.*, p. 88-91, pour un court portrait de la discipline au Québec à partir de sources québécoises.

44. Il faut noter que ces positions sont défendues au moment où les enfants ayant des troubles de comportement ou des difficultés d'apprentissage sont confiés à des spécialistes.

45. Ministère de l'Éducation du Québec, 2000. *Programme de formation de l'école québécoise. Éducation préscolaire, enseignement primaire, 1er cycle* (version approuvée), *Enseignement primaire* (version provisoire), Québec, MEQ.

La vie en classe lui permet de découvrir les satisfactions et les contraintes de la vie collective et de développer ses habiletés sociales. Il reconnaît les avantages de vivre des relations harmonieuses avec les autres, constate qu'il a des droits et des responsabilités, et apprend à régler ses conflits dans un esprit de respect mutuel et de justice[46].

L'approche explicitement socioconstructiviste des nouveaux programmes fait du maître un guide, un accompagnateur, un communicateur, et, quoiqu'il soit entendu que l'apprentissage des règles de vie nécessaires au bon fonctionnement d'un groupe fait partie du développement de l'enfant, « l'art du compromis raisonnable » est un maître-mot qui rend l'obligation désuète. Il reste à voir quelles formes prendront la recherche du compromis et les moyens de faire appliquer les règles convenues.

D'aucuns sont portés à ne voir que des aspects négatifs à la discipline ou à la punition, comme si elles contrevenaient à des valeurs fondamentales. Or, même une société aux valeurs libérales a la responsabilité de préserver sa cohésion. L'école prend une place importante dans la vie du jeune enfant, entre l'intimité de la famille et la société qu'il intégrera comme adulte ; il faut donc sans cesse revoir comment elle peut aider l'enfant à intérioriser la contrainte des devoirs et à se penser comme sujet responsable, revoir aussi jusqu'où va l'autorité du maître d'école en la matière. La confrontation à l'obligation est une étape nécessaire au développement de l'autonomie – c'est l'argument de Kant –, sans que pour cela la brutalité ou l'humiliation soient acceptables – les conseils d'Érasme valent toujours.

Les sanctions existent à l'école, elles ont toujours existé sous des formes plus ou moins violentes, l'histoire en témoigne. Elles continueront d'exister, à moins que soient niés dans les pratiques pédagogiques le sens des limites ou celui du devoir et de la responsabilité. La punition n'est pas nécessaire à l'éducation, il va sans dire, et l'intériorisation de la norme est préférable à l'imposition d'une autorité extérieure[47], les grands pédagogues sont unanimes à le reconnaître. Mais il ne faut pas manquer de faire l'examen, le cas

---

46. *Ibid*, p. 75.

47. Les considérations de Piaget sur la punition et la récompense à l'école sont instructives, ainsi que la distinction qu'il établit entre le respect unilatéral, lié à l'autorité extérieure, et le respect mutuel des formules coopératives d'éducation. Quoique le respect mutuel soit pour nos sociétés de valeur supérieure, Piaget reconnaît que le besoin d'égalité qui fait prévaloir la justice sur l'autorité ne

échéant, des formes insidieuses de contrainte ou même de punition, dissimulées dans un rapport pédagogique tout en douceur. En
somme, éduquer et punir ne sont pas nécessairement antinomiques
non plus, au contraire : « Originellement, écrit Meirieu[48], [...] la
sanction est bien un instrument de conformisation. Mais elle s'est
toujours voulu [sic] aussi, et simultanément, un moyen de promouvoir et de reconnaître l'émergence d'une liberté[49] ». Peut-être est-
ce précisément les conditions de l'émergence de la liberté qu'il faut
aujourd'hui réapprivoiser.

---

vient qu'après sept ou huit ans, quand la vie sociale de l'enfant est plus réglée.
Que le développement moral de l'enfant soit fonction autant du respect mutuel
que du respect unilatéral met en perspective la complexité de l'élaboration des
normes par le jeune enfant, le rôle structurant de l'obéissance et de la coopération en éducation et, conséquemment, l'immense responsabilité des maîtres à
cet égard (voir les textes choisis de Piaget sur l'éducation morale, dans C. Xypas,
Piaget et l'éducation, Paris, PUF, 1997, p. 48-58.

48. Philippe Meirieu, *Le choix d'éduquer*, Paris, ESF, 1991, p. 66.
49. *Ibid*, p. 66.

9

Enquête sur la punition auprès d'enseignants du primaire

René-François Gagnon

Depuis la Révolution tranquille, le rapport des Québécois à l'autorité et à la loi a radicalement changé. L'évolution sociale rapide a entraîné une attitude de suspicion envers la punition et la discipline stricte. Selon un récent sondage CROP[1], bien que 75 % des Québécois estiment que l'enfant a trop de pouvoir dans les familles et que 50 % croient que la société est trop permissive, la majorité favorise chez les enfants la liberté d'expression et seulement 25 % considèrent qu'il est important d'insister sur les interdits et les règles. Dans ce contexte, il nous paraît important de vérifier comment les enseignants du primaire voient les règles, comment ils les font appliquer et comment ils conçoivent la punition, d'autant plus que la documentation sur la gestion des comportements des enfants s'attarde à présenter des pédagogies non punitives sans aborder la problématique du point de vue de l'enseignant en exercice. Selon nous, l'intégration des règles et des limites par les enfants est primordiale, non seulement pour assurer le bon déroulement des cours, mais aussi pour prévenir les comportements pulsionnels tels les rixes, la compulsivité (alcoolisme, toxicomanie, etc.), le suicide et l'auto-punition.

Dans un cours de formation morale destiné aux étudiants et étudiantes du baccalauréat en enseignement au préscolaire et au primaire (BEPEP) de l'Université Laval, le professeur Jeffrey a demandé aux étudiants d'interviewer (en équipes de deux) un

---

1. Beaulieu, Carole, « Radiographie d'un peuple contradictoire », *L'Actualité*, 15 octobre 1999, p. 30.

enseignant sur ses conceptions et ses attitudes à l'égard de la punition, et de faire une brève analyse des interviews. Les étudiants devaient aussi imaginer et commenter un système de punition. Dans cet article, nous nous limiterons à l'étude des interviews.

Le questionnaire utilisé (voir annexe 1) comportait vingt questions visant à connaître la conception et les attitudes des enseignants sur la punition. En premier lieu, nous avons vérifié la définition que les enseignants donnent de la punition et ce qu'ils pensent de ses effets. Ces derniers ont été ensuite interrogés sur leur sentiment face à la punition, sur la façon dont ils appliquent la discipline en classe ainsi que sur leur façon de voir la relation entre les partenaires éducatifs. Enfin, nous leur avons demandé de décrire les punitions les plus utilisées dans leur enfance.

Nous avons examiné trente-sept entrevues, dont trente-deux d'enseignantes et cinq d'enseignants. Sur les soixante-quatorze étudiants qui ont mené les entrevues, il n'y avait qu'un seul homme. Étant donné que nous n'avons pas perçu de différences significatives entre les réponses des hommes et celles des femmes, les données seront analysées ensemble.

Certaines réponses d'enseignants fournissent des indices quant à leur expérience professionnelle, qui varie entre deux et vingt-cinq ans. Il s'agit d'un facteur qui peut jouer, car plusieurs d'entre eux avouent avoir modifié leur système de gestion de la classe avec l'expérience.

CONCEPTION DE LA DISCIPLINE SCOLAIRE

Nous avons classé les réponses selon la conception que les enseignants avaient de la discipline scolaire. L'enquête a révélé trois types de réponses : les adeptes de la réflexion, ceux de la conséquence logique et les partisans de la punition. Ce classement a été établi d'après la réponse des enseignants à la question : Qu'est-ce que punir ? Il est important de souligner que la majorité (56 %) des enseignants ont déclaré qu'ils refusaient d'utiliser le mot « punition », à cause de sa connotation trop péjorative. En fait, 21,6 % des enseignants interrogés préféraient « activités de réflexion » et près de 60 % utilisaient le terme « conséquence logique ».

Les chiffres entre parenthèses suivant les réponses correspondent au nombre d'enseignants ayant donné la même réponse.

Tableau 1

	Réflexion	Conséquences logiques	Punition
Qu'est-ce que punir ?	Permettre à l'enfant une prise de conscience de son comportement. (3) 8,1 % Permettre à l'enfant de se conscientiser aux conséquences de ses gestes. (3) 8,1 % Moyen de faire comprendre à l'enfant que son comportement est indésirable. (1) 2,7 % Moyen de faire réfléchir l'enfant sur les règles. (1) 2,7 % Total : (8) 21,6 %	Donner une conséquence à un comportement déviant. (18) 48,6 % Enlever un privilège à l'enfant désobéissant. (3) 8,1 % Réparation des conséquences de la faute. (1) 2,7 % Total : (22) 59,5 %	Réprimander un enfant ou sévir pour une faute commise. (4) 10,8 % Placer l'enfant dans une situation qui lui déplaira dans le but de le ramener à l'ordre. (2) 5,4 % Apporter des correctifs aux comportements non désirés. (1) 2,7 % Total : (7) 18,9 %

La majorité des enseignants (59,5 %) ont donné une réponse favorisant la conséquence logique. Nombre d'entre eux n'aiment pas utiliser le mot « punition ». Ils considèrent que leur intervention est plus efficace que la punition parce qu'elle est en lien avec le comportement de l'enfant. Les propos retenus par ces enseignants s'inspirent notamment des travaux de Jean Archambault et Roch Chouinard[2] et du psychologue Raoul Côté[3]. Nous avons classé dans cette catégorie les réponses concernant la privation d'un privilège et la réparation, car les travaux que nous avons cités utilisent ce vocabulaire et conseillent ces pratiques. Côté, par exemple, présente les conséquences positives comme des privilèges accordés à l'enfant et les conséquences négatives comme le retrait des privilèges.

Un groupe moins important de répondants (21,6 %) opte pour une intervention qui fait réfléchir l'enfant sur son comportement.

2. Archambault, Jean et Roch Chouinard, *Vers un gestion éducative de la classe*, Montréal, Gaëtan Morin, 1996.

3. Côté, Raoul, *La discipline familiale, une volonté à négocier*, Ottawa, Éditions Agence d'Arc, 1990, et *La discipline scolaire, une réalité à affirmer*, Ottawa, Éditions Agence d'Arc, 1989.

Il ne s'agit pas de punition, mais de réflexion. Ces enseignants croient que l'enfant peut mesurer, s'il est guidé, l'ampleur et les conséquences de ses actes. Ce groupe d'enseignants adopte une conception pédagogique plus près de celle des psychologues des années 1960 et 1970[4].

Enfin, 18,9 % des répondants ont parlé de réprimander, de sévir ou de placer l'enfant dans une situation déplaisante pour lui. Ces enseignants croient en la nécessité d'une intervention rigoureuse pour freiner les comportements déviants. Ils se rapprochent de la discipline traditionnelle, sans toutefois se réclamer de l'époque où les maîtres terrorisaient les élèves.

LES EFFETS DE LA PUNITION

Pour vérifier comment les enseignants perçoivent les effets de l'intervention disciplinaire sur les élèves, nous avons posé trois questions. Nous les avons d'abord interrogés sur les conséquences de la punition ; ensuite, nous leur avons demandé s'ils pensaient que la punition avait de réels effets sur le comportement ; enfin, nous les avons amenés à préciser comment ils s'assuraient de l'efficacité de leur intervention. Les réponses sont classées selon les trois catégories présentées plus haut.

À part deux réponses qui suggèrent que l'enfant prend conscience de son comportement à la suite d'une conséquence désagréable – ce qui implique que la modification du comportement

---

4. Thomas Gordon, Benjamen Spock, Wiliam Glaser et Carl Rogers ont été les chefs de file du courant humaniste des années 1960 et 1970 : Glaser, Wiliam, *Des écoles sans déchets*, Traduit de l'américain par J. Chambert, Paris, Fleurus, 1973 ; Glasser, William, *Choisir d'apprendre : la psychologie du choix en classe*, Montréal, Éditions Logiques, 1998 ; Glasser, William, *Une école pour réussir*, Montréal, Éditions Logiques, 1998 ; Thomas Gordon, *Enseignants efficaces : enseigner et être soi-même*, traduit par Luc Bernard Lalanne, Montréal, Éditions du Jour, Québec, Institut de développement humain, 1979 ; Gordon, Thomas, *La méthode Gordon experimentée et vécue*, traduit de l'américain par Stéphane Donadey avec la collaboration d'Adrien Desormeaux, Paris, P. Belfond, 1979 ; Gordon, Thomas, *Comment apprendre l'autodiscipline aux enfants : éduquer sans punir*, Montréal, Le Jour, 1990 ; Rogers, Carl Ransom, *Liberté pour apprendre ?*, Paris, Dunod, 1972 ; Rogers, Carl Ransom, *Le développement de la personne*, traduit par E. L. Herbert, Montréal, Dunod, 1976 ; Spock, Benjamen, *Enfants et parents d'aujourd'hui*, Paris, Elsevier Sequoia, 1976 ; Spock, Benjamen, *Comment soigner et éduquer son enfant*, traduit de l'anglais par Marc Henri, Vervier, Belgique, Gérard, sans date.

Tableau 2

	Réflexion	Conséquences logiques	Punition
Quels sont les impacts de la punition ?	L'impact dépend de l'enfant. (4) Permettre un retour sur le geste. (1) Faire réfléchir l'enfant de façon à ce qu'il comprenne qu'il faut agir autrement. (2) La conséquence désagréable permet à l'enfant de prendre conscience de son comportement. (2) Temps d'arrêt où l'enfant revient « au neutre ». (1) Si la punition est trop sévère, l'enfant peut se sentir non aimé. (1)	Faire comprendre qu'il y a des gestes adéquats à poser. (3) Si la conséquence a du sens pour l'enfant, il va prendre conscience de son geste. (2) Permettre à l'enfant de réfléchir à ses actions et de trouver des façons adéquates d'agir. (4) S'il s'agit d'une punition, l'impact sera la révolte; s'il s'agit d'une conséquence, il y aura une réflexion de la part de l'enfant. (1) Si l'enfant comprend pourquoi il est puni, il y a un impact. (1) Ça met l'enfant devant les conséquences de ses actes, ça le responsabilise. (1) Retour au droit chemin. (1) Modification du comportement en fonction de la règle. (7) Si l'enfant participe à la réparation de sa faute, la conséquence aura un impact. (2) Raffermir le respect que l'enfant a envers l'enseignant. (1)	L'impact dépend de l'enfant. (2) Ça dépend de la façon de l'appliquer. (2) Si c'est appliqué en respectant l'enfant, il y a plusieurs impacts positifs. (1) Si elle est appliquée en dernier recours, elle peut permettre à l'enfant d'améliorer son comportement. (1) Corriger le comportement. (3) Le côté désagréable de la punition va amener l'enfant à essayer d'éviter la punition, donc à se comporter correctement. (1) Rarement, l'enfant va se rebeller. (1)

Tableau 2 (suite)

	Réflexion	Conséquences logiques	Punition
La punition a-t-elle de réels effets sur le comportement?	Pour certains enfants oui, pour d'autres non. (2) Lorsque la punition est bien administrée, oui. (2) Lorsqu'elle est réflexive au lieu de punitive, oui. (1) Lorsqu'elle n'a pas d'effet, il faut revoir ses objectifs et l'application de la punition. (1) Peut avoir un impact sur le coup, mais les renforcements positifs sont plus efficaces. (1) En général, oui. (1)	Sur certains enfants, oui, sur d'autres, non. (2) Il y a un impact sur les enfants «normaux», mais pas sur les enfants en trouble de comportement. (1) Lorsqu'elle n'est pas en lien avec le comportement, elle n'a pas d'effet ou elle amène des effets négatifs comme la révolte. (1) Elle a des effets positifs si elle est en lien avec le comportement. (3) La conséquence, oui. (2) Oui, si elle est bien appliquée et bien dosée. (4) Si l'enfant participe à la réparation de sa faute, la punition aura un effet. (1) Le comportement de l'enfant s'améliore graduellement et sa confiance en lui s'améliore en même temps. (1) L'enfant prend conscience qu'il dérange et que les amis aussi ont des droits. (1) Oui, à condition de renouveler les conséquences de temps en temps. (1) Le côté désagréable de l'intervention amène l'enfant à vouloir éviter la conséquence, donc à agir correctement. (4)	Dans certains cas oui, dans d'autres non. (3) Il faut que la punition soit bien dosée avec le comportement de l'élève. (1) Oui, si les règles et les punitions sont discutées avec les enfants en début d'année. (1) Avec les enfants de 5 ans, il faut qu'elle soit immédiate, sinon l'enfant ne sait même plus pourquoi il est puni. (1) En général, oui. (2)

Tableau 2 (suite)

	Réflexion	Conséquences logiques	Punition
Comment vous assurez-vous de l'efficacité de la punition ?	En observant le comportement. (4) Par la relation avec l'enfant après la punition. (1) En discutant avec l'élève. (1) Je ne sais pas si c'est efficace. (1)	En observant le comportement. (12) Discussion avec l'élève. (3) En m'assurant que la conséquence est en lien avec le comportement. (2) J'accompagne l'enfant dans sa punition et je m'assure qu'elle est bien réalisée. (1)	En observant le comportement. (5) Discussion avec l'élève. (2) J'effectue un suivi avec l'élève. (1)

dépend du caractère déplaisant ou dérangeant de l'intervention (effet punitif) –, la plupart des réponses de la catégorie « réflexion » suggèrent que l'intervention disciplinaire vise à faire réfléchir l'enfant ou à lui faire comprendre la règle. Plusieurs enseignants croient que l'efficacité de l'intervention tient à son caractère cognitif. La compréhension de la règle et de sa justification suffit, selon ces derniers, à convaincre l'enfant de modifier son comportement.

L'ensemble des réponses des partisans de la conséquence logique suggèrent que, pour être efficace, la conséquence doit être en lien avec le geste de l'enfant, qu'elle doit être prévue et expliquée en classe, qu'elle doit avoir du sens pour inciter l'élève à la réflexion et que, dans sa réalisation, la conséquence montre à l'enfant une façon adéquate d'agir. Deux répondants affirment que, pour avoir un effet, il faut qu'il y ait un geste réparateur posé par l'enfant, par exemple, écrire un mot gentil à l'enfant insulté ou maltraité. Par ailleurs, six personnes estiment que l'efficacité de la conséquence dépend de son lien avec l'acte commis par l'élève, quatre autres affirment que la façon de l'appliquer influence l'efficacité de la conséquence, un seul suggère que la réparation est un gage de succès de l'intervention et trois enseignants soutiennent que la conséquence a généralement des effets positifs. Un parmi ces trois derniers limite cette efficacité aux élèves « normaux » et croit que la conséquence n'a pas d'effet sur les enfants en « trouble de comportement ». Notons que quatre adeptes de la conséquence logique considèrent que c'est le caractère déplaisant de l'intervention qui en garantit l'effet. Cette réponse suggère que ces derniers recherchent l'effet punitif de l'intervention plutôt que l'effet supposé de la réflexion logique de l'enfant sur son comportement.

Les enseignants qui préconisent la punition émettent l'idée que les effets de la punition varient selon les enfants, selon la façon d'appliquer la punition et selon la connaissance ou non des règles et des punitions.

À la question : Comment vous assurez-vous de l'efficacité de la punition ?, les catégories n'ont pas influencé les réponses. Globalement, 56,8 % des enseignants ont répondu que l'observation du comportement permettait de savoir si la punition était efficace ou non. Pour six enseignants, la discussion avec l'élève est garante du succès de l'intervention. Deux adeptes de la conséquence soutiennent que le seul moyen pour vérifier l'efficacité de l'intervention consiste à s'assurer du lien entre la conséquence et le comportement ; on ne sait cependant pas ce qu'ils font lorsque la conséquence est bien en lien avec le comportement mais que l'enfant ne répond pas de façon souhaitée. Notons qu'une personne a répondu qu'elle ignorait si ses interventions étaient efficaces.

SENTIMENTS FACE À LA PUNITION

Nous avons cherché à voir comment les enseignants se sentent face à la punition afin de sonder jusqu'à quel point ils étaient à l'aise avec l'idée de punir. Nous voulions connaître aussi les limites dans lesquelles ils punissent en leur demandant quelles punitions ils n'aimeraient pas administrer. Avec ces deux questions, nous pouvions recueillir différents indices de la tendance de certains enseignants à éviter de punir pour ne pas ressentir de malaise.

Les données du tableau 3 montrent qu'une proportion importante d'enseignants (56,8 %) n'aiment pas punir. Ils se sentent mal à l'aise avec l'idée de punir. Certains ont peur de commettre des injustices. Malgré tout, dans la plupart des cas, les enseignants considèrent qu'il est de leur devoir de punir.

Seize enseignants appartenant à l'une ou l'autre des catégories déclarent se sentir bien avec l'idée de punir. Ils indiquent quelques conditions qui leur assurent une tranquillité d'esprit lorsqu'ils punissent. Par exemple, il faut que la conséquence soit en lien avec le geste ou qu'elle soit connue d'avance par l'enfant.

Cependant, la majorité des enseignants (21, soit 56,8 %) ont avoué qu'ils n'aimaient pas punir. De ce nombre, un répondant croit que, s'il doit punir, c'est que son autorité est remise en cause.

Tableau 3

	Réflexion	Conséquences logiques	Punition
Comment vous sentez-vous lorsque vous appliquez des mesures disciplinaires ?	Je me sens bien avec ça. (1) Lorsque l'enfant sait d'avance la conséquence, je me sens bien. (1) Si je ne me suis pas laissée emporter par ma colère, je n'ai pas de problème. (1) Je n'aime pas la punition, alors je m'arrange pour me sentir bien et pour que les enfants se sentent bien dans mon système. (1) Je donne toujours mes punitions à contrecœur. (4)	Pourquoi me sentirai-je mal, c'est à l'enfant à assumer ses erreurs. (1) Si mes règles, conséquences et limites sont bien définies, je me sens bien avec cela. (7) Avec l'expérience, j'ai appris qu'il y a plus d'harmonie quand je punis, alors je me sens bien là-dedans. (1) Lorsque j'ai bien muri mon affaire, il n'y a pas de problème. (1) Si je dois appliquer des mesures discipli-naires, c'est un signe que mon autorité est contestée, je n'aime donc pas cela. (1) Je n'aime pas cela, mais ca fait partie de mon travail. (6) Je me sens comme un sergent de l'armée et je n'aime pas ce rôle. (1) Si c'est un comporte-ment nouveau, je me sens mal avec la mesure à appliquer. (1) Devant certaines punitions, je n'aime pas cela. (1) S'il y en a trop dans la même journée, je me sens exaspérée. (1) Je préfère récompen-ser que punir. (1) À chaque fois que je punis un enfant, il y a pour moi plus de travail. Alors c'est désagréable. (1) J'ai peur de commet-tre des injustices. (2)	Mon protocole étant préétabli, je me sens tout-à-fait à l'aise. (1) C'est pour le bien de l'enfant. (2) Je n'aime pas ca, mais si on ne punit pas, comment on va faire pour élever les enfants? (1) Je préfère féliciter les bons élèves que punir les désobéissants, je me résous à punir lorsque c'est nécessaire. (3) Je me sens vraiment mal de punir. (2)

9

Tableau 3 (suite)

	Réflexion	Conséquences logiques	Punition
Quels genres de punitions n'aimeriez-vous pas administrer ? Et pourquoi ?	Punitions physiques. (4) Tirer les oreilles. (1) Pincer. (1) Taper. (1) Système militaire. (1) Copies. (4) Réflexions écrites. (1) Retenues. (1)	Punitions physiques. (12) Punitions humiliantes pour l'enfant. (5) Les punitions disproportionnées par rapport au geste posé. (2) Lorsque je réagis trop vivement. (1) Punitions de longue durée. (1) Copies. (1) Je n'aimerais pas devoir maintenir un enfant en crise. (1) Devoirs supplémentaires à un élève en difficulté. (1) Appliquer une conséquence imposée par l'école. (2) Priver l'élève de quelque chose qu'il aime. (1) Crier après les enfants. (1)	Punitions physiques. (5) Expulsion de l'école. (1) Isolement. (1) Garder après la classe. (1)

Il n'aime donc pas ce type d'intervention. Une autre considère que la punition lui procure un surplus de travail. Plusieurs enseignants ont déclaré ne pas aimer punir, mais ils constatent qu'ils n'ont pas le choix de le faire à l'occasion. Cependant, douze répondants n'ont exprimé que leur répulsion pour la punition. Cinq d'entre eux proviennent du groupe qui préconise la réflexion et cinq sont des adeptes de la conséquence. Ce nombre élevé de répondants qui n'aiment pas punir soulève quelques questions : les enseignants sont-ils portés à laisser passer des infractions parce qu'ils n'aiment pas punir ? Ne vont-ils pas administrer que des punitions « molles » pour éviter de se sentir coupables ?

Quant aux punitions que les enseignants n'aimeraient pas administrer, la majorité (78,4 %) ont signalé les punitions physiques ou les punitions humiliantes pour l'enfant. Ils considèrent que l'enfant a des droits et que l'autorité doit s'établir dans le respect de l'enfant : « On n'a pas besoin de terroriser ou de dominer l'enfant pour établir son autorité. On ne peut être respecté qu'en respectant ceux avec qui on travaille ». La plupart des autres réponses évoquent des situations extrêmes comme une punition disproportionnée à l'acte fautif de l'enfant, l'expulsion de l'école ou l'instauration d'un système militaire.

Notons que quelques enseignants ont indiqué leur réticence à punir. Par exemple, une enseignante refuse de donner des réflexions écrites et une autre considère injuste le fait de priver un enfant de quelque chose qu'il aime. Ces enseignants ne semblent pas vouloir imposer de limites aux enfants.

L'APPLICATION DE LA PUNITION

Comment les enseignants administrent-ils la punition ? Existe-t-il une gradation dans leurs mesures disciplinaires ? De quelles punitions se servent-ils le plus souvent ? Se servent-ils de la punition corporelle ? Ont-ils déjà changé leur système de punitions ?

Ces questions aident à comprendre comment fonctionne la régulation des comportements en classe et permettent de savoir ce que font concrètement les enseignants face aux comportements déviants et aux récidivistes. La question sur la punition physique nous a permis aussi de récolter des indices sur les limites des enseignants à l'égard de la punition.

À la question sur la gradation, nous avons relevé vingt réponses relatives à la gravité de la faute et vingt-six relatives à la récidive. Il y a ici un problème de cohérence pour les enseignants qui sont adeptes de la réflexion et pour ceux qui défendent la conséquence logique. Ces deux conceptions reposent sur une pédagogie qui évite de faire vivre une situation désagréable. Si c'est la réflexion de l'enfant qui garantit la modification du comportement, pourquoi lui donner une punition plus sévère en cas de récidive ? Si c'est le lien logique entre la conséquence et la faute qui garantit l'efficacité de l'intervention, en quoi une conséquence plus sévère serait-elle utile ? Il y a lieu de croire que la pratique de ces enseignants diffère de leur discours. Deux tenants de la conséquence logique ont répondu qu'il existait une gradation adaptée à la faute de l'enfant. Notons qu'un enseignant du groupe de réflexion dit ne pas avoir de gradation puisqu'il ne punit pas.

Tableau 4

	Réflexion	Conséquences logiques	Punition
Existe-t-il une gradation dans les mesures disciplinaires que vous utilisez ?	Oui, en fonction de la gravité de la faute. (3) Oui, en fonction de la récidive. (5) Oui, en fonction de l'âge de l'enfant. (1) A un système de x inscrits dans le carnet de comportement et qui comptent pour des avertissements. (1) Je peux changer mon attitude envers l'enfant, mais, comme je ne punis pas, je n'ai pas de gradation. (1)	Oui, en fonction de la gravité de la faute. (7) Oui, en fonction de la récidive. (15) Il y a une gradation adaptée à la faute et à l'enfant. (2) Oui, en fonction du moment dans l'année scolaire. Je ne peux pas avoir les mêmes exigences en milieu d'année qu'au début. (1) Avant de donner une conséquence, il faut que les rappels de la règle et le renforcement positif aient échoué. (1)	Oui, en fonction de la gravité de la faute. (4) Oui, en fonction de la récidive. (6) Oui, j'ai un système d'argent scolaire pour récompenser et punir. (1) Non. (1)
Quelles sont les formes de punition que vous utilisez le plus fréquemment ?	Avertissements. (1) Préfère le dialogue à la punition. (1) Minutes de réflexion. (5) Réflexion écrite. (3) Entretien avec l'enseignant pendant la récréation. (3) Ignorer le comportement. (1) Retenues. (2) Aller réfléchir dans le corridor. (1) Aller chez le directeur. (1) Isoloir ou retrait. (2) Être privé d'une récompense. (1) Être privé d'une activité. (1) La victime doit faire subir à l'agresseur ce qu'il lui a fait. (1)	Avertissements. (4) Conversation avec l'élève. (3) Réflexion écrite. (5) Feuilles de réflexion avec geste réparateur. (1) Fiches de réflexion. (2) Garder l'enfant à la récréation. (1) Ne pas avoir de récompense. (1) Séparer les enfants qui sont trop amis. (2) Appeler les parents. (2) Punition en conséquence de la faute. (3) Geste réparateur. (5) Retrait de l'activité. (8) Isolement. (5) Priver l'enfant d'un privilège. (1) Priver l'enfant de récréation. (2) Écrire une lettre à ses parents décrivant ce qui s'est passé et comment il faut agir. (1) Obliger l'enfant à s'excuser. (1) Retenue. (1)	Mes punitions sont préparées en fonction de la faute (conséquence logique). (1) Réprimandes. (3) Réflexion écrite. (3) Retrait. (2) Enlève de l'argent scolaire. (1) Être privé d'une activité. (2) Perte d'un privilège. (1) Garde l'enfant pendant la récréation. (2) Pour les comportements graves, isolement. (1) Avertir les parents. (1)

Tableau 4 (suite)

	Réflexion	Conséquences logiques	Punition
Avez-vous recours aux punitions physiques ? Si oui, lesquelles ?	Je suis contre cela. (4) Ce n'est pas permis. (2) Je ne serais pas capable de faire cela. (1) Prendre par le bras, le temps de lui dire que ça suffit. (1) Je peux laisser un enfant debout, mais je ne les touche pas. (1) Immobiliser un enfant en crise, sinon on ne touche pas aux enfants. (1)	Je suis contre cela. (5) Ce n'est pas permis. (4) Non. (7) Prendre un enfant par la main pour le sortir, pas plus. (2) J'ai déjà arrêté une bagarre, mais je ne donne pas de punitions physiques. (1) On peut toucher à un enfant pour le saisir, pour qu'il prenne conscience qu'il dépasse les limites, pas plus. (2) En situation d'urgence, il faut parfois agir physiquement pour immobiliser l'enfant, mais je ne donne pas de punitions physiques. (2)	Je suis contre cela. (4) Ce n'est pas permis. (2) J'ai déjà pris un enfant par le bras pour arrêter son mouvement, pas plus. (3) Asseoir un enfant. (1)
Avez-vous eu à modifier votre système de punition depuis le début de votre carrière ?	Oui, car non seulement j'ai évolué, mais les enfants ne sont plus comme avant. (3) La seule façon de s'améliorer est de se remettre en question constamment. (1) Oui, avec l'expérience, j'ai découvert qu'il est plus profitable de faire réfléchir l'enfant que de le punir. (1) Oui, en fonction des groupes que j'ai. (3) Oui, car nous installons dans l'école un système de coopération. (1)	Quand j'ai commencé, la mode était aux copies, maintenant, on est beaucoup plus logiques. (1) Oui, avec l'expérience. (8) Oui, selon les groupes. (9) Mon système est modifié selon la période de l'année, car je suis le rythme des enfants. (2) Je n'enseigne que depuis deux ans, alors je ne l'ai pas modifié encore. (1) J'ai toujours gardé la même conception de la discipline. (2)	En fonction de l'évolution des enfants (perte du respect de l'autorité). (3) On doit aujourd'hui être plus sévère pour avoir les mêmes résultats. (1) J'ai modifié souvent mon système, car j'ai appris sur le tas. (1) Oui, avec l'expérience. (1) J'améliore mon système chaque année. (1)

Les formes de punition le plus fréquemment utilisées varient d'une catégorie à l'autre. Les enseignants de la catégorie « réflexion » ont nommé des interventions favorisant le dialogue (4) ou la réflexion (9). Des activités punitives comme la retenue, l'isoloir ou la privation ont été nommées à six reprises. Une enseignante a suggéré de contraindre la victime de violence de faire subir à son agresseur ce qu'il lui a fait subir, pratique qui, croyons-nous, encourage la vengeance.

Les réponses les plus fréquentes des enseignants qui croient à la conséquence logique suivent la logique de cette conception (geste réparateur, fiche de réflexion, retrait de l'activité, etc.). Plusieurs activités de réflexion ont été proposées (réflexions écrites, feuille de réflexion, écrire une lettre à ses parents, isolement, etc.). Les répondants ont bien nommé quelques mesures plus punitives (appeler les parents, priver l'enfant de la récréation, donner une retenue), mais ces mesures semblent moins populaires.

Chez les tenants de la punition, on note un changement de vocabulaire. Les enseignants vont utiliser le terme « réprimande », alors que les enseignants des autres catégories parlaient d'« avertissement ». Si les punitions nommées ressemblent à celles des autres catégories, elles ont toutes un caractère punitif, sauf la réponse de l'enseignante qui précise qu'elle utilise la conséquence logique.

Pour ce qui est des punitions physiques, les réponses des trois groupes sont similaires. En tout, treize personnes se déclarent contre la punition physique, sept se contentent de dire qu'ils ne l'utilisent pas et huit affirment que ce n'est pas permis. Les autres réponses suggérées portent sur des interventions physiques pour arrêter un mouvement violent ou pour calmer un enfant en état de crise qui, par son comportement, met en danger les élèves de la classe.

En général, les enseignants ont changé leur système de punition en prenant de l'expérience (13) ou en fonction de l'évolution des enfants et de la diversité des groupes (19). Deux adeptes de la conséquence ont répondu que leur système se modifiait selon la période de l'année pour suivre le rythme des enfants. Les enseignants qui proviennent de la catégorie « punition » se disent plus sévères envers les enfants d'aujourd'hui que les enseignants des autres groupes, car ils ont déclaré majoritairement (4/7) que les enfants avaient perdu le respect de l'autorité et qu'il fallait être plus exigeant envers eux.

LES RELATIONS ENTRE LES DIFFÉRENTS ACTEURS

L'enseignant fait-t-il participer ses élèves à ses décisions ? Conclut-il un contrat avec les élèves ? Considérant que les enfants sont sous la responsabilité de leurs parents, est-ce que les enseignants informent les parents des punitions qu'ils administrent à leur enfant ? À quel point la direction d'école et la commission scolaire peuvent-elles intervenir dans la conduite des élèves en classe ? Les relations entre ces acteurs influencent la gestion des comportements en classe. En effet, la conduite de la classe sera différente si l'enseignant décide seul des règles et des punitions ou s'il amène les enfants à participer à son système. Elle sera aussi modifiée par le regard et la réaction des parents et de la direction.

À la question sur l'existence d'un accord avec les élèves, 45,9 % des enseignants ont répondu qu'ils élaboraient leur système de règles et de punitions avec les élèves ; 29,7 % des enseignants ont répondu qu'ils expliquent aux enfants leur système au début de l'année. Notons que quatre enseignants ont répondu qu'ils fonctionnaient avec un système coopératif. Dans ce système, un conseil de classe est nommé ou élu. Chaque élève du conseil participe à l'élaboration des règles et des punitions. Le conseil se réunit chaque semaine pour discuter, pour modifier les règles et les conséquences, s'il y a lieu, et pour châtier les fautifs.

La majorité des enseignants interrogés (72,9 %) confient qu'ils gèrent leur classe sans intervention de la part de la direction. Deux enseignants avertissent la direction avant de faire quoi que ce soit dans la classe. Six enseignants ont déclaré suivre le système de l'école. En fait, dans la majorité des cas, la seule consigne qu'ils reçoivent est de ne pas punir physiquement. Certains enseignants ont mentionné qu'il existait un service d'aide aux enseignants dans l'école ou au niveau de la commission scolaire.

En général, les enseignants expliquent leur système de règles et de punitions aux parents en début d'année. Ils informent les parents qu'ils doivent garder l'enfant après l'école si quelque chose de grave se produit. Quelques enseignants ont spécifié qu'ils informaient les parents, mais qu'ils ne leur demandaient pas de permission. Notons que treize enseignants ont déclaré n'avoir jamais eu de problème avec des parents qui remettent en question leur mesure disciplinaire. Six d'entre eux expliquent cette attitude par le fait que leurs punitions ne sont pas sévères. Ceux qui ont déjà affronté cette situation disent que, dans la plupart des cas, la discussion règle le différend.

Tableau 5

	Réflexion	Conséquences logiques	Punition
Existe-t-il un accord implicite ou explicite entre les élèves et vous à propos des punitions ?	Tout est décidé avec les élèves. (3) L'enseignante propose six règle à la classe et demande aux élèves des conséquences possibles. (1) Enseignement coopératif où un comité d'élèves est chargé de trouver les punitions. (2) Les règles et les conséquences sont expliquées aux enfants. (1) Aucun contrat avec les élèves. (1) Contrat avec les enfants sur les comportements qui peuvent rendre tout le monde heureux. (1)	Les règles et les conséquences sont établies avec les élèves. (10) Le système est établi au départ. (4) Les règles sont expliquées aux enfants. (1) Constamment, je les entraîne à l'écoute active. Nous travaillons ensemble à renforcer le positif. (1) Il y a un système de coopération et le conseil de classe se réunit chaque semaine pour discuter des règles et conséquences, et des cas de la semaine. (1) J'explique certaines règles et conséquences aux enfants dès le début de l'année, mais pour le reste ca vient avec les cas qui se présentent. (1) Quand un enfant a un problème de comportement, je demande aux autres de trouver des solutions pour l'aider. (1)	Nous élaborons notre système de règles et de punitions par la discussion. (3) Les règles et les punitions sont expliquées aux enfants au début de l'année. (4) On a un conseil de classe qui décide avec l'enseignant des règles et punitions. (1) C'est moi qui décide. (1)

Tableau 5 (suite)

	Réflexion	Conséquences logiques	Punition
Est-ce que vous vous assurez de l'accord des parents avant d'administrer certaines punitions ?	J'explique mon système en début d'année. (1) Je n'ai pas besoin de l'accord des parents, car mes punitions ne sont pas sévères. (1) À moins d'un cas grave, je ne consulte jamais les parents. (1) Pour garder un enfant après l'école, oui. (3) Pour les retenues, les parents doivent signer un billet. (1) Souvent. (1)	J'explique mon système aux parents au début de l'année. (9) Dans la mesure du possible, oui. (3) Si je dois garder l'enfant après l'école, oui. (6) J'appelle les parents pour avertir, non pour demander des permissions. (2) Si l'enfant est privé d'une sortie, oui. (1) Le Comité de parents a approuvé le système de règles et de conséquences de l'école. (1) Jamais. (1)	Je n'ai pas besoin, car je ne les garde pas après les cours. (2) J'explique mon système aux parents au début de l'année. (2) En général, oui. (1) Seulement dans des cas exceptionnels. (2) Je les avertis si je garde leur enfant après la classe, mais je ne leur demande pas la permission. (1)

Tableau 5 (suite)

	Réflexion	Conséquences logiques	Punition
Que faites-vous lorsqu'un élève résiste à l'une de vos mesures disciplinaires ?	Aviser la direction. (1) Rencontre avec les parents. (1) C'est prévu dans les règles de l'école et il y a une procédure à suivre. (1) Discute avec l'élève pour lui faire prendre conscience de ses actes. (4) Il faut vivre avec cela. (1)	Demande l'appui de la direction et des parents. (9) Je sors mes gros yeux et ma grosse voix. (2) L'enfant peut être changé de groupe. (1) Il ne faut pas plier. (2) J'augmente graduellement la punition jusqu'à ce que l'enfant se décide à coopérer. (3) Je l'envoie réfléchir dans le corridor. (1) L'enfant est prévenu avant d'être puni. Il est moins enclin à se rebeller. (1) Rappel de l'entente de départ. (1) Explication de la faute. (1) Laisse l'enfant se calmer et intervient par la suite. (1) Cela n'arrive que lorsque j'interviens avec un enfant d'une autre classe. Je ne plie pas. (2) Ce n'est jamais arrivé. (1)	J'avise la direction et les parents. (2) Si l'enfant dépasse vraiment les limites, ca peut aller jusqu'au serrement de bras. (1) Lorsqu'il s'agit d'un enfant en crise, il faut essayer de le calmer, mais il faut laisser passer la crise en limitant les dégâts. (1) Si l'enfant fait son déplaisant, je reviens sur la règle. (1) J'arrête le cours jusqu'à ce qu'il s'exécute. (1) L'enfant n'a pas le choix. (2) J'évite de le confronter, j'essaye de le faire réfléchir. (1) Ca ne m'est jamais arrivé, car les enfants ont un peu peur des enseignants. (2)

Tableau 5 (suite)

	Réflexion	Conséquences logiques	Punition
Est-ce que vous bénéficiez d'une couverture légale, syndicale ou de la commission scolaire pour d'éventuelles poursuites judiciaires ?	Probablement par la commission scolaire et le syndicat. (4) Oui, mais j'ignore jusqu'à quel point. (1) Oui, pour autant que le geste soit légal. (1) Le syndicat nous protège. (2)	Je ne sais pas. (1) Je crois que oui. (8) Je ne crois pas. (1) Oui, pour autant que le geste soit légal. (6) Si on respecte les normes, oui. (1) On est très bien protégés. (1) Par le syndicat, oui. (1) Non, au contraire, aussitôt qu'il y a une poursuite, l'école et le syndicat se dégagent de cela. (1)	Je ne sais pas. (2) Oui, mais elle dépend de la gravité de ce qui est reproché. (1) Du syndicat et de la commission scolaire. (2) Dans les limites de la loi, oui. (1) Par le syndicat, oui. (1)

Plusieurs enseignants affirment que les parents ne connaissent que la version des enfants et c'est pourquoi ils veulent des précisions. Notons que quatre enseignants croient que, lorsqu'il y a un problème, c'est souvent chez un enfant qui n'a connu aucune discipline à la maison.

Lorsqu'ils font face à un élève résistant à une mesure disciplinaire, treize enseignants demandent l'appui de la direction, treize autres disent ne pas donner d'autre choix à l'enfant que de se plier à la punition, huit discutent avec l'enfant pour le faire réfléchir sur la règle et sur son comportement, et une répondante prétend qu'il faut vivre avec cela. Trois enseignants, dont deux faisant partie de la catégorie « punition », ont affirmé que cela ne leur était jamais arrivé.

L'analyse des réponses à la question sur la protection du syndicat ou de la commission scolaire révèle que plusieurs enseignants ne sont pas au courant de leur degré de protection advenant une poursuite judiciaire. En effet, 45,9 % des enseignants interrogés ont donné une réponse évasive. Ils avouent ne pas savoir s'ils sont protégés. Ceux qui ont donné une réponse précise ont déclaré être protégés, sauf une personne qui croit qu'au contraire la commission scolaire et le syndicat se dégagent immédiatement de toute responsabilité dès qu'il est question de poursuite judiciaire.

LES SOUVENIRS DE PUNITION

Quelles punitions étaient généralement administrées quand les enseignants étaient jeunes ? Est-ce qu'ils ont vu des punitions qui les ont choqués depuis qu'ils enseignent ? Ces questions vont nous permettre de vérifier la perception qu'ont les enseignants des changements qui se sont produits dans l'éducation au fil des années.

À l'exception des sept personnes qui ont répondu ne pas s'être fait punir lorsqu'elles étaient jeunes, les punitions généralement administrées dans la jeunesse des enseignants, dont celles subies par l'enseignant lui-même, sont surtout de nature physique, par exemple recevoir des coups de « strappe » ou de règle (21), se faire tirer les oreilles (5) ou s'agenouiller dans le coin (8). Notons que certaines réponses plus rares sont très évocatrices de la violence des châtiments d'avant la Révolution tranquille : fermer le couvercle du pupitre sur les doigts, coller la gomme sur le nez, se faire arracher les cheveux, se faire tirer une brosse de tableau ou se faire mettre une couronne d'épines sur la tête.

Tableau 6

	Réflexion	Conséquences logiques	Punition
Quels genres de punitions avez-vous subies étant jeune élève ?	J'étais sage à l'école, alors je n'ai pas été beaucoup puni(e). (2) Punitions physiques. (2) Avoir été mis à genoux dans le coin. (2) J'ai manqué plusieurs sorties de groupe. (1) Sortir dans le corridor. (2) Aller chez le directeur. (1) J'ai perdu mon permis de circuler seule dans l'école. (1)	J'étais sage à l'école, alors je n'ai pas été beaucoup puni(e). (4) Punitions humiliantes. (4) Gomme collée sur le nez. (1) Punitions physiques. (1) Copies. (4) Coups de règles. (4) À genoux dans le coin. (4) Coups de crayons. (1) Piquet devant la porte du directeur. (1) Menaces. (1) Exercices supplémentaires. (1) Privé de récréation. (1) Retenue. (1)	J'étais sage à l'école, alors je n'ai pas été beaucoup puni(e). (1) On nous dégradait verbalement. (1) À genoux dans le coin. (2) Tape derrière la tête. (1) Coups de règle. (1) Rester à la récréation. (1) Confiscation d'objets. (1) Copies. (1)

Tableau 6 (suite)

	Réflexion	Conséquences logiques	Punition
Quelles punitions étaient généralement administrées lorsque vous étiez jeune élève ?	Coups de « strappe » ou de règle. (5)	Punitions physiques. (3)	Le seul fait de sortir la règle évitait souvent au professeur de punir. (1)
	J'ai vu une religieuse fabriquer une couronne d'épines en ronces et la faire porter à des enfants. (1)	Coups de règles et de « strappe ». (12)	Retenues. (4)
	Tirer les oreilles. (1)	Gifles. (1)	À genoux dans le coin. (2)
	Mettre à genoux. (2)	Se faire arracher les cheveux. (1)	Coups de règle. (4)
	Envoyer l'élève dans une autre classe. (1)	S'agenouiller dans le coin. (4)	Tirer les oreilles. (1)
	Je crois que, dans mon temps, ça ressemblait à maintenant, mais je suis jeune. (1)	Se faire tirer les oreilles. (3)	Rester à la récréation. (1)
	Manquer les sorties. (1)	Se faire tirer une brosse de tableau. (1)	Garder la classe après l'école (punition de groupe). (1)
	Sortir dans le corridor. (1)	Fermer le couvercle du pupitre sur les doigts. (1)	Expulsion de la classe. (2)
	Aller chez le directeur. (2)	Secouer les enfants. (1)	Confiscation d'objets. (2)
	Copies. (2)	Aller chez le directeur. (5)	Retrait d'une activité. (2)
	Travaux supplémentaires. (1)	Attendre dans le corridor. (4)	Copies. (3)
		Menaces. (3)	
		Piquet devant la porte du directeur. (1)	
		Piquet dans le coin. (3)	
		Privé de récréation. (2)	
		Retenues. (4)	
		Coller sa gomme sur le bout du nez. (2)	
		Cris de l'enseignant. (1)	
		Copies. (8)	
		Devoirs supplémentaires. (1)	
		Insultes. (2)	

Tableau 6 (suite)

	Réflexion	Conséquences logiques	Punition
Depuis le début de votre carrière, est-ce qu'il y a des cas de punitions qui vous ont choqué(e) ou bouleversé(e) ?	Expulser un élève de l'école. (1) Lorsque la punition est démesurée par rapport au geste posé. (1) Un élève isolé dans la classe. (1) La retenue après l'école. (1) Les punitions à répétition ou la retenue à répétition. (1) Pousser un élève. (1) Crier après les élèves. (1) La « strappe ». (1)	Rien (3) Mordre un enfant qui a mordu. (1) Isolement d'une demi-journée. (1) Conséquences extrêmes. (1) Piquet. (1) Conséquence humiliante pour l'enfant. (6) Engueuler les enfants devant toute la classe. (1) Punitions démesurées. (1) Copies. (1) Parfois un enfant peut être puni sans le mériter. (1) Enfermer un enfant dans la garde-robe. (1) Sortir un enfant dans le corridor. (1) Punir une classe entière pour un élève. (1) Copies trop longues. (1) Ne pas donner la chance à l'enfant de s'expliquer. (1) Punir un enfant sans lui expliquer pourquoi. (1) Traiter un enfant d'innocent. (1) Priver un enfant d'une sortie éducative, parce que l'enfant aurait appris pendant cette sortie. (1)	Piquet devant le mur. (1) Punitions qui ridiculisent les élèves. (3) Lancer des bouts de craie à la tête des enfants. (1) J'ai vu un enfant se faire tirer dans le mur. (1) Donner une suce à un enfant qui parlait beaucoup. (1) Des enseignants qui crient très fort. (1) Intimidation. (1)

D'autres punitions qui ont fait époque sont toujours utilisées. C'est le cas de la copie (13), de la rencontre avec le directeur (7), de la retenue (8) ou du fait de garder l'élève pendant la récréation (3).

Les punitions qui ont choqué les enseignants sont d'ordre physique (7) ou ont été humiliantes (13) pour les élèves. Notons que certains enseignants trouvent des punitions injustes comme punir une classe entière pour quelques individus, punir un enfant sans qu'il sache pourquoi ou punir un enfant sans qu'il puisse s'expliquer. Les punitions à répétition sont aussi considérées comme inacceptables.

Enfin, quelques enseignants préconisant la réflexion mentionnent des punitions mineures, mais jugées choquantes, comme l'isolement dans la classe ou la retenue.

CONCLUSION

Les enseignants qui ont une conception « réflexive » de la punition ne s'en tiennent pas aux interventions dites « réflexives ». Ils prétendent que l'intervention est efficace si l'enfant a pris conscience de ses gestes et des conséquences de ses gestes. Cependant, comme ils graduent leur intervention selon la gravité de la faute ou en fonction de la récidive, ils comptent sur l'effet désagréable de l'intervention, sinon ils n'utiliseraient pas de gradation. Dans les faits, ils utilisent donc la punition dans leur classe. Malgré un discours sur la réflexion, ces enseignants comptent sur l'effet désagréable de l'intervention pour en garantir l'efficacité. Ils vont utiliser plus volontiers l'expression « conséquence logique », mais ils avouent que la conséquence doit être désagréable pour inciter l'enfant à ne pas recommencer. Malgré tout, ces enseignants préfèrent tous la discussion et le renforcement positif à la punition.

Seulement quatre répondants respectent à la lettre le principe de la conséquence logique, c'est-à-dire qu'ils comptent sur le lien logique entre la faute et la conséquence pour que l'élève prenne conscience de son acte. Les autres se servent à la fois du lien logique et du côté déplaisant de l'intervention. Plusieurs affirment qu'il faut que l'élève soit dérangé par la punition pour qu'elle soit efficace. Ils graduent leurs punitions selon la récidive ou la gravité de la faute. On peut donc affirmer qu'ils comptent sur l'aspect punitif de l'intervention pour en assurer l'efficacité. Pourtant, ils tiennent à utiliser le mot « conséquence » plutôt que le mot « punition ». Le mot « punition » les heurte sans doute parce qu'il fait référence aux châtiments corporels très courants avant la Révolution tranquille. Il y a aussi la croyance selon laquelle la conséquence logique propose à l'enfant un comportement de rechange au comportement fautif. Mais on peut se demander comment, par exemple, en privant un enfant du jouet avec lequel il frappait un autre enfant, on arrive à lui proposer une autre façon d'utiliser son jouet.

Notons qu'une enseignante cherche à rendre tout le monde heureux dans sa classe. Selon elle, la communication est ce qu'il y a de plus important. Les élèves pratiquent les messages en « je » et l'écoute active. Elle essaie de toujours s'orienter vers le positif : « Nous travaillons ensemble à renforcer le positif. [...] J'entends souvent le mot " amour " dans ma classe. On travaille dans l'amour, on partage dans l'amour ». Lorsqu'elle se décide à donner une conséquence, elle cherche à faire réfléchir l'enfant. Sa conséquence préférée est de faire écrire à l'enfant une lettre où il explique à ses parents ce qui s'est passé et comment agir dans des situations similaires. On peut s'interroger sur les effets que la rédaction par l'enfant d'un travail de réflexion aura sur sa conception de l'écriture et de la réflexion. L'enfant va-t-il considérer l'écriture ou la réflexion comme une punition ? Cette pratique ne présente-t-elle pas l'écriture et la réflexion comme des activités désagréables ?

Plusieurs adeptes de la conséquence ont déclaré que la classe devait être menée comme la société et que, comme dans la société, un manquement aux règles devait être suivi d'une conséquence logique, non d'une punition. Selon ce curieux raisonnement, aller en prison serait une conséquence qui découle logiquement du fait de commettre un vol !

La plupart des enseignants du troisième groupe comptent à la fois sur la réflexion et sur le côté déplaisant de la punition pour en assurer l'effet. Une enseignante précise que, lorsque la punition n'est pas en lien avec le comportement, elle perd de son efficacité.

En somme, il semble que, malgré le refus d'utiliser le mot « punition » pour désigner une intervention disciplinaire, les enseignants punissent, car ils comptent sur la répulsion de l'enfant qui veut éviter le côté désagréable de la punition. Aux yeux de la plupart d'entre eux, le lien logique entre l'intervention et la faute permet à l'enfant de réfléchir sur ses actes, mais, si l'intervention n'était pas désagréable pour l'enfant, elle serait moins efficace. Donc, on constate un écart entre le discours des enseignants et leur pratique. Bien que, dans leur discours, les enseignants refusent de considérer la punition et qu'ils organisent leur conception de la discipline autour d'interventions douces qui font réfléchir l'enfant, la plupart d'entre eux utilisent la punition dans les faits. L'expression « conséquence logique » ne serait-elle qu'une expression vide de sens permettant aux enseignants de ne pas se sentir coupables lorsqu'ils punissent ?

ANNEXE I

QUESTIONNAIRE

1. Selon vous, qu'est-ce que punir ?
2. Quels sont les impacts de la punition ?
3. La punition a-t-elle de réels effets sur le comportement des élèves ?
4. Comment vous sentez-vous lorsque vous appliquez des mesures disciplinaires ?
5. Comment vous assurez-vous de l'efficacité de la punition ?
6. Existe-t-il une gradation dans les mesures disciplinaires que vous utilisez ? Expliquez.
7. Quelles sont les formes de punition que vous utilisez le plus fréquemment ?
8. Existe-t-il un accord implicite ou explicite entre les élèves et vous, une sorte de contrat établi au début de l'année scolaire au sujet de votre système de punition ? Expliquez.
9. Avez-vous recours aux punitions physiques ? Pourquoi ? Si oui, lesquelles ?
10. Est-ce que vous vous assurez de l'accord de la direction avant d'implanter votre propre système de punition ? Comment ? Pourquoi ?
11. Avez-vous eu à modifier votre système depuis que vous avez commencé votre carrière ? Pourquoi ?
12. Est-ce que l'école ou la commission scolaire vous transmet des consignes concernant les punitions ? Jusqu'à quel point êtes-vous tenu(e) de vous y conformer ?
13. Est-ce que vous vous assurez de l'accord préalable des parents avant d'administrer certaines punitions comme la retenue après la classe ?
14. Avez-vous déjà été confronté(e) à des parents qui ont remis en cause une ou l'autre de vos mesures disciplinaires ? Comment avez-vous réagi ?
15. Que faites-vous lorsqu'un élève résiste à l'une de vos mesures disciplinaires ?
16. Quels genres de punitions n'aimeriez-vous pas administrer ? Pourquoi ?

17. Quels genres de punitions avez-vous subies étant jeune élève ?

18. Quels genres de punitions étaient généralement administrées lorsque vous étiez jeune élève ?

19. Depuis le début de votre carrière dans le monde de l'enseignement, est-ce qu'il y a des cas de punitions qui vous ont choqué(e) ou bouleversé(e) ?

20. Est-ce que vous bénéficiez d'une couverture légale, syndicale ou de la commission scolaire pour des éventuelles poursuites judiciaires ?

10

La punition corporelle
dans le système scolaire marocain

Rachid Ringa

Au Maroc, on applique encore le châtiment corporel à l'école et à la maison. Toutefois, des efforts considérables sont déployés pour enrayer cette pratique. À cet égard, le ministère de l'Éducation nationale a publié plusieurs notes de service. Nous désirons étudier ici l'écart qu'on observe entre le discours officiel du Ministère et les habitudes bien ancrées dans la population et le corps professoral[1].

Avant d'entrer dans le vif du sujet, rappelons quelques informations sur le Maroc. Sa population atteint 28,4 millions d'habitants. L'arabe est la langue officielle. Le français est employé avec l'arabe pour l'administration. L'espagnol est parlé dans tout le nord du pays, dans l'ancienne zone protégée. La religion de l'État est l'islam, pratiquée par la quasi-totalité de la population, mais la liberté de culte est assurée. Plus de 98 % des Marocains sont de confession sunnite, du rite malékite. On trouve également quelques minorités juives et chrétiennes. Le régime du pays est la monarchie constitutionnelle. Le Parlement est composé de deux chambres qui sont sous l'autorité du chef de l'État, le roi Mohammed IV. Les villes principales sont Rabat (capitale administrative, 1 500 000 hab.), Casablanca (capitale économique, 3 094 000 hab.), Marrakech (capitale du Sud, 1 608 000 hab.) et Fès (capitale culturelle, 1 160 000 hab.)

---

1. Voir entre autres Abdelkader Baïna, *Le système de l'enseignement au Maroc*, tome 1, *Les instruments idéologiques, le fonctionnement interne*, Éditions Maghrebines, Casablanca, 1980.

QUELQUES CONSIDÉRATIONS GÉNÉRALES
SUR LA PUNITION

Le châtiment corporel est un thème qui a une longue histoire dans les pays arabes, particulièrement au Maroc. Il est bien présent dans les traditions orales, comme en font foi ces anciens dictons : « Le bâton pour les enfants désobéissants » ; « Cet enfant a des traits communs avec le cumin, il faut le moudre pour sentir son parfum et apprécier sa saveur ».

Les partisans du châtiment corporel soutiennent qu'il est l'unique remède pour corriger l'enfant récalcitrant. En général, les enseignants sont favorables à l'usage du châtiment corporel en classe pour réprimer l'inconduite de l'enfant. Ils croient que ce moyen disciplinaire peut faire obstacle aux comportements répréhensibles et prévenir la récidive.

Pourtant, déjà au Moyen Âge, des philosophes comme Al Ghazali (1058-1111), dans une lettre intitulée « Oh l'enfant bien aimé », et Ibn Khaldoun[2] (1332-1406) ont condamné l'usage de la violence dans l'acte pédagogique. Ils ont prêché l'abolition des châtiments corporels, jugeant que la punition s'adresse exclusivement aux criminels et non à l'enfant.

Si on analyse le sens du mot *punition*, on constate avec Lopez-Pino[3] que l'hébreu *musâr* signifiait à la fois éducation et châtiment, tout comme le grec *paideia* voulait dire éduquer, mais aussi de façon plus restrictive punir. Le mot *discipline* (latin *discere*, c'est-à-dire apprendre, étudier) conserve actuellement encore un double sens en français ; d'une part, il désigne les diverses branches de la connaissance (enseigner telle discipline ou telle autre), et d'autre part il implique la règle, l'ordre et son maintien. Ainsi, dès l'origine, la notion de châtiment semble inséparable de celle d'éducation.

Dans le vocabulaire arabe cependant, il y a une distinction très nette entre la notion d'éduquer et celle de punir. Le premier mot est synonyme d'instruire, d'élever, de socialiser, mais il n'a aucun lien sémantique avec le second qui est l'équivalent de châtier, de réprimander, de condamner. La langue arabe exprime en quelque

---

2. Ibn Khaldoun, *La Muqaddima*. Centre pédagogique maghrébin. Imprimé en France par Oberthur-Rennes, 1956.

3. Cité par Bernard Douet, *Discipline et punitions à l'école. Pédagogie d'aujourd'hui*, Paris, PUF, 1987, p. 17.

sorte la séparation de deux univers antagonistes : les lumières et les ténèbres, la vertu et le vice, le bon et le mal.

LE CHÂTIMENT CORPOREL
DANS LES ÉCOLES CORANIQUES

Les écoles coraniques au Maroc sont des garderies tradition-nelles dirigées par un maître nommé le *fkih*. Celui-ci assure une seule matière : l'apprentissage du Coran. Les fkihs pensent que c'est un acte de bénédiction d'inculquer le message révélé aux enfants et que l'œuvre éducative est imprégnée du devoir religieux dont ils ont le mandat.

On peut qualifier la pédagogie du fkih de pédagogie tradition-nelle. Dans cette école, on estime qu'on peut éduquer et instruire l'enfant en s'adressant d'abord et avant tout à sa mémoire. Ap-prendre par cœur constitue la base essentielle de l'enseignement. Le fkih ne cesse de rappeler que la valeur d'un homme se mesure à la quantité des versets du Coran qu'il peut réciter. L'école cora-nique considère que l'intelligence peut se mesurer à la vitesse d'ac-quisition, à la capacité de conservation et à la fidélité de reproduc-tion des textes sacrés.

Le fkih jouit d'une autorité extraordinaire, totalement légiti-mée par les parents. Les parents disent métaphoriquement : « Toi, tu tues, et nous, nous enterrons ». Les paresseux reçoivent une punition effrayante appelée *falaka*. L'enfant se met à terre, il sou-lève ses pieds vers le ciel, et le maître tape de toutes ses forces sur les pieds de l'enfant. Dans la plupart des cas, l'âge de l'enfant ne dépasse pas son quatrième printemps. Paradoxalement, le fkih re-connaît que l'intégrité physique de toute personne est sacrée et doit être respectée, car le Coran prêche cette intégrité du corps et condamne sa violation. En outre, l'emploi contre un enfant de la force, si minime soit-elle, est défendu par la loi. Et pourtant les fkihs, par tradition, continuent à battre les enfants sans être nulle-ment désapprouvés.

LE CHÂTIMENT CORPOREL
DANS LES ÉCOLES PRIMAIRES

Quand il commence à fréquenter l'école primaire, l'enfant s'imagine qu'il a tourné la page du fkih, mais il va vite déchanter.

Dans le système scolaire marocain, la correction corporelle ne touche pas seulement les pieds ou les mains, le corps entier devient la cible du maître. Le châtiment est réparti sur tout le corps, souvent malheureusement avec une force excessive. L'enfant est châtié selon la personnalité de l'enseignant ou parfois selon son humeur. Les élèves sont particulièrement vulnérables en raison de leur jeune âge et de leur manque de maturité. Les enseignants auteurs de châtiments corporels peuvent faire l'objet de conseils disciplinaires. Dans les cas très graves, la sanction peut aller jusqu'à l'expulsion et l'emprisonnement.

Dans ce contexte de violence infligée à l'enfant, les directions des établissements scolaires sont envahies par les plaintes et les réclamations des parents. Cette situation a incité les responsables du ministère de l'Éducation nationale à rédiger des circulaires[4] condamnant les sévices exercés sur les élèves. Ce qui est étonnant, c'est que les parents utilisent eux-mêmes à la maison le châtiment corporel. Pourquoi alors ne le tolèrent-ils pas à l'école alors qu'ils le pratiquent eux-mêmes dans leur foyer ?

LE CHÂTIMENT CORPOREL DANS LES LYCÉES

Le cheminement scolaire du jeune écolier poursuit son cours. Au lycée, l'élève découvre d'autres règles, d'autres valeurs, d'autres contraintes. Le bâton qu'utilisait le fkih à l'école coranique a été transmis aux enseignants du secondaire, parfois sous la forme d'un tuyau en plastique ou d'un rameau d'olivier.

Dans la plupart des cas, l'élève est châtié par une tierce personne étant donné que la majorité du corps enseignant est féminine. Les enseignantes ont tendance à remplacer le châtiment corporel par une punition non physique comme la réduction des notes ou les offenses morales humiliantes. Dans les cas où ces punitions ne suffisent pas, l'élève est renvoyé à la direction où il reçoit son châtiment.

Les adolescents du lycée ont peur du châtiment corporel. Ils préfèrent la punition morale, qui épargne le corps, et font tout pour qu'on n'avise pas leurs parents, car les châtiments corporels sont largement pratiqués à la maison. Les élèves manifestent donc en général une bonne conduite et tentent de s'adapter à la personnalité de leurs enseignants.

---

4. Pour des exemples, voir l'annexe.

LE DROIT DE CORRECTION
ET LA NOTION D'AUTORITÉ

L'autorité exercée par les parents à la maison passe dans les mains des enseignants à l'école. Les enseignants et les directions d'école doivent assurer la sécurité morale et physique des élèves. Tous les agents du système scolaire ont l'obligation de maintenir le bon ordre et la discipline dans l'école, sinon nul apprentissage ne pourrait s'y faire. Alors que l'autorité parentale s'exerce surtout pour l'éducation de base des enfants, l'autorité des enseignants a un caractère plus institutionnalisé et s'exerce davantage pour l'apprentissage des savoirs que la société demande à l'école de transmettre.

L'autorité des parents et des enseignants est limitée par certaines règles. Les États protègent en effet les jeunes contre les abus dont ils pourraient faire l'objet de la part d'adultes. Par exemple, l'article 43 du code criminel canadien[5] stipule que « tout instituteur, père ou mère ou toute personne qui remplace le père ou la mère, est fondé à employer la force pour corriger un enfant selon le cas, confié à ses soins, pourvu que la force ne dépasse pas la mesure raisonnable dans les circonstances ». De même, l'article 408 du code pénal marocain dit que « quiconque volontairement fait des blessures ou porte des coups à un enfant âgé de moins de douze ans accomplis ou l'a volontairement privé d'aliments ou de soin au point de compromettre sa santé à l'exclusion de violences légères, est puni de l'emprisonnement de deux à cinq ans[6] ».

Si le pouvoir de corriger les élèves en classe était aboli, cela mettrait en péril l'institution scolaire qui est au cœur de la société. Les enseignants dans l'exercice de leurs fonctions ne constituent pas une menace pour l'autorité des parents. Au contraire, les deux autorités, famille et école, se complètent mutuellement.

Cependant, est-il possible de rêver d'un enseignement sans douleur[7] ? Est-il possible d'imaginer un apprentissage sans contrainte et sans rigueur ? L'histoire nous fournit quelques exemples.

---

5. Code criminel, L.R.C 1985, ch. 4-46, p. 31. Textes préparés par Mmes Andrée Jean, Louise Martineau et Lise Saintonge-Poitevin. Édition à jour au 1er juillet 1999. Wilson Lafleur Ltée. Filiale communication Québecor inc. Montréal.

6. Pour des exemples, voir l'annexe.

7. Georges Snyders, *La joie à l'école*, Paris, PUF, 1986.

Tolstoï[8], qui s'intéressait aux questions éducatives, fonda en 1859 une école à Iasnaïa Poliana en s'inspirant des théories pédagogiques de Rousseau. L'écrivain russe était habité par une pensée humaniste : tirer de l'esclavage les paysans vivant sur son domaine. Pour cela, il fallait les instruire et libérer leur esprit de l'ignorance. Tout comme Rousseau, il croyait à la pureté naturelle de l'enfant et à la valeur fondamentale de la liberté.

L'organisation de l'école d'Iasnaïa Poliana avait pour principe le respect absolu de la liberté de l'enfant. L'autorité fut bannie, la contrainte fut abolie. L'éducation morale se faisait par le jeu. En dépit du caractère généreux de l'école de Tolstoï, son projet se termina par un échec sans doute parce que l'enfant a besoin d'un adulte pour le guider, de l'enseignant qui, à l'école, est le substitut ou le prolongement des parents. Comme l'affirme Denis Jeffrey[9], les limites ne sont pas uniquement des contraintes, elles constituent plutôt des moyens pour éveiller le sens de la liberté : « Mais que serait la liberté sans les règles, les normes et les limites ? Peut-on dire d'un enfant de quelques mois qu'il soit libre dans ses manières de se déplacer ? La liberté, en fait, ne peut s'exercer sans apprentissage préalable encadré de règles, de normes, de lois et de traditions... Pas de liberté sans règle. Si les règles n'existaient pas, ce serait le chaos[10] ». Malheureusement, l'école de Tolstoï, en n'imposant pas de limites, n'a pas pu cultiver la liberté.

En 1921, en Angleterre, le pédagogue Neil fonda une école encore vivante en 1994. L'école de Summerhill repose sur la liberté absolue de l'enfant, qui peut faire ce qui lui plaît. Neil condamnait avec énergie les parents sous prétexte qu'ils inculquaient aux enfants une morale étriquée qui entravait la croissance de l'enfant. Cependant l'expérience de Summerhill n'a jamais pu être étendue à l'ensemble d'un système scolaire.

Ces deux expériences montrent que les limites, les règles et les lois ne vont pas à l'encontre de la liberté ou de la démocratie. Bien au contraire, la liberté, pour s'épanouir en collectivité, a besoin

---

8. Voir F. Seclet-Riou, *La discipline et l'éducation. Du dressage à l'autonomie*, Paris, Éditions Bourrelier, 1946, p. 32, et Louis Legrand, *Pour une politique démocratique de l'éducation*, Paris, PUF, 1977.

9. Denis Jeffrey, *La morale dans la classe*, Québec, Presses de l'Université Laval, 1999, p. 106-126.

10. *Op.cit.*, p. 106.

d'un encadrement permettant aux jeunes d'en mesurer la portée et la signification.

LE DISCOURS OFFICIEL

Le thème du châtiment corporel et de la discipline scolaire revient souvent dans les textes officiels. Nous avons tenté d'analyser quelques textes administratifs qui visent à fixer les principes d'un système punitif à l'école marocaine. Afin de constituer notre matériel de travail, nous avons traduit six notes de service[11] qui nous paraissent révélatrices du discours officiel du ministère de l'Éducation nationale de 1968 à 1999.

Des considérations morales inspirent les instances du Ministère, qui invitent les enseignants à une réflexion sur les vices de l'emploi des moyens coercitifs. Toutes les notes de services insistent sur l'abolition du châtiment corporel, qui est jugé préjudiciable à l'enfant et à la mission de l'enseignement. Les rédacteurs du Ministère insistent sur l'amour qu'on doit porter à l'enfant.

Curieusement, les textes ministériels invoquent très peu souvent les arguments d'ordre religieux, dans un pays où pourtant l'ensemble de la population pratique la religion musulmane.

Les responsables du ministère de l'Éducation nationale rappellent plutôt aux enseignants la réglementation en vigueur et les gestes qu'ils doivent avoir à l'égard des apprenants. On constate le ton ferme avec lequel l'administration centrale exprime ses directives en incitant le corps enseignant à respecter rigoureusement les lois nationales. Cependant, les instances officielles invoquent très peu le droit international. On croirait que le Maroc vit isolé du reste du monde. Pourtant le Royaume du Maroc a adhéré à la charte des droits de l'enfant.

D'autres arguments invoqués confrontent la pédagogie traditionnelle et la pédagogie nouvelle et discréditent le recours à la sévérité et à la violence à l'égard des élèves, tout en rappelant l'importance de la discipline.

---

11. La note de service est un texte réglementaire par lequel le ministre définit les orientations politiques et trace le cadre de l'intervention de son ministère relativement à un axe d'intervention ou à une règle administrative.

CONCLUSION

Il appert que, malgré le discours officiel émanant du ministère de l'Éducation, le châtiment corporel reste une pratique courante dans le système scolaire marocain. La tradition perpétuée par l'école coranique et par ses maîtres, les fkihs, semble avoir encore plus de poids dans l'école marocaine que les conceptions pédagogiques modernes plus libérales et plus permissives. On peut imaginer que, tant que la population avalisera les pratiques punitives du fkih, le châtiment corporel demeurera à l'école et à la maison.

L'école traditionnelle présente un maître redoutable qui punit de façon exemplaire. Les tenants de cette école considèrent qu'une discipline rigoureuse est nécessaire à toute vie en collectivité et que le travail scolaire ne peut se faire sans contrainte et exige une grande sévérité en cas d'insoumission. La pédagogie traditionnelle n'accorde aucune importance à la personne de l'enfant.

La pédagogie moderne est davantage centrée sur l'élève. Refusant la contrainte et promouvant plutôt la liberté, elle vise l'épanouissement de la personnalité de l'enfant sur le plan tant cognitif, moral qu'artistique. Elle cherche à lui apprendre à aimer et à être aimé. L'élève n'est plus considéré comme un sujet inintelligent, démuni de talents, mais comme le principal moteur de son propre développement.

Au cours des dernières années, on a assisté à l'émergence d'une troisième voix, qui tente de réconcilier la tradition et la modernité. Son objectif vise à rompre avec les excès des deux premières pédagogies en suivant l'adage : « La fermeté sans rudesse et la bonté sans mollesse ». Le Maroc nous semble se situer à cette croisée des chemins.

ANNEXE

1- Note de service n° 21/453   *Rabat le 12.11.1968*

Objet : La punition des élèves

Du délégué auprès du Ministre de l'enseignement primaire
À l'intention des institutrices et les instituteurs de l'enseignement primaire
(Province de Rabat-Salé)

Il a été soumis à ma connaissance que certains institutrices et instituteurs essaient de discipliner les écoliers en leur infligeant des corrections impitoyables. Ces élèves, dans la plupart des cas, subissent des épreuves douloureuses qui causent des torts sérieux.

Je tiens à rappeler que les lois en vigueur interdisent formellement l'usage de la punition corporelle, et j'invite par la présente tout enseignant à assumer ses responsabilités.

Je souhaite rappeler que la bienveillance, l'indulgence et une bonne relation entre l'enseignant et ses élèves évitent l'emploi des moyens de contrainte et d'oppression. L'enseignement exercé dans de bonnes conditions prévient toutes les difficultés.

Pour cette raison, je convie les institutrices et les instituteurs à s'abstenir complètement de faire usage des punitions corporelles ou morales (par exemple, faire copier des centaines de lignes). Il faut mettre en place d'autres moyens pédagogiques plus adéquats, aimer les élèves et s'adapter à leur univers.

Signé, Le Délégué du Ministre de l'enseignement primaire.

2- Note de service n° 169/30 — Rabat le 20.11.75

Objet : Châtiment corporel

Du délégué du Ministre de l'enseignement primaire et
secondaire dans la province de Rabat,
À l'intention des directrices et directeurs des établissements scolaires.

Plusieurs correspondances sont parvenues à la délégation dont
les auteurs se plaignent des châtiments corporels infligés à leurs
enfants à l'intérieur des établissements scolaires parce que les élèves ont fait acte de paresse dans leurs devoirs scolaires ou qu'ils se
sont conduits hors des normes en vigueur et sans le respect exigé
à l'égard de leurs enseignants.

Cela peut avoir des impacts sur la santé physique et morale de
ces élèves, et amène leurs parents à réagir d'une manière malheu-
reuse ; ce genre de punition occasionne des traumatismes pour les
élèves.

Aussi je rappelle, mesdames les institutrices et messieurs les
instituteurs, que les gestes caractérisés par la violence et l'inflexibi-
lité vont à l'encontre des législations scolaires et que les nombreux
moyens de correction non-injurieuse et non-violente permettent de
mieux éduquer les élèves, de leur faire vénérer leurs enseignants et
de leur faire suivre le droit chemin afin qu'ils réalisent leurs études
dans un contexte de quiétude permanent.

J'espère que messieurs les chefs d'établissements feront la diffusion de toutes les dispositions de cette note de service au sein du
corps enseignant. Cette note doit être parafée par l'ensemble du
personnel après lecture attentive, dans l'espoir que tous obéissent
à la politique officielle. Cela nous évitera de prendre les mesures
nécessaires pour remettre les choses en ordre.

Signé, le Délégué du Ministre de primaire et secondaire.

3- Note de service n° 56/30   Le 11.3.77

Objet : Correction corporelle

Du délégué du Ministre de l'enseignement
primaire et secondaire de la province de Rabat
À l'intention des directeurs et directrices des
établissements scolaires

À l'évidence, la fonction de l'enseignement est considérée
comme la plus noble, et ceux qui l'exercent sont le levier essentiel
pour la formation d'une génération consciente de ses obligations et
prête à faire face aux exigences de la vie. Pour y parvenir, les enseignants doivent respecter les obligations de leur profession, être
nourris de son éthique et se soumettre à la législation en vigueur.
Car l'éducation authentique ne s'acquiert ni par l'oppression, ni
par l'usage de la violence.

Donc, je rappelle à l'ensemble de la corporation d'abandonner définitivement tout ce qui pourrait porter préjudice à la bonne
réputation du corps professoral, en raison d'un défaut de personnalité ou d'un manque de compétence. Et à ce propos, je vous
informe qu'un bon nombre de parents d'élèves viennent à la délégation pour y déposer des plaintes contre les agissements de certains enseignants, qui font preuve de violence et utilisent le châtiment corporel sur les élèves.

Il faut éviter tout recours aux châtiments qui touchent le corps.
Cela détruit la personnalité des élèves et engendre en eux un sentiment de peur et une perte de confiance en soi, ce qui peut éven-
tuellement aboutir à la délinquance et à d'autres séquelles graves.

Enfin, j'invite tous les enseignants à se rappeler leurs engage-
ments. Je demande aux directeurs d'exercer un contrôle vis-à-vis
des instituteurs pour l'application de cette note de service, et de
m'indiquer les éléments qui persisteraient à utiliser la correction
corporelle, pour prendre les dispositions nécessaires.

Signé, le Délégué du Ministre de l'enseignement
primaire et secondaire -Rabat -.

4- Note de service n° 223

Objet : Châtiment corporel

Du délégué du Ministre de l'éducation nationale –Rabat-
À l'intention des responsables des établissements
scolaires (Délégation de Rabat Salé)

Suite aux dispositions des notes de service portant les numéros : 95/10, datée du 29.5.75, et 56/30, datée du 11 mars 1977, concernant le châtiment corporel dans les institutions scolaires.

J'ai l'honneur de vous informer que la délégation reçoit des doléances dont les signataires, en l'occurrence les parents d'élèves, dénoncent l'usage du châtiment corporel sur leurs enfants de la part des enseignants. Cela va à l'encontre du bon sens et de l'éducation authentique, et contribuera à discréditer sans nul doute la profession enseignante.

Je tiens à rappeler à mesdames et messieurs les enseignants que la correction corporelle est strictement interdite en classe. Je vous invite à éviter l'usage de la violence sur l'élève.

Je sollicite tous les responsables de veiller à ce qui suit :

a/ diffuser cette note de service parmi tout le corps enseignant,

b/ faire parafer la présente note par les enseignants après en avoir pris connaissance,

c/ aviser la délégation de tous les enseignants qui persistent à employer la correction corporelle et à se montrer trop sévères en classe.

Nous espérons que les dispositions de la présente note de service seront respectées pour nous éviter de recourir aux mesures nécessaires.

Signé, le Délégué du Ministre de l'éducation nationale.

5- Note de service n° 197   Rabat le 28 novembre 1995

Objet : Le phénomène du châtiment corporel à l'égard des enfants

À messieurs les délégués du ministère de l'Éducation nationale

J'ai l'honneur de vous informer qu'on a constaté, à l'intérieur d'établissements du premier cycle de l'enseignement fondamental, que certains élèves reçoivent dans leur famille des châtiments corporels implacables qui laissent des cicatrices visibles sur leurs corps.

Ce phénomène suscite de l'inquiétude dans tous les milieux et exige des efforts soutenus de collaboration entre l'école et la famille, notamment par le concours des associations de parents d'élèves. L'objectif est de leur faire comprendre que le châtiment corporel ne peut être un moyen éducatif efficace pour modifier les comportements. Car de telles pratiques ont des conséquences négatives sur la psychologie de l'enfant et le font souffrir à court et à long terme. Elles peuvent engendrer en lui la haine, le manque de confiance en soi et même le dégoût de sa famille et de la société.

À cet égard, il est de mon devoir de signaler que les commandements de notre religion consacrent à l'éducation et l'enseignement une importance très grande. Notre religion prêche une morale civilisée et des relations interpersonnelles basées sur la clémence et le pardon en plus de condamner la sévérité et la violence.

Suivant les textes religieux et réglementaires, et les conventions des diverses organisations internationales qui s'occupent des droits de l'enfant, l'école est invitée non seulement à respecter les droits fondamentaux de l'enfant, à éviter toutes les formes de violence ou d'oppression, mais aussi à agir au sein des familles de manière à offrir un contexte valable pour l'éducation de l'enfant, dans la famille, dans la rue et à l'école. Les enfants doivent grandir dans des conditions de tranquillité si on veut leur garantir un développement équilibré.

Je vous invite donc à diffuser cette note dans les milieux de l'enseignement et de l'éducation qui sont sous votre tutelle. Et dans le cadre des notes de service précédentes, veuillez sensibiliser les familles par des contacts directs et par le biais des associations des parents et tuteurs des élèves, afin d'éviter tout souffrance à l'enfant et de promouvoir l'indulgence, la souplesse et la non-violence.

Le directeur général de l'enseignement de base et du premier cycle de l'enseignement fondamental.

6- Note de service n° 807/99

Royaume du Maroc   Louange à Dieu
Ministère de l'éducation nationale   Rabat, le 23 septembre 1999

Objet : Le phénomène de la violence dans les établissements scolaires

Mesdames, Messieurs les délégués
du ministère de l'Éducation nationale

J'ai l'honneur de rendre hommage de nouveau aux efforts déployés par l'ensemble des enseignants, instituteurs et cadres administratifs et pédagogiques, dans leur noble mission d'éduquer et d'instruire les générations futures, et de diffuser les valeurs culturelles et morales suprêmes de notre société.

Dans la continuité de ces efforts et pour assurer le rôle glorieux des enseignants et des éducateurs, et pour donner une plus grande valeur à l'école d'une manière générale, le Ministère, dans le cadre de son suivi des actes éducatifs, a relevé certains cas de violence dans quelques établissements. Les formes de ce phénomène sont diverses : violence corporelle, violence psychologique, point de vue totalitaire, empêchement à la liberté d'expression. Les enfants sont spécialement victimes de cette violence laquelle suscite parfois des critiques contre les enseignants et les éducateurs de la part des enfants, de leurs parents ou de leurs tuteurs.

Sans nul doute, les cadres éducatifs et l'ensemble des enseignants sont conscients des conséquences graves que peut avoir l'usage de la violence sur l'évolution cognitive et psychologique de l'enfant, et aussi sur l'efficacité des enseignants. En outre, de telles pratiques vont à l'encontre des principes de liberté et des droits de l'enfant, surtout dans notre pays qui s'efforce de garantir et de développer une culture de dialogue et de paix.

À cet effet, j'attire l'attention de l'ensemble des cadres d'enseignants et du personnel de l'administration éducative pour éviter toute forme de violence corporelle ou psychologique contre les élèves. On doit privilégier au contraire le recours au dialogue, afin d'encourager la liberté d'expression à l'intérieur des classes et dans les établissements scolaires.

Dans ce cadre, je demande à mesdames et messieurs les délégués du Ministère de superviser personnellement, avec la collaboration des cadres éducatifs, l'organisation d'une large campagne de sensibilisation destinée à rappeler aux directeurs, aux enseignants et également aux inspecteurs le danger de ce phénomène et ses conséquences nuisibles sur les enfants et les éducateurs, aussi bien sur le plan psychologique que sur le plan éducatif et moral.

Cette campagne invitera tout le monde à acquérir un esprit de tolérance et de respect de la dignité humaine et de l'intégrité de l'enfant, en favorisant la liberté d'opinion et d'expression et en soutenant la créativité et l'ouverture.

Enfin, je prie mesdames et messieurs les délégués du ministère de diffuser le contenu de cette note au sein de tous les établissements scolaires notamment auprès des cadres éducatifs, d'établir un programme de rencontres éducatives, et d'informer le ministère (Direction de l'action éducative), en rédigeant des rapports relatifs aux mesures prises en la matière.

Signé : le Ministre de l'éducation nationale

11

La punition corporelle
en milieu scolaire aux États-Unis :
un débat inachevé

Bernard Jobin

La punition corporelle en milieu scolaire ne suscite pas, au Canada, de polémiques aussi orageuses qu'aux États-Unis. Dans les écoles du Québec, les enseignants ont renoncé volontairement à l'usage du châtiment corporel au cours des années 1970. L'État canadien, par conséquent, n'a pas eu à voter de lois pour réguler le châtiment corporel dans le monde scolaire[1]. Dans cet article, nous présentons un aperçu de l'âpre débat qu'entretiennent encore nos voisins du Sud au sujet du châtiment corporel à l'école.

LA FESSÉE OU NON

Aux États-Unis, l'usage du châtiment corporel divise la population. Des associations de parents et d'experts ont demandé au

---

1. Le tableau 1 – en annexe – montre en quelle année la pratique de la punition corporelle dans les écoles publiques a été abolie dans une vingtaine de pays, la plupart situés en Occident (*Center for Effective Discipline*, site web de l'organisme : http://www.stophitting.com/CFED/CFED_about_us.htm. Précisons que, du point de vue juridique, la section 43 du *Code criminel* canadien permet encore aux enseignants, aux parents et à toute personne agissant à la place des parents (*in loco parentis*) d'utiliser une force raisonnable pour « corriger » les enfants qui leur sont confiés. Récemment, en 1998, une organisation ontarienne vouée à la protection des droits des enfants a poursuivi en justice le gouvernement canadien afin de supprimer les dispositions de cette section de la loi (Laframboise, Donna, « Loving, sober parents can spank, expert tells gathering », *National Post*, 6/7/99).

législateur d'abolir le châtiment corporel à l'école, ainsi qu'en témoignent de nombreuses publications et de nombreux sites Internet[2]. Ces derniers sont fort bien documentés et comportent parfois des images chocs susceptibles d'émouvoir les internautes du monde entier. Le mouvement abolitionniste, par ses stratégies faisant appel à l'abject et à l'indignité, agit un peu à la manière des groupes pro-vie.

D'après Irwin A. Hyman[3], dont les études publiées au cours des vingt dernières années remettent en question l'usage de la punition corporelle, ce débat se situe au cœur de la lutte de pouvoir entre la gauche et la droite religieuse et politique. On sait que la droite américaine fait la promotion de valeurs religieuses traditionnelles et cherche à contenir rigoureusement les comportements des jeunes. Elle prône le respect de la loi et de l'ordre de même que la nécessité de punir sévèrement les contrevenants. À l'opposé, la gauche se réclame du libéralisme et du relativisme culturel. Les tenants de la gauche s'appuient sur les études qui montrent que la prévention et la réhabilitation sont préférables à la punition corporelle.

Plusieurs questions sont soulevées. Un enseignant en exercice dans une école élémentaire ou secondaire publique ou privée devrait-il avoir le droit de recourir à la punition corporelle avec ses élèves indisciplinés ? À quelles personnes l'État devrait-il confier la tâche de fixer les conditions de pratique du châtiment corporel ? Est-ce que ce type de punition est légitime aussi bien à l'élémentaire qu'au secondaire ? En vertu de quels principes l'État devrait-il enlever ce droit aux professionnels de l'enseignement ? Doit-on tenir compte du multiculturalisme de la société et des convictions religieuses des citoyens ?

Il existe en fait autant de définitions de la punition corporelle en milieu scolaire qu'il y a d'auteurs ayant consacré des travaux sur ce sujet. Pour la Society for Adolescent Medicine[4], le châtiment corporel implique l'application d'une douleur physique visant la

---

2. *Center for Effective Discipline.*

3. Hyman, Irwin A., *et al.*, « Corporal Punishment in America : Cultural Wars in Politics, Religion and Science », *Children's Legal Rights Journal*, vol. 17, n° 4, automne 1997, p. 36-46.

4. Greydanus, Donald-E. *et al.*, « Corporal punishment in schools : A position paper of the *Society for Adolescent Medicine* », *Journal of Adolescent Health*, mai 1992, vol. 13 (3), p. 240-246.

modification d'un comportement. Cette punition peut prendre plusieurs formes : frapper, pincer, donner un coup de pied, secouer, et recourir à divers objets : palette de bois, ceinture, bâton, etc.[5]

Selon l'American Academy of Child & Adolescent Psychiatry[6], il s'agit d'une mesure disciplinaire appliquée par un adulte ayant la responsabilité d'un groupe d'enfants et utilisant la douleur physique pour sanctionner un comportement inacceptable. D'après Hyman[7], la punition corporelle consiste à infliger délibérément une douleur physique ou un retrait du groupe en guise de pénalité pour une mauvaise conduite en classe. Pour cet auteur, il importe de se référer à une définition assez large de la punition corporelle afin de bien cerner la diversité de ses manifestations.

Dans nombre d'écoles élémentaires et secondaires aux États-Unis, la punition corporelle correspond à une fessée donnée avec une palette de bois. Elle peut prendre également d'autres formes tels le confinement de l'élève à un espace restreint, la mise à l'écart du groupe pour une période de temps plus ou moins longue, l'obligation d'effectuer divers exercices physiques ou d'avaler des substances ayant un mauvais goût[8].

Deux techniques sont particulièrement populaires pour frapper les enfants : le *spanking* et le *paddling*. Le *spanking* est la fessée à main nue tandis que le *paddling* nécessite l'usage d'une palette de bois, un peu plus grosse que celle utilisée par les joueurs de ping-pong. Les modalités du *paddling* (nombre de coups par visite, présence ou non d'un témoin, comportements le justifiant) varient d'un État à un autre, d'un district scolaire à un autre, et parfois même d'une école à une autre[9].

---

5. *Ibid.*

6. American Academy of Child & Adolescent Psychiatry ; « Corporal Punishment in Schools » ; site web de l'organisme : http://www.aacap.org

7. Hyman, Irwin A., « Corporal Punishment, Psychological Maltreatment, Violence, and Punitiveness in America : Research, Advocacy, and Public Policy », *Applied & Preventive Psychology*, 4, 1995, p. 113-130.

8. *Ibid.*, p. 114.

9. Bauer, Gordon B. *et al.*, « Corporal Punishment and the Schools », *Education and Urban Society*, vol. 22, n° 3, may 1990, p. 285-299.

QUELQUES REPÈRES HISTORIQUES ET STATISTIQUES SUR LA PUNITION CORPORELLE DANS LES ÉCOLES PUBLIQUES AUX ÉTATS-UNIS

Selon plusieurs auteurs, le mouvement d'opposition à la punition corporelle des enfants aux États-Unis trouve ses origines dans deux phénomènes sociaux apparus après la fin de la Deuxième Guerre mondiale : la popularité d'un certain nombre d'ouvrages libéraux sur l'éducation des enfants et la diminution du nombre d'enfants par famille[10]. Dans *Baby and Child Care*, Benjamin Spock[11] conseillait aux parents de ne pas avoir recours aux pratiques punitives utilisées par les générations précédentes. Dans un autre ouvrage vendu à plus d'un million d'exemplaires dans les années 1970, *Parent Effectiveness Training*, Thomas Gordon[12] soutenait que les parents devraient traiter leur enfant comme un ami ou un conjoint.

D'après Straus[13], il existait jusqu'en 1968 un large consensus aux États-Unis en ce qui concerne la norme sociale du recours à la fessée (*spanking*) par les parents. En effet, 94 % des adultes interrogés à cette époque approuvaient la fessée. En 1994, des sondages révèlent qu'ils ne seraient plus que 68 % à l'approuver. Cette perte de popularité de la fessée est toutefois moins répandue dans les États du sud du pays, chez les personnes peu scolarisées et chez les Noirs. D'après d'autres études cependant, le discrédit de la fessée ne serait pas aussi important. Par exemple, un sondage Harris de 1992 indique que 86 % des Étatsuniens approuvaient encore la fessée infligée par les parents[14].

Les statistiques publiées par l'Office des droits civils du Département de l'Éducation indiquent que 1 521 896[15] élèves avaient été frappés (*paddling*) au cours de l'année scolaire 1976 dans les écoles

---

10. Rosellini, Lynn, « When to spank », *U.S. News*, 13 mai 1998.

11. Spock, Benjamin, *Comment soigner et éduquer son enfant*, traduction de *Baby and Child Care* (1946), Paris, Verviers, 1960, 553 p.

12. Gordon, Thomas, *Parent effectiveness training : the « no-lose » program for raising responsible children*, New York, Wyden, 1970, 338 p.

13. Straus, Murray A., et Anita K. Mathur « Social Change and Trends in Approval of Corporal Punishment by Parents from 1968 to 1994 », in Frehsee, D., W. Horn et K. Bussman (dir.), *Violence against Children*, Berlin et New York, Walter de Gruyter, 1996, p. 91-105.

14. Hyman, Irwin A. *et al.*, « Corporal Punishment in America : Cultural Wars in Politics, Religion and Science », *op cit.*, p. 41.

15. *Center for Effective Discipline, op. cit.*

publiques. Malgré l'ampleur du phénomène, la Cour suprême, dans la cause *Ingraham vs Wright*, a refusé en 1977 d'enlever aux enseignants le droit de frapper un élève, en soutenant que rien dans la Constitution des États-Unis ne pouvait empêcher une telle pratique[16].

Encore en 1972, on compte seulement deux États à avoir aboli cette pratique dans leurs écoles publiques : le New Jersey et le Massachusetts[17]. Treize ans plus tard, soit en 1985, huit États (Massachusetts, New Jersey, Hawaï, Maine, Rhode Island, New Hampshire, Vermont, New York) défendent aux professionnels de leurs écoles publiques de frapper les élèves[18]. En 1987 est fondée la National Coalition to Abolish Corporal Punishment in Schools, puissante association vouée à la suppression de la punition corporelle dans le système scolaire[19]. L'influence des abolitionnistes se fait de plus en plus sentir, si bien qu'on trouve en 1994 vingt-sept États qui interdisent la punition corporelle dans leurs écoles publiques ; cette pratique a été également abolie dans la plupart des écoles catholiques[20].

Le tableau 2 (voir annexe) présente la liste des vingt-trois États où un enseignant travaillant dans une école publique, élémentaire ou secondaire, peut encore recourir à la punition corporelle[21]. La plupart de ces États sont situés dans le sud et le sud-ouest du pays, et une large partie de leur population vit en milieu rural. Ces États recouvrent la région du *Bible Belt*, dans laquelle vit une grande proportion de fondamentalistes protestants.

Jones[22] rapporte que les enfants des minorités ethniques et les enfants blancs des milieux populaires seraient l'objet d'une punition corporelle de quatre à cinq fois plus fréquente que les enfants

---

16. Welsh, Ralph S., « Delinquency, Corporal Punishment, and the Schools », *Crime & Delinquency*, juillet 1978, p. 336-354.

17. Greydanus, *op. cit.*

18. Cryan, John R., « The Banning of Corporal Punishment in Child Care, School and Other Educative Settings in the United States », *Childhood Education*, février 1987, p. 146.

19. Greydanus, *op. cit. National Center on Child Abuse Prevention, American Academy of Pediatrics, American Bar Association, Parent-Teacher's Association, National Education Association, Society for Adolescent Medicine*, etc.

20. Hyman, Irwin A., « Corporal Punishment, Psychological Maltreatment, Violence, and Punitiveness in America : Research, Advocacy, and Public Policy », *op. cit.*, p. 116.

21. *Center for Effective Discipline, op. cit.*

22. Jones, L., « Why are we Beating our Children », *Ebony*, mars 1993.

blancs des classes moyennes et aisées de la société. Les études réalisées par Shaw et McFadden[23] montrent que les garçons noirs seraient victimes d'un plus grand nombre de punitions corporelles que les garçons blancs. Gregory[24] en arrive à la même conclusion après avoir examiné les résultats d'un sondage réalisé en 1992 par l'Office des droits civils du Département de l'Éducation des États-Unis auprès de 43 034 écoles publiques regroupant approximativement 25 millions d'élèves, soit 59 % de la population scolaire des niveaux élémentaire et secondaire aux États-Unis. Le tableau 3 – en annexe – présente une analyse statistique de Gregory portant sur cette différence selon le sexe et l'origine ethnique. Ainsi, en 1992, un garçon noir dans une école élémentaire ou secondaire publique aux États-Unis avait 2,81 fois plus de chances d'être l'objet d'une punition corporelle qu'un garçon blanc.

L'ARGUMENTAIRE DES ANTI-ABOLITIONNISTES

Les personnes qui militent pour le maintien de la punition corporelle invoquent son efficacité reconnue, le respect du multiculturalisme, la tradition, les textes bibliques, etc. Pour Puryear Burnette[25], les enfants ont besoin de règles et de limites pour structurer leur personnalité. Dans cette perspective, la punition corporelle, comme n'importe quelle autre forme de mesure disciplinaire, a son importance, car elle montrerait à l'enfant à obéir aux personnes en autorité.

Larzelere[26] souligne que la perception de l'utilité de la punition corporelle varie énormément d'une culture à l'autre. Plusieurs études montrent que la fessée est acceptée et utilisée plus régulièrement par les individus provenant de minorités ethniques non

23. Shaw, Steven R. et Jeffery P. Braden, « Race and Gender Bias in the Administration of Corporal Punishment », *School Psychology Review*, vol. 19, n° 3, 1990, p. 378-383 ; McFadden, Anna-C. *et al.*, « A study of race and gender bias in the punishment of school children », *Education and Treatment of Children*, mai 1992, vol. 15 (2), p. 140-146.

24. Gregory, James F., « Three Strikes and They're Out : African American Boys and American Schools' Responses to Misbehavior », *International Journal of Adolescence and Youth*, 1997, vol. 7, p. 25-34.

25. Puryear Burnette, Ada, « Corporal Punishment...Yes », *Children's Legal Rights Journal*, vol. 17, n° 4, automne 1997, p. 5-6.

26. Larzelere, Robert E., *et al.*, « Nonabusive Spanking : Parental Liberty or Child Abuse ? », *Children's Legal Rights Journal*, vol. 17, n° 4, automne 1997, p. 13.

européennes. Par exemple, 60 % des mères étatsuniennes noires seraient d'avis que la punition corporelle s'avère une pratique disciplinaire appropriée, comparativement à seulement 25 % des mères étatsuniennes d'origine européenne de la classe moyenne. Toujours selon Lazerlere[27], un enfant de deux à six ans qui reçoit une fessée par un parent voulant son bien et contrôlant sa colère ne risquerait pas plus qu'un autre de devenir un enfant déséquilibré.

Après avoir examiné plusieurs études consacrées à la question, Ellison[28] souligne que les protestants conservateurs (fondamentalistes et évangélistes) appuieraient toujours massivement le recours à la punition corporelle des enfants ayant des comportements inadéquats. Il convient cependant de noter que ces protestants conservateurs ne ménageraient pas non plus les marques d'affection envers leurs enfants. En effet, une étude réalisée par un sociologue de l'Université Princeton[29] montre qu'ils leur témoigneraient de l'affection deux fois plus souvent que les parents qui ne sont pas identifiés à une forme de conservatisme religieux. Non seulement ces protestants conservateurs n'abuseraient-ils pas de leurs enfants, mais ils seraient même capables de les sanctionner avec beaucoup de contrôle, auraient recours à la fessée uniquement dans certaines situations, et élèveraient rarement la voix pour bien se faire comprendre.

Ainsi qu'il a déjà été mentionné, les États où la punition corporelle est encore admise dans les écoles publiques sont pour la plupart situés dans le *Bible Belt*, où habitent un nombre important de fondamentalistes protestants. Selon Wiehe[30], le très large appui dont bénéficie cette pratique dans plusieurs États du Sud s'enracinerait dans les enseignements de la Bible. Grasmick[31] précise que la

27. Cité par Laframboise, Donna, « Loving, sober parents can spank, expert tells gathering », *National Post*, 6 juillet 1999.

28. Ellison, Christopher G., « Conservative Protestantism and the Corporal Punishment of Children : Clarifying the Issues », *Journal for the Scientific Study of Religion*, 1996, 35 (1), p. 1-16 ; Ellison, Christopher-G., Sherkat, Darren-E., « Conservative protestiantism and support for corporal punishment », *American Sociological Review*, février 1993, vol. 58 (1), p. 131-144.

29. Morin, Richard, « Unconventional Wisdom. Spanking, Hugs and Conservative Christians », *Washington Post*, 11 juillet 1999.

30. Wiehe, Vernon R., « Religious Influence on Parental Attitudes Toward the Use of Corporal Punishment », *Journal of Family Violence*, vol. 5, n° 2, 1990, p. 173-186.

31. Grasmick, Harold-G. et al., « Protestant fundamentalism and attitudes toward corporal punishment of children », *Violence and Victims*, hiver 1991, vol. 6 (4), p. 283-298.

principale source de ce fondamentalisme viendrait d'une lecture littérale des passages de la Bible où il est question de l'éducation des enfants.

Voici un résumé des principaux arguments utilisés par les opposants à l'abolition de la punition corporelle dans les écoles publiques :

Arguments relatifs à l'efficacité du châtiment corporel

1. Le fait d'abolir la punition corporelle en milieu scolaire dans certains États ne s'est pas traduit par une diminution de la violence dans les écoles ; dans certains cas, il y a même plus de violence qu'avant l'abolition.

2. La punition corporelle est un agent de dissuasion efficace pour régler les problèmes de comportement dans les écoles.

3. Le fait qu'il y ait plus de violence dans les écoles commande des mesures disciplinaires plus musclées. Il convient donc de ne pas exclure la possibilité de recourir à la punition corporelle pour contenir les élèves.

4. Plutôt que de provoquer la colère chez un élève, la punition corporelle met un frein à sa rébellion et peut contribuer au rétablissement d'une relation saine entre l'élève et l'enseignant.

Arguments relatifs aux conséquences du châtiment corporel sur le développement de l'enfant

5. Il n'existe pas d'études sérieuses démontrant un lien direct entre l'application raisonnable de la punition corporelle et le risque qu'un élève devienne plus agressif envers les autres.

6. Les études montrent que l'agressivité chez les élèves est davantage liée à la permissivité et à la critique négative qu'à la punition corporelle.

7. Lorsqu'elle est appliquée de manière contrôlée et pour le bien de l'élève, la punition corporelle ne peut pas lui être néfaste.

8. Les élèves qui font l'objet d'une punition corporelle ne risquent pas plus que les autres de recourir à la violence pour régler leurs conflits une fois parvenus à l'âge adulte.

Argument relatif à la réglementation limitant le châtiment corporel

9. Un enseignant agit toujours *in loco parentis*. Dans l'application de la punition corporelle, il est encadré de diverses façons : la loi de l'État, les règlements du district scolaire et les valeurs privilégiées par les parents des élèves.

L'ARGUMENTAIRE DES ABOLITIONNISTES

Les tenants de l'abolition de la punition corporelle à l'école publique s'appuient entre autres sur l'expérience acquise dans d'autres pays, sur des études empiriques ou sur un raisonnement moral. Selon Welsh[32], l'utilisation de la punition corporelle ne peut qu'occasionner peur et révolte chez les élèves, ce qui freinerait leur processus d'apprentissage. Il plaide pour une formation des maîtres renouvelée les initiant à des méthodes disciplinaires plus souples. Pour Romeo[33], le droit de recourir à la punition corporelle dans les écoles publiques ne servirait finalement ni l'enfant, ni l'enseignant, ni la direction de l'école, ni l'ensemble de la population. Cette pratique constituerait une forme d'agression et de violence. Murray Straus[34], fondateur du Family Research Laboratory de l'Université du New Hampshire, croit pour sa part que la fessée est un type d'assaut et que l'on devrait inscrire sur les certificats de naissance un avis mentionnant que la fessée constitue une pratique qui n'a plus sa raison d'être aujourd'hui.

L'American Academy of Pediatrics[35] s'affiche aussi résolument contre le recours à la punition corporelle dans les écoles publiques. Elle invite les parents, les enseignants, les directeurs d'école, les administrateurs de commission scolaire et les élus à s'unir pour éliminer une telle pratique dans tous les États.sirme de son côté que la punition corporelle à l'école représente une pratique disciplinaire inefficace, dangereuse et inacceptable. En permettant le recours à cette pratique dans l'école publique, l'État viendrait renforcer l'idée selon laquelle l'agression physique demeure une méthode efficace et acceptable pour éliminer les comportements indésirables dans la société.

Voici les principaux arguments utilisés par les tenants de l'abolition de la punition corporelle dans les écoles publiques :

32. Welsh, Ralph S., « Delinquency, Corporal Punishment, and the Schools », *Crime & Delinquency*, juillet 1978, p. 336-354.

33. Romeo, Felicia, « Corporal Punishment is Wrong ! Hands are not for Hitting ! », *Journal of Instructional Psychology*, vol. 23, n° 3, p. 228-230.

34. Cité par Laframboise, *op. cit.*

35. *American Academy of Pediatrics*, Committee on School Health, « Corporal Punishment in Schools », *Pediatrics*, vol. 88, n° 1, juillet 1991, p. 173.

36. Greydanus, *op. cit.*

Arguments relatifs aux conséquences du châtiment corporel sur le développement de l'enfant

1. Les enfants punis sont plus susceptibles de devenir des adultes incapables de contrôler leur agressivité et enclins à battre sans merci leurs enfants, leurs conjoints et leurs amis.

2. Les enfants punis grandissent avec l'idée que les actes violents constituent une manière appropriée de réagir face à un comportement désagréable.

3. Toute forme de punition corporelle appliquée à un être humain a des effets nocifs permanents sur sa personnalité.

4. Un élève ayant subi des punitions corporelles à l'école a plus de chance, une fois parvenu à l'âge adulte, d'être délinquant, dépressif, violent et d'abuser des enfants.

Argument relatif aux droits de l'enfant

5. Les élèves représentent le seul groupe d'individus dans la société étatsunienne à ne pas avoir encore obtenu une protection contre la punition corporelle. Les travailleurs agricoles, les domestiques, les recrues de l'armée, les suspects interrogés par les policiers, les prisonniers et les patients psychiatriques bénéficient aujourd'hui d'une telle protection.

Arguments relatifs à l'influence sociale et professionnelle de l'usage du châtiment corporel

6. En se donnant le droit de recourir à la punition corporelle, le personnel des écoles renforce indirectement le comportement violent des abuseurs d'enfants.

7. La punition corporelle en milieu scolaire rend moins noble l'exercice de la profession enseignante en instaurant une atmosphère conflictuelle à l'école qui peut conduire certains des meilleurs enseignants à abandonner leur carrière.

8. Plusieurs études ont montré que les enseignants les moins bien formés sont ceux qui ont recours le plus souvent à la punition corporelle en milieu scolaire.

Argument relatif à l'efficacité du châtiment corporel

9. Des études montrent que le fait d'abolir la punition corporelle dans une école ne se traduit pas par une augmentation des mauvaises conduites des élèves.

CONCLUSION

Le débat sur la punition corporelle aux États-Unis révèle d'abord la scission profonde et durable qui existe entre les États du Sud et les autres États américains. Cette fracture idéologique, qui s'enracine dans l'histoire et la religion, s'observe aussi à propos de la peine de mort. Ce pays censé très moderne et en apparence permissif comporte une large fraction foncièrement traditionnaliste et conservatrice, qui n'a guère d'égale dans les autres pays développés.

Une bonne partie des arguments qui s'affrontent soulèvent la question du pouvoir de l'adulte vis-à-vis de l'enfant. L'adulte a-t-il le droit, pour éduquer et discipliner l'enfant, d'atteindre à son intégrité physique et de lui infliger des douleurs corporelles ? L'autorité dont les parents et les enseignants sont investis peut-elle aller jusqu'à la somatisation de leurs interventions ? Plus fondamentalement, le corps de l'autre est-il intouchable s'agissant de la régulation des comportements ? Est-il réservé à la sphère de la tendresse et de l'amour ?

ANNEXES

Tableau 1
L'abolition de la punition corporelle dans les écoles publiques

ANNÉE	PAYS
1783	Pologne
1820	Hollande
1845	Luxembourg
1860	Italie
1867	Belgique
1870	Autriche
1881	France
1890	Finlande
1917	Russie
1923	Turquie
1936	Norvège
1949	Chine
1950	Portugal
1958	Suède
1967	Danemark
1967	Chypre
1970	Allemagne
1970	Suisse
1982	Irelande
1983	Grèce
1986	Grande-Bretagne
1990	Nouvelle-Zélande
1996	Afrique du Sud
1998	Angleterre (*)

(*) L'abolition votée en 1986 s'étend également à toutes les écoles privées.

Tableau 2
Les États n'ayant pas encore aboli la punition corporelle
Année scolaire 1996-1997

ÉTATS	Nombre d'élèves punis	Pourcentage du total des élèves
Alabama	48 216	6,3
Arizona	1 941	0,2
Arkansas	49 889	10,8
Caroline du Nord	9 415	0,8
Caroline du Sud	6 993	1,1
Colorado	67	Moins de 0,1
Delaware	186	0,2
Floride	20 774	1,0
Georgie	37 981	2,8
Idaho	76	Moins de 0,1
Indiana	2 806	0,3
Kansas	179	Moins de 0,1
Kentucky	1 745	0,3
Louisiane	18 950	2,6
Mississippi	60 435	12,4
Missouri	12 171	1,4
Nouveau-Mexique	2 864	0,9
Ohio	1 579	0,2
Oklahoma	16 650	2,7
Pennsylvanie	216	Moins de 0,1
Tennessee	43 921	4,7
Texas	118 701	3,1
Wyoming	0	0,0

Tableau 3

La probabilité d'être l'objet d'une punition corporelle à l'école publique
Comparaison entre les garçons noirs et les autres groupes d'élèves

GROUPES	TAUX COMPARATIFS
Garçons blancs	2,81
Garçons hispanophones	5,19
Garçons d'origine asiatique	20,81
Garçons d'origine amérindienne	2,69
Filles noires	3,06
Filles blanches	16,00
Filles hispanophones	24,06
Filles d'origine asiatique	156,25
Filles d'origine amérindienne	9,63

12

L'enseignant mélancolique : pistes de réflexion[1]

Marie-Renée Fountain

On s'interroge de plus en plus aujourd'hui sur les idéaux de la modernité et les limites de l'autonomie du sujet. À cet égard, dans *The psychic life of power*, Judith Butler[2] tente de montrer le rôle clé des théories psychanalytiques dans la compréhension des rapports entre le pouvoir et l'individu. Freud le premier a réfléchi sur les résistances que le sujet oppose à sa propre vérité. Il n'est pas facile pour un individu d'accepter des désirs et des pulsions qui hantent son inconscient. On sait qu'un patient va longuement résister au psychanalyste qui cherche à lui révéler des vérités sur lui-même. La particularité d'une résistance, dans le sens psychanalytique, c'est qu'elle fonctionne sur le mode inconscient, c'est-à-dire à l'insu du sujet qui résiste.

On peut reprendre cette conception freudienne de la résistance pour comprendre les résistances d'un sujet face à l'imposition du pouvoir. Il s'agit, en fait, de voir comment un individu reçoit et vit les règles du pouvoir dans notre époque « post-libertaire ». Illusionnés par une liberté hédoniste, nombre de modernes n'acceptent plus la soumission à l'autorité. Ils résistent à l'imposition de politiques contraignantes. Nous devons comprendre comment un individu en arrive à s'inscrire dans une relation

---

1. Ce texte a été traduit de l'anglais par Bernard Jobin et Denis Jeffrey. Pour des raisons linguistiques, il nous a fallu le réduire, réécrire certains passages et mettre de côté d'autres passages ; ce qui en amoindri l'argumentation. Nous nous en excusons d'emblée auprès de son auteur.

2. J. Butler, *The psychic life of power*, Stanford, Stanford University Press, 1997.

d'opposition au pouvoir. On sait que le sujet moderne n'affirme pas ouvertement ses résistances. Or, les résistances peuvent prendre différentes formes. Dans ce texte, nous nous demandons si la « mélancolie », c'est-à-dire la détresse psychique, peut être interprétée comme une résistance de certains enseignants à l'imposition d'un pouvoir, de la part du ministère de l'Éducation, toujours plus contraignant et omniprésent.

Butler formule l'hypothèse que les structures du pouvoir social, en se mettant en place, libèrent des espaces de réflexion. Selon Butler, « on ne peut pas se contenter de prétendre que les régulations sociales ne sont en fait qu'intériorisées par le sujet, acceptées sans résistances par le psyché, ce processus s'avère beaucoup plus complexe qu'il paraît *a priori*[3] ». Il importe donc de se demander comment le pouvoir affecte les individus, et comment ces derniers s'adaptent au pouvoir. En d'autres mots, nous devons comprendre comment fonctionne le processus de subjectivation par lequel on devient sujet ; nous devons nous demander également comment ce processus arrête de fonctionner. Lorsque le processus fait défaut, parce que, notamment, un individu ne peut plus assumer les contraintes du pouvoir, que se passe-t-il au juste ? Quelles sont les conséquences d'un défaut de fonctionnement du processus de subjectivation ? Pour discuter des résistances individuelles face à l'imposition des nouveaux programmes du ministère, il semble important de bien saisir le processus de subjectivation – et ses ratés, il va sans dire – dans le contexte actuel de la formation des enseignants.

LA MÉLANCOLIE COMME RÉSISTANCE

Je souscris à l'hypothèse selon laquelle les difficultés éprouvées aujourd'hui par les enseignants prennent souvent la forme de la « mélancolie », au sens freudien du terme. Ce sentiment qui mélange l'impuissance, la dépression et la résignation représente en fait une réaction, voire une résistance, aux processus d'appropriation des fonctions enseignantes. Il semble possible d'examiner les attitudes mélancoliques des enseignants à partir de la conception de l'autopunition développée par Butler. Ce sentiment vient notamment confirmer des résistances vécues par ces derniers à

---

3. *Ibid.*, p. 60.

l'égard des diverses formes de régulation qui régissent le métier et l'identité d'enseignant.

Lorsque l'on examine les programmes du primaire et du secondaire, on constate l'orientation forte, pour ne pas dire exclusive, sur les besoins de l'apprenant. Il y a lieu de souligner que la valorisation de l'apprenant n'est pas sans conséquence pour les enseignants. Cela peut entraîner, chez certains d'entre eux, l'impression d'une perte de contrôle sur l'acte d'enseigner. La réticence des enseignants à se soumettre au nouvel ordre établi par les autorités du ministère de l'Éducation, où l'apprenant occupe une plus grande place, peut prendre plusieurs formes. Nous pensons, en particulier, à la situation où l'enseignant ne parvient pas à verbaliser ce sentiment de perte de contrôle sur l'acte d'enseigner, mais aussi d'une perte d'identité. Il est à préciser que notre description des réactions de mélancolie ne provient pas de commentaires recueillis auprès des enseignants. Nous voulons plutôt souligner, en nous inspirant des travaux de Butler, qu'il existe « des convergences particulièrement intéressantes entre les pertes pour lesquelles nous n'éprouvons pas ou nous ne pouvons pas éprouver de chagrin et la situation particulière résultant du fait de vivre dans une culture où les personnes arrivent difficilement à composer avec les pertes qui les affligent[4] ».

LA PRODUCTIVITÉ DU POUVOIR

On pense habituellement que le pouvoir exerce, de l'extérieur, des pressions sur un individu, afin de l'assujettir à un certain ordre. Or, lorsque nous envisageons le pouvoir dans la perspective de Michel Foucault, nous le concevons plutôt comme ce qui contribue à « modeler » l'individu, c'est-à-dire ce qui pose les conditions de son identité et de ses désirs. Ainsi, le pouvoir n'est pas seulement une force qui vise à opprimer un individu, mais une réalité dont nous dépendons pour mener correctement notre vie de citoyen. Le modèle habituel du pouvoir se présente de cette façon : le pouvoir s'impose à un individu et l'affaiblit, l'obligeant ainsi à l'intérioriser ou à l'accepter. Un tel modèle n'arrive pourtant pas à montrer que le « sujet » qui parvient à accepter les contraintes du pouvoir conserve sa liberté de réfléchir, donc de se mettre à distance face au pouvoir.

---

4. *Ibid.*, p. 139.

Selon Butler, les normes politiques, de façon paradoxale, limitent le sujet dans son propre pouvoir, mais en même temps déclenchent et entretiennent les processus de subjectivation. Ainsi, un sujet n'est ni complètement déterminé par le pouvoir ni entièrement libre de ses actes dans le contexte de la vie sociale. Sa résistance à l'ordre établi est donc possible. Butler présente un certain nombre de conduites de résistance, chacune ayant ses particularités. Certaines résistances sont « possibles, nécessaires et improbables », d'autres sont « spontanées, sauvages, solitaires, tribales ou violentes », d'autres encore sont « intéressées, sacrificielles ou flexibles ». Par définition, une résistance doit s'inscrire « dans une stratégie de mise à distance du pouvoir ». Quelle que soit la forme qu'il prend, le pouvoir oblige le sujet à prendre ses distances, à rebrousser chemin, à se remettre en question, ou encore à s'en remettre à quelqu'un d'autre.

Butler nous invite à examiner l'individu se trouvant dans l'obligation de faire marche arrière lorsqu'il fait face à un pouvoir. Il arrive qu'un individu doive remettre en question sa façon d'agir et de penser. Butler qualifie cette réaction d'« autopunition ». L'autopunition apparaît lorsqu'une personne se fait des reproches, vit des problèmes de conscience et éprouve de la mélancolie. Ces diverses manifestations de l'autopunition ne sont pas sans renforcer les processus de régulation sociale. Cela nous oblige donc à reconnaître qu'il n'y a pas de dichotomie entre le politique et le psychique.

Qu'est-ce qui peut entraîner un individu à faire marche arrière, à se remettre en question ? Butler se demande si un individu se remet en question lorsqu'il subit une forte pression de son milieu ou par souvenir d'une punition reçue pour avoir troublé l'ordre établi. Il ne fait aucun doute que les demandes du milieu éducatif vont troubler l'identité de l'enseignant, et que le souvenir d'une punition n'est pas sans influencer un individu. En pareil cas, la réaction de mélancolie constitue-t-elle un refus ironique de se conformer à des pressions très fortes du milieu ? Des pressions que l'individu n'arrive pas à assumer ou ne veut pas assumer ? Est-ce que la mélancolie prend le sens, en somme, d'une contestation « latente » ou « passive » de l'ordre établi ?

QUAND L'IDENTITÉ EST CONTESTÉE

Prenons le cas où une nouvelle identité est imposée à un individu, et qu'elle implique pour ce dernier une perte. Quelles conséquences une telle perte peut-elle avoir dans l'éventualité où elle s'avère, dans une culture donnée, inavouable, ou même interdite ? Selon Butler, lorsque certains types de pertes sont impossibles à vivre du fait qu'elles ont été occultées par des interdits, on doit s'attendre à voir apparaître un sentiment de mélancolie. Il s'agit d'un sentiment qui exprime une perte pour laquelle le sujet ne peut pas manifester son chagrin. La mélancolie, dans son sens classique (Freud), représente la réponse à une perte pouvant être, entre autres, le décès, l'abandon ou la dissolution d'un idéal associé à la liberté ou à la nation. Ces idéaux présentent un caractère social. On ne peut oublier qu'un individu se juge lui-même à l'aune des idéaux qu'il a fait siens.

Le mélancolique se compare à ces idéaux présentant un caractère social. L'incapacité à atteindre un idéal poursuivi est source de désarroi. Si, pour des raisons de rectitude politique, une perte ne peut s'exprimer, elle est alors refoulée (Benjamin[5]). Le refoulement est un processus de déni, de mise à distance de la souffrance liée à la perte. Ainsi, si cette perte ne trouve pas sa voie d'expression, si le sujet ne peut en faire la narration, les symptômes de cette perte pourraient être, comme le suggère Butler, « une sédimentation d'objets aimés et perdus, le reste archéologique d'un chagrin non résolu ». Ou encore, toujours selon Butler, une sorte de « forclusion de possibilités » reflétant une passion invivable, une perte dont on ne peut faire son deuil.

Si, comme elle le suggère, les contraintes liées à l'impossibilité d'exprimer le désaccord correspondent aux symptômes exprimés et que le processus de symptomatisation est enclenché par ce qui empêche le sujet de se dire, d'exprimer sa propre histoire (narrativité), alors ne devrions-nous pas considérer des symptômes tels que la mélancolie et même les désordres relevant de la croyance en une situation meilleure comme des voies de perpétuation du différend, de la résistance au changement ? Comme le suggère Bhabba[6], l'enseignant pourra démissionner parce qu'il ne peut

5. W. Benjamin, *The Origin of the German Tragic Drama*, London, John Osborne, NLB, 1977.

6. H.K. Bhabba, « Postcolonial authority and postmodern guilt », *Cultural Studies : A reader*, New York, Routledge, 1992.

contester l'autorité. L'autopunition, la résistance, le retrait, le refus
de parler sont justement des formes de démission. Ces réactions
silencieuses ne pourraient-elles pas être considérées comme des
inscriptions somatiques témoignant d'un processus de deuil ina-
chevé ? Ne pourrait-on pas voir également dans ces silences des
façons de se libérer d'une contrainte trop puissante ? Est-ce que le
silence et la démission sont des résistances politiques permettant à
un individu de conserver sa dignité et de ne pas sombrer dans la
folie ? Ne sont-ils pas des conduites saines face à des contraintes
impossibles à assumer ? La mélancolie, en fait, n'est-elle pas une
sorte de rébellion n'ayant pas encore été écrasée ?

LE DÉSORDRE DANS L'ENSEIGNEMENT : CRÉER DES FAILLES DANS LES FONDATIONS IDÉOLOGIQUES

Se présentant le plus souvent sous la forme réductionniste du
constructivisme, le discours politique, dans les nouveaux programmes d'études, met de plus en plus en valeur l'apprenant et le processus d'apprentissage. En fait, on confond souvent le constructivisme avec la méthodologie inhérente à certaines formes de
pédagogie où le rôle de l'enseignant est celui de « guide » on de
« facilitateur ». Quels sont les sous-entendus contenus dans ces discours ? Leurs appels à la satisfaction des besoins de tous les apprenants n'évoquent-ils pas des idéaux impossibles à atteindre ? L'enseignant doit-il se présenter devant sa classe comme le « maître de
la satisfaction » des besoins des enfants ? Cette position paraît insupportable et non assumable. Et si des enseignants désirent enseigner avec une approche pédagogique différente, quel sort leur
réserve-t-on ? N'y aurait-il, dans l'école, qu'une seule façon d'enseigner ? Qu'arrive-t-il si un enseignant ne peut plus enseigner selon
son expérience et ses méthodes mises à l'épreuve au cours de sa
carrière ? Ne va-t-il pas être obligé de se retirer, ou de vivre une
perte ? Est-ce qu'il y a de la place, dans l'école, pour les enseignants
qui ne veulent pas suivre les directives pédagogiques du ministère
de l'Éducation ? Si on les oblige à se convertir aux nouvelles normes, au nouveau catéchisme pédagogique, que leur reste-t-il d'autre
à faire qu'à résister silencieusement ?

L'AUTOPUNITION PRODUCTIVE

Si un individu ne peut pas manifester ouvertement une perte, est-ce que le fait de démissionner psychiquement doit être considéré comme une conduite de résistance ? L'enseignant ne devrait-il pas plutôt combattre pour affirmer sa position personnelle ? Quand le combat ouvert est impossible, parce que la structure du pouvoir est trop puissante, s'enclenche ce combat silencieux pouvant prendre la forme de la mélancolie, du retrait et du silence. Le combat silencieux prend le sens d'un refus à la conformité, un refus personnel qui est une autre façon de ne pas baisser complètement les bras. Il y a un rire cynique dans ce refus, car il renvoie à la position du lutteur qui se protège pour ne pas recevoir tous les coups d'un adversaire trop fort pour lui. En fait, quand un enseignant prend un congé pour fatigue professionnelle, il exprime à son institution qu'il ne peut plus continuer, mais aussi que ça ne peut plus continuer ainsi. C'est un temps d'arrêt pour prendre une distance vis-à-vis de sa carrière et de son rôle d'enseignant. L'enseignant se punit-il, se culpabilise-t-il parce qu'il ne serait plus à la hauteur de sa tâche ? Nous ne le croyons pas. Nous croyons plutôt que le temps de repos permet un relâchement, un « lâcher-prise », une résistance, en somme, aux contraintes du pouvoir toujours plus imposantes et radicales.

13

Punition scolaire et punition sportive

Margot Kaszap

La punition scolaire, à l'instar de la pénalité dans le sport, vise à sanctionner un comportement inadéquat. Cependant, il existe un certain nombre de distinctions entre la première et la seconde punition. Notamment, la punition scolaire s'intéresse, en plus de sa visée pénale, à prévenir et à modifier les comportements fautifs. Elle a une valeur hautement morale. L'enseignant souhaite que l'élève puni accepte de respecter les règles, qu'il en comprenne le sens et la valeur. À cet égard, la punition participe à la mission éducative de l'école de préparer l'élève à devenir un citoyen accompli. La punition sportive, en revanche, rappelle les règles qui rendent le jeu possible. La valeur technique de la punition sportive prime sur sa valeur morale. Dans ce texte, nous désirons approfondir la comparaison entre ces deux types de punitions afin de mieux saisir la pertinence de la punition scolaire.

LES RÈGLES DU SPORT ET LA PUNITION

Dans le sport, les règlements constituent des balises nécessaires à la conduite du sportif. Un sport, en fait, existe parce que des règles délimitent l'espace et le temps du jeu, ses buts, ses pratiques et ses techniques. Ni les joueurs, ni les officiels, ni les présidents d'associations sportives ne réinventent les règles d'un sport chaque année. Les règles sont permanentes et consistantes, c'est pourquoi elles ont force de loi. Le sportif qui pratique le hockey, la nage de compétition, le handball, ou tout autre sport, en accepte d'emblée les règles. L'histoire du sport montre bien que les athlètes ne contestent pas les dimensions des espaces de jeu, ni par ailleurs les temps de jeu. Les joueurs de tennis et de badminton respectent les lignes blanches qui délimitent le jeu, et les joueurs de volley-ball ne remettent pas en question à chaque partie la hauteur réglementaire du filet.

Il semble que dans la classe, les règles n'aient pas la même valeur que, dans l'espace sportif. Il est à noter que les règles peuvent changer d'une classe à une autre, comme d'une école à une autre. Leur consistance fait défaut. Ceci pourrait peut-être en partie expliquer pourquoi les élèves n'accordent pas l'importance désirée par les enseignants aux règles qui régissent les conduites scolaires. Nombre d'enseignants, en début d'année scolaire, s'adonnent à l'exercice de construire les règles de la classe avec leurs élèves. Cette pratique, noble en soi, a l'inconvénient de fragiliser les règles. L'élève ne doit-il pas accepter que les règles sont pérennes, qu'elles le précèdent, que leur existence ne tient pas à un exercice politique qui se déroule en début d'année. La règle qui consiste à demander la permission pour sortir de la classe, ou celle qui veut qu'on lève la main pour demander la parole sont des règles permanentes que les élèves n'ont pas à refaire. Pourquoi faut-il laisser croire aux élèves que les règles scolaires n'ont pas la solidité des règles sportives ?

Dans le sport, un arbitre, un officiel ou un juge de ligne est nommé pour veiller au respect des règles. Il détient la prérogative d'interpréter une faute commise par un joueur et de prendre la décision la plus juste et la plus équitable compte tenu des circonstances du jeu. Son mandat est complexe du fait que sa décision est définitive. Ni un joueur ni un entraîneur ne peut s'opposer à son jugement. Le rôle de l'arbitre est d'autant plus important que les sports comportant de la robustesse doivent être bien encadrés afin de protéger les joueurs contre des atteintes physiques et verbales de l'adversaire. En fait, le sport doit être pratiqué sans que la vie ou la santé des joueurs ne soient mises en danger.

Dans la classe, l'enseignant est l'arbitre du jeu scolaire qui s'y déroule. Il intervient à son gré pour discipliner les élèves. Son jugement et ses décisions ne peuvent être remis en question par les élèves. L'enseignant a le devoir de rendre des comptes à la direction de son école et aux parents. Il arrive fréquemment que des parents contestent la décision d'un enseignant concernant la discipline. On sait que les parents ont tendance à défendre leur enfant, à amoindrir la faute que ce dernier a pu commettre. En ce sens, l'enseignant n'est pas le seul arbitre des mauvaises conduites dans sa classe. Son pouvoir politique de discipliner semble croiser le pouvoir de la direction et celui des parents.

NOUVELLES RÉALITÉS, NOUVELLES RÈGLES

Au fil des ans les règlements sportifs se sont complexifiés pour tenir compte du développement des équipements, de même que des nouvelles réalités du sport professionnel. Les professionnels du sport évoluent dorénavant dans un monde dominé par l'économie. Les revenus du sport se calculent en millions de dollars. Autant la radio que la télévision ont contribué à sa mise en spectacle. Même les athlètes qui participent aux jeux olympiques savent que le spectacle et le financement sont importants. Faut-il s'inquiéter de cette nouvelle réalité ? Les nouvelles réglementations sur le dopage montrent que les organisateurs des grands événements sportifs n'y sont pas indifférents. On croit encore que la santé et l'honneur du sportif priment sur le spectacle. Nombre d'athlètes non convertis aux nouvelles règles du sport ont été chassés de leur association professionnelle, notamment ceux qui ne respectaient pas les nouvelles règles concernant le dopage. L'exclusion d'un sportif est une punition sérieuse.

La mise en spectacle du sport a aussi engendré des problèmes de violence. On ne peut passer sous silence que la violence a pris des proportions alarmantes dans plusieurs sports d'équipe tel le hockey. On constate également que la violence s'est banalisée dans d'autres sports comme le baseball, le basketball et le soccer. Il n'est pas rare de voir un entraîneur invectiver un arbitre, un joueur adverse ou même un partisan. Au hockey, la violence est tellement tolérée qu'elle fait maintenant partie intégrante du système économique libéral (Hallowell[1]). On peut même supposer que l'*homo televisus*, souvent assoiffé d'émotions fortes, ne se lasse pas des spectacles sportifs violents. Mais les comportements violents sont sévèrement jugés par une grande partie de la population (Seglins[2]). Nombre de partisans se sont détournés du hockey, sport national

---

1. L.A. Hallowell, *The political economy of violence and control : a sociological history of professional ice hockey*, thèse de doctorat, Université du Minnesota, 1981.

2. « The sanctity of male violence that is considered just part of the game », D. Seglins, *Just part of the game : violence, hockey and masculinity in central Canada, 1890-1910*, thèse de doctorat. Queen's University at Kingston, 1995.

des Canadiens, parce qu'ils montrent aux jeunes une bien mauvaise image de l'esprit sportif. Même si la rudesse au hockey est associée à la virilité masculine (Kuhlmann[3]), on s'attend à des règles plus musclées pour la réguler. Ici encore, il fallait sévir. On ne pouvait permettre l'institutionnalisation de la violence sportive. Les amateurs de hockey vont accepter que des joueurs soient sévèrement punis lorsqu'ils ont une conduite trop agressive.

Les nouvelles réalités de l'école ne sont pas si différentes de celles du sport. Consommation de drogue et manifestations de violence sont maintenant des pratiques répandues. Or, l'école ne semble pas pressée de réguler les conduites inacceptables des jeunes. Les règles concernant la consommation de drogues et les conduites de violence excessives sont encore trop rares. L'enseignant se sent le plus souvent démuni devant des conduites de violence de la part des élèves. Le manque de balises pour encadrer la violence des jeunes engendre des effets pervers : temps perdu pour la discipline, perte du goût d'enseigner, perte du goût d'apprendre pour les élèves, démission des enseignants, transformation de l'espace de l'école en un milieu anxiogène, etc.

LE SENS ET L'UTILITÉ DE LA PUNITION DANS LE SPORT

Dans le sport, la punition vise principalement à sanctionner un joueur et son équipe. La sanction est relative à la gravité de la faute. On peut diviser les fautes en trois catégories : mineures, graves ou franchement inacceptables.

La sanction pour faute mineure concerne principalement les règles techniques. Au hockey, lorsqu'un joueur traverse la ligne bleue de l'adversaire avant la rondelle, il commet une faute technique. Il y a alors arrêt du jeu et mise au jeu dans la zone située avant celle où le joueur a commis la faute. Au basketball, marcher avec le ballon constitue une faute technique qui prévoit un arrêt du jeu. Le ballon est alors donné à l'équipe adverse. La punition n'est donc pas très sévère ni pour l'équipe ni pour le joueur.

Une faute plus grave nécessite une punition plus coercitive. Cette seconde catégorie de fautes concerne les interactions entre les joueurs. Au hockey, lorsque l'arbitre surprend un joueur à donner

---

3. W. Kuhlmann, « Violence in professional sports », *Wisconsin Law Review*, vol. 3, p. 771-790, 1975.

un coup de bâton, une punition est annoncée. L'équipe adverse peut alors retirer son gardien de but afin d'ajouter, à son avantage, un sixième joueur sur la glace. Le jeu se poursuit jusqu'à ce qu'un joueur de l'équipe fautive s'empare de la rondelle. La punition prévue est alors exécutée. Le joueur fautif doit purger une peine de deux minutes sur le banc des pénalités. L'équipe est ainsi amputée d'un joueur, l'obligeant à se défendre avec seulement quatre joueurs, à part le gardien de but. Cette punition plus sévère cause du tort à l'équipe punie, car des points peuvent être comptés dans ces moments de désavantage numérique.

Certaines conduites sportives sont jugées tout à fait inacceptables dans le cas d'un assaut inconsidéré contre l'adversaire ou d'une action d'un joueur qui déshonore son équipe. Dans ces situations, un joueur peut être suspendu ou banni à vie de son équipe et même de l'association sportive dans laquelle il évolue. On a déjà souligné la sévérité des règles concernant le dopage sportif. Nombre d'athlètes du niveau international ont été bannis à vie du sport à cet égard. Les conduites sportives violentes sont également punies de l'exclusion à vie de la pratique du sport.

On peut aisément appliquer cette division de la faute sportive à la classe. La faute mineure, aussi appelée faute technique, renvoie à toutes ces inconduites mineures qui perturbent le déroulement des activités scolaires : retard d'un devoir, dérangement, bousculade, bavardage, etc. L'enseignant, dans ces cas, utilise l'avertissement et la réprimande pour rappeler à l'ordre. Les fautes plus graves comme la tricherie et la copie demandent punition et réparation. L'enseignant doit demander une réparation afin que l'élève prenne acte de la gravité de la faute commise. La tricherie étant une faute grave, la punition doit être exemplaire. En guise de réparation, l'enseignant peut demander la reprise d'un travail ou un travail supplémentaire. On sait qu'un élève peut être exclu de l'université pour tricherie. À l'école primaire et secondaire, l'enseignant sévira devant la gravité de cette faute. D'autres fautes graves, dans la classe, concernent les interactions entre les élèves et entre un élève et l'enseignant. La direction de l'école reconnaît que l'enseignant ne doit en aucun cas accepter les conduites violentes dans sa classe. Les punitions à cet égard doivent montrer la gravité de la faute. Lorsque la violence devient inacceptable, un élève pourra être expulsé de son école. Les fautes inacceptables sont nombreuses – menaces, chantages, taxage, échanges de coups, etc.

On ne pourrait soutenir que la punition sportive, pour les fautes mineures et les fautes graves, a une visée préventive. La punition pour ces fautes ne vise pas à exercer une pression morale ou politique sur les joueurs. Cependant, les fautes qui entraînent une suspension ou une expulsion du sport ont probablement un effet préventif sur les autres joueurs. Le cas célèbre de Ben Johnson, du champion du monde aux 100 mètres, exclu du sport pour dopage en 1988, a assurément montré l'importance de la faute et la mesure de la punition.

Que ce soit au soccer, au football, au basketball ou aux hockey, les règles et les punitions qui balisent le jeu sont connues de tous les joueurs et les entraîneurs, les arbitres et les partisans. Il est banal de le rappeler, parce que nul ne doute que les règles d'un sport sont connues par tous les intéressés. Or, il semble que les règles de la classe ne sont pas connues et reconnues par nombre de parents. Cette situation mériterait à elle seule une recherche de terrain. Pourquoi certains parents contestent-ils les règles de l'école et de la classe ? Ont-il bien compris la pertinence des règles de la classe ? Acceptent-ils la différence entre les règles de la classe et les règles à la maison ? On observe qu'aucun parent ne s'objecte à ce qu'il y ait des règles dans la classe. Or, en milieu scolaire, selon les écoles, selon les enseignants et selon les stratégies pédagogiques utilisées, le bavardage en classe est pour les uns une faute et pour les autres n'en est pas une. Dans une même école, la règle et son application sont donc variables. Toutes les écoles du Québec devraient-elles être soumises aux mêmes règles ? La conformité des règles est-elle souhaitable dans les écoles ? Cette question implique une réflexion profonde. Ce problème n'est pas sans lien avec l'accroissement d'une délinquance de plus en plus précoce et le manque de savoir-vivre d'un grand nombre d'élèves.

UNE TYPOLOGIE DES PUNITIONS

Contrairement à ce que l'on observe dans le monde scolaire où l'évaluation de l'offense et de la punition est laissée au libre arbitre de l'éducateur, ou même à la volonté des enfants de la classe (par le conseil de coopération, par exemple), dans le sport, la liste des offenses est préalablement constituée, et pour chacune de ces dernières une punition y est attribuée.

Au hockey, par exemple, donner un coup de bâton entraîne une punition mineure (2 minutes) ou majeure (5 minutes) selon la gravité du geste ; utiliser un langage ordurier ou obscène est sanctionné par une punition d'inconduite ou de conduite non sportive (10 minutes). La contestation d'une décision de l'arbitre amène une nouvelle punition d'inconduite ; si le fautif persiste, cette punition est corrigée pour devenir une extrême inconduite (expulsion du match) ; cracher sur ou vers un adversaire est sévèrement puni par une expulsion du match pour le fautif.

La pondération et la classification des fautes permettent la construction d'un système de gradation des offenses et des punitions. Un système de gradation des offenses et des punitions a une valeur éducative du fait qu'un jeune peut reconnaître la gravité du geste posé. Dans la classe, la plupart des élèves ne savent guère qu'une gradation de punition peut exister pour évaluer selon une norme disciplinaire la remise en retard d'un devoir, la bousculade dans la classe, l'usage d'un vocabulaire grossier ou la simple agression contre un voisin de pupitre. L'enseignant est également le plus souvent embarrassé quand vient le temps de graduer ses interventions punitives. Cette confusion cause un tort considérable à l'école du fait que l'élève ne sait pas à quoi s'attendre lorsqu'il commet une faute. Il préfère croire que l'enseignant ne sera pas sévère ou qu'il fermera les yeux sur la faute commise. Il est plus aisé d'appliquer avec justesse une punition proportionnée à l'acte posé, une punition accordée au délit précis, qui ne varie pas selon la relation affective qui lie enseignant et un enfant. À vrai dire, dans la classe, la relation politique doit primer sur la relation affective. Sans ordre dans la classe, l'enseignement n'est tout simplement pas praticable.

CONCLUSION

Depuis quelques décennies, le mot « punition » n'est plus utilisé dans nos écoles. Il a été remplacé par les expressions « gestion de classe », « discipline[4] », « conséquences » et « règles de vie ». Il n'a plus cours non plus à la maison, où il a été remplacé par les mots « réflexion » et « dialogue ». Par conséquent, la punition a été grandement occultée à l'école, même si elle existe encore sous des formes très variables. L'autorité de l'enseignant est alors délaissée pour faire place à des approches consensuelles et à des approches autorégulatives tels que la gestion de classe participative, le cercle de coopération, le bulletin hebdomadaire d'évaluation du

---

4. C. M. Charles, *La discipline en classe*, Saint-Laurent, Éd. ERPI, 1997.

comportement. Ces nouvelles approches engagent les enfants dans la gestion de classe, les fait participer aux prises de décisions, à l'évaluation des situations problématiques, de même qu'elles les initient à l'analyse critique de leur vécu scolaire.

La punition a-t-elle disparu pour autant ? Il y a lieu de s'interroger sur les types de méfaits commis par les enfants à l'école et sur les punitions réellement utilisées. Sont-elles équitables, justes, proportionnées au délit ? L'élève sait-il véritablement qu'un geste posé, qu'une parole inappropriée constitue une faute et nécessite une punition ? En somme, l'élève connaît-il bien les règles et les punitions de l'école et de la classe ? Devra-t-il les apprendre lorsqu'il commettra une faute ?

Dans un grand nombre de travaux d'étudiants en formation des maîtres, on retrouve une conception erronée de la place des règles et des punitions. Par exemple, un étudiant au baccalauréat en enseignement secondaire écrivait dans sa préparation de classe : « Je vais leur dire qu'ils peuvent suivre les règles ou non mais que, s'ils ne le font pas, il y aura des conséquences . » Cet étudiant laisse entendre que les élèves ont le pouvoir de se soustraire aux règles moyennant une conséquence, alors que cette possibilité, dans les faits, n'existe pas, ne doit pas exister. L'enseignant a le devoir de rappeler les règles et de les appliquer, de sanctionner les fautes et d'encourager les bons élèves.

Fort heureusement, dans plusieurs écoles, les règles et les punitions ont été discutées par les membres du conseil d'établissement et font consensus entre les parents, la direction et les enseignants. Elles sont ensuite distribuées sous forme d'un livret et expliquées aux enfants au début de l'année scolaire. Elles sont appliquées avec respect, justice et discernement.

Il semble que l'ère de la permissivité est rendue à la fin de sa course et que la nécessité de la discipline scolaire soit mieux admise. Ainsi, dans plusieurs écoles, enseignants et membres de la direction se sont concertés et recommencent à instituer des normes pour rétablir le respect, notamment des règles de politesse et du vouvoiement. Le directeur d'école André Provencher[5] affirme : « On pourrait dire que maintenant, au lieu de subir, on gère ». En effet, la direction de son école a apporté, en 1996, quelques changements

---

5. Cité par G. Corriveau dans « Le vouvoiement en bleu et blanc » *Vie pédagogique*, Montréal, ministère de l'Éducation, n° 115, avril-mai 2000, p. 28-29.

dans les règles de vie de l'école qui ont contribué à améliorer la qualité dans l'école et hors de l'école.

Il va de soi que la punition est perçue comme un mal nécessaire par les enfants et les enseignants. Cependant, elle contribue à assainir la qualité de la vie dans l'école. On ne peut plus croire que les élèves vont d'eux-mêmes s'autodiscipliner. Nombre d'entre eux en sont incapables. Dans ce texte, nous avons conduit, peut-être un peu rapidement, une réflexion pour comparer la punition dans le sport et dans la classe. Nous aimerions souligner le fait, pour terminer, que la punition sportive ne vise pas à infliger des souffrances aux fautifs, c'est-à-dire qu'elle n'use pas du châtiment corporel. Elle est radicalement détachée de la relation du corps à corps et n'est ainsi entachée du rapport amoureux. L'arbitre sportif n'intervient pas sur une scène amoureuse, son rôle est strictement politique. Dans la classe, en revanche, la relation politique et la relation affective tissent la trame de la relation pédagogique. C'est peut-être pourquoi nombre d'enseignants se sentent mal à l'aise de sévir pour punir. Parions que plus les règles et les punitions seront claires, plus il sera facile pour un enseignant de faire respecter l'ordre et la discipline dans sa classe.

ME

371.54

Ville de Montréal

É

**Feuillet
de circulation**

À rendre le		
1 1 AVR. 2001		
2 2 MAI '01		
1 9 JUN '01		
2 4 JUIL '01		
0 5 SEP '01		
0 2 OCT '01		
2 2 OCT. 2002		
12-11-02		
1 3 MAR. 2003		
1 3 MAR. 2003		
0 1 FÉV. 2005		
2 1 AVR. 2005		

06.03.375-8 (05-93)